IRLAND

Mehr Zeit für das Beste

Der Reiseführer für meinen ganz persönlichen Lieblingsurlaub

MICHI BAUER · OLIVER SCHIKORA · THOMAS STAROST

BRUCKMANN

Die Top 10

RING OF KERRY
→ Seite 46

RING OF BEARA
→ Seite 60

COBH
→ Seite 102

GUINNESS STOREHOUSE
→ Seite 132

NEWGRANGE
→ Seite 174

BUNRATTY CASTLE UND FOLK PARK
→ Seite 208

CLIFFS OF MOHER
→ Seite 216

KYLEMORE ABBEY
→ Seite 226

BELFAST TITANIC QUARTER
→ Seite 254

GIANT'S CAUSEWAY
→ Seite 270

Inhalt

INTERESSANTES ÜBER LAND UND LEUTE

LOS GEHT'S!

DER SÜDWESTEN

↓ Wie man Guinness richtig zapft, lernt man im Storehouse in Dublin.
↓ Leprechauns sind als Glücksbringer immer gut. (unten)
↘ In Dublin ist die Pub-Dichte wohl am höchsten in ganz Irland.

DER SÜDEN

→ Die Statue »The Navigator« im Hafen von Cobh erinnert an die Gefahren der Seefahrt.
↘ Im Park von Parknasilla gibt es viele tolle Ausblicke.

↑ Feiernde Frauen am St. Patrick's Day in Dublin
↗ Bunt bemalte Häuser in Dublin

DUBLIN

DER OSTEN

DER WESTEN

↑ Schaf, Meer, Leuchtturm: typisch irisch in Donegal
↗ Skyline von Belfast über dem Fluss Lagan

DER NORDEN, NORDIRLAND UND BELFAST

DAS BIN ICH …

das smaragdgrüne Land des Regenbogens. Ich erstrecke mich in Nordwesteuropa vor der Westküste Großbritanniens, getrennt durch die 200 Meter tiefe, sehr raue Irische See. Die kürzeste Entfernung zur britischen Insel beträgt nur 18 Kilometer, die größte 223 Kilometer.

Die grüne Insel

Von Norden nach Süden misst die Insel 470 Kilometer, von Osten nach Westen 290 Kilometer. Längster Fluss ist mit 361 Kilometern der Shannon, der bei Limerick in den Atlantik mündet. Der höchste Berg ist der Carrauntoohil mit 1041 Metern im Südwesten der Insel, größter See der Lough Corrib mit 168 Quadratkilometern. Das Staatsgebiet der Republik Irland ist ähnlich groß wie Bayern und hat eine Fläche von 70 182 Quadratkilometern, Nordirland hat eine Fläche von 14 120 Quadratkilometern.

Dublin

Die Hauptstadt der Irischen Republik ist Dublin in der Provinz Leinster mit gut 527 600 Einwohnern. Die Hauptstadt von Nordirland ist Belfast und mit 280 500 Einwohnern zweitgrößte Stadt auf der Insel.

39%

sprechen Gälisch

Die Landessprache ist Englisch mit einem starken irischen Akzent. In weiten Gebieten in Donegal, Sligo oder Connemara wird aber auch noch Gälisch gesprochen.

Happy St-Paddy's!

Der St. Patricks Day am 17. März ist ein nationaler Feiertag und wird in Gedenken an den Schutzheiligen Irlands jährlich ausgiebig mit Paraden und einer Vielfalt an Aktivitäten gefeiert.

Do's

✓ Gerne eine Einladung zu einem Pint akzeptieren, sich dann aber mit der nächsten Runde revanchieren.

✓ Genießen Sie irische Livemusik in einem der urigen Pubs.

✓ Den Slea Head Drive mit dem Fahrrad im Hochsommer erkunden und dann jedem, der es hören will, erzählen, dass man überlebt hat.

Don'ts

✖ … be afraid to say hello to everyone! Die Iren sind ein sehr herzliches und offenes Volk.

✖ Nicht vergessen die Regenjacke einzupacken. Es regnet oft nicht stark, aber immer mal wieder.

✖ Auf der rechten Seite fahren. In Irland herrscht Linksverkehr.

Guiness, Whiskey & Co.

Für die Iren gehört der Genuss von Whiskey, Cider und Bier genauso dazu, wie für die Franzosen der Wein. Das liegt nicht zuletzt an der Natur der Iren: Sie sind gesellig und vor allem trinkfest!

3 Mio.

Im Land der Schafe

Es gibt in Irland ca. 33 000 Schafzüchter und beinahe drei Millionen Schafe. Alle Höfe sind Familienbetriebe mit Herden von rund 100 Tieren.

Wunderbare Natur

Ob Wicklow Mountains, die Nationalparks Killarney, Connemara, Glenveagh, der Ring of Kerry, die Dingle-Halbinsel oder einfach entlang der Küsten – in Irland kann man wunderbar wandern und die Natur genießen.

Nachhaltig reisen

Auf den ersten Blick scheint es etwas knifflig, Irland auf nachhaltige Weise zu bereisen. Außerhalb der Städte lässt sich die Insel besser mit dem Auto erkunden als mit öffentlichen Verkehrsmitteln, aber es gibt auch praktische Zug- und Buslinien, mit denen Sie gut von A nach B kommen. Mit »Transport for Ireland« können Sie Ihre Reisestrecken im Voraus planen (www.transportforireland.ie).

Außerdem bieten sich gemeinschaftliche Busreisen zu Highlights wie den Cliffs of Moher an. Orte wie Killarney oder der Norden des Landes eignen sich außerdem wunderbar für einen längeren Aufenthalt, um die Menschen und das Leben dort kennenzulernen.

Nachhaltige Unterkünfte finden Sie beispielsweise hier: www.ireland.com/de-de/plan-your-trip/accommodation/sustainable-stays-in-ireland. Anstatt von Highlight zu Highlight zu eilen, bleibt so auch genügend Zeit, die kleinen Geschäfte zu erkunden, wo es oftmals Produkte aus regionaler Herkunft oder Erzeugung zu kaufen gibt.

Unser Nachhaltigkeitskodex

Die Welt birgt viele Wunder, Abenteuer und spektakuläre Aussichten, die wir gerne erkunden möchten. Doch sie ist auch leicht aus dem Gleichgewicht zu bringen. Hier ein paar Tipps, wie wir unsere Welt nachhaltig entdecken können:

Die Hauptsaison meiden: Wenn wir nicht gerade auf die Ferienzeiten angewiesen sind, können wir der Umwelt einen großen Gefallen tun, indem wir in der Nebensaison verreisen. Damit tragen wir zu einer gleichmäßigeren Auslastung der Umwelt und der Infrastruktur bei, und der Urlaub wird dazu auch noch wesentlich entspannter.

Die Aufenthaltsdauer dem Reiseziel anpassen: Je weiter das Reiseziel entfernt ist, desto länger sollte der Aufenthalt sein. Dadurch lernen wir die Region nicht nur intensiver kennen, sondern stärken sie ganz nebenbei noch durch unsere Ausgaben vor Ort. Anfahrtsintensive Tagesausflüge sollten besser vermieden werden, das bedeutet nur Stress, sowohl für die Umwelt als auch für uns selbst.

Auf umweltschonende Verkehrsmittel setzen: Wo es möglich ist, reisen wir mit öffentlichen Verkehrsmitteln an. Das reduziert nicht nur die Luftverschmutzung, sondern schont auch unsere Nerven. Falls das nicht geht, helfen verschiedenste Plattformen dabei, den CO_2-Ausstoß auszugleichen, vor allem, wenn das gewünschte Reiseziel nur mit dem Flugzeug zu erreichen ist.

Nur dort parken und campen, wo es erlaubt ist: Selbst, wenn wir uns noch so vorbildlich verhalten und unseren Aufenthaltsort so hinterlassen, wie wir ihn vorgefunden haben, stören wir den Lebensraum von Wildtieren und hinterlassen Spuren und Gerüche. Auch Lagerfeuer entzünden wir ausschließlich an den dafür vorgesehenen Stellen und achten dabei auf Waldbrandstufen und Naturschutzgebiete.

Ressourcen gewissenhaft nutzen: Manche Umweltressourcen sind bereits knapp, endlich sind auf jeden Fall alle. Um sie zu schonen, sollten wir sparsam mit ihnen umgehen, gerade in Gegenden, in denen zum Beispiel Wasser oder Strom nicht im Überfluss vorhanden sind.

Ein guter Gast sein: Nachhaltig unsere Umgebung zu erkunden bedeutet auch, der hiesigen Flora und Fauna mit Respekt zu begegnen. Pflanzen sollten auf keinen Fall gepflückt werden, aber sie stehen uns bestimmt gerne Modell für das eine oder andere Foto. Das Gleiche gilt für wilde Tiere: Wir füttern sie nicht, halten Abstand und beobachten sie aus der Ferne.

Auf den Wegen bleiben: Wer die vorgegebenen Wege verlässt, dringt nicht nur in die Rückzugsräume heimischer Arten ein, sondern trägt auch dazu bei, dass sich neue Wege bilden, was zur Erosion des Bodens führt.

Abfall wieder mitnehmen: Plastikverpackungen jeglicher Art, Dosen, Flaschen und Papiertaschentücher (es dauert Jahre, bis sich ein einzelnes Taschentuch vollständig abgebaut hat!) gehören nicht in die Natur, sondern artgerecht entsorgt. Am besten gleich eine wiederverwendbare Brotdose oder Trinkflasche mitnehmen.

Lokal kaufen: Dadurch lernen wir Land und Leute besser kennen und unterstützen die regionale Wirtschaft, außerdem sind regionale Produkte meist auch preisgünstiger und qualitativ hochwertiger.

So wie wir die Umwelt respektieren, wollen wir auch unseren Mitmenschen und deren Kultur Respekt entgegenbringen, gerade im Hinblick auf deren Traditionen, Religion oder typische Gebräuche. So können ein Lächeln oder ein paar Worte in der Landessprache Berge versetzen!

Rundreise

Eine Woche Tagträumen in Irland

1. Tag: Nach dem Flug entspannen an der Kenmare Bay

Nachmittag. Kenmare ist klein, aber der ideale Ausgangspunkt für eine Woche der Ruhe und des Genusses. Quietschbunte Häuser, belebte Sträßchen, Livemusik und der Duft des Atlantiks – als wolle das 900-Einwohner-Nest den vom Kerry Airport zunächst gen Süden gefahrenen Neuankömmlingen gleich mal sämtliche Facetten der Grünen Insel zeigen. Nur Steilküsten gibt's keine, dafür aber den weitläufigen Reenagross Park. An der Abzweigung zum Hafen geht es gegenüber durch ein kleines Tor in diese Ruheoase.

2. Tag: Die Geheimnisse des magischen Rings

9 Uhr. Wer zeitig – und von Kenmare aus im Uhrzeigersinn – auf den Ring of Kerry biegt, lässt Buskolonnen hinter sich und hat Zeit für ein paar (fast) geheime Nischen. Wie die sieben »Walks« im öffentlichen Garten des Schlosshotels Parknasilla: Der Island Walk dauert 45 Minuten und führt durch Rhododendrenhaine vorbei an der Kenmare Bay – auf dem Felsen gegenüber scheinen die Robben zum Greifen nahe.

12 Uhr. Hinter Caherdaniel droht die N 70 ins langweiligere Binnenland abzudriften – und macht die Rechnung ohne den aufmerksamen Fahrer, der den kleinen Wegweiser zum Derrynane House sieht und nach links abbiegt. Die vier Kilometer Gerumpel über das bucklige Sträßlein und vorbei an besagtem Haus entschädigen mit einem (im Gegensatz zum Derrynane Beach vor Caherdaniel) menschenleeren Dünenabschnitt und bizarren Felsformationen im hier schon etwas aufgewühlten Kenmare River.

15 Uhr. Hoch den Berg und abenteuerlich wieder runter – die Kehren nach Waterville verzaubern mit grandiosen Blicken auf den Atlantik. Ein Drittel dieser magischen Rundfahrt ist absolviert, und wer den Ring of Skelligs nicht auch noch mitnehmen mag, kann hier kehrtmachen. Freilich nicht, ohne in diesem kunterbunten Küstenstädtchen einen Irish Coffee geschlürft zu haben: im Pub des Butler Arms Hotel stilecht in der kleinen Gaststube, wo bereits mittags das Kaminfeuer prasselt. Charlie Chaplin hat auch schon auf den dunklen, knarzigen Bänken gesessen.

↓ Hier nächtigte schon Charlie Chaplin: Butler Arms Hotel in Waterville.
↘ Dünen und Felsen am Kenmare River: der Derrynane Beach

3. Tag: Über Berg und Fluss – der Weg ist das Ziel

8 Uhr. Rauf zu Moll's Gap geht's gemütlich, runter nach Killarney wird es dann spannend, so eng winden sich die Kurven durch Rhododendrendickicht und Schafherden. Zwischendurch stehen plötzlich fotografierende Menschen – womit schon zu weit ist, wer den ungestörtesten Blick auf die Seen des Nationalparks haben möchte. Denn am Ladies View mag Königin Victoria einst gern ins Tal geschaut haben, an dem kaum auszumachenden kleinen Parkplatz ein Stückchen weiter oben liegen dafür ein paar Felsblöcke, und im Sitzen lässt sich das Panorama gleich viel entspannter genießen.

11.30 Uhr. Wer fährt im Urlaub schon gern zwei Stunden im engen Mietwagen? Das Grummeln verstummt schnell am Ufer des River Shannon. Der ist bei Tarbert nahe der Mündung schon mächtig breit. Eine knappe halbe Stunde braucht die Fähre hinüber nach Killimer – auf dem Weg nach Ennis eine reizvolle Alternative zum Stadtverkehr von Limerick.

15 Uhr. Angekommen in Ennis und gut gespeist: Was spricht gegen einen Verdauungsspaziergang entlang des River Fergus? Gemütlich schleicht er durch sein Bett, ohnehin scheint die Zeit tagsüber stillzustehen in der 20 000-Einwohner-Stadt mit der pittoresken Altstadt.

18 Uhr. Wetten, dass der Weg in einen der unzähligen Livemusik-Pubs führt? Der beste unter vielen guten: das Brogans in der O'Connell Street. Da fällt die Wahl schwer zwischen klassischem Burger und »Slow grilled Spare Ribbs«.

4. Tag: Vom tosenden Atlantik zum steinernen Meer

9 Uhr. Raus aus dem Städchen Ennis und ab ans Meer: Die Cliffs of Moher fallen mehr als 200 Meter zum Atlantik hinab. Zum O'Briens Tower rechts hoch stapfen alle, die spannendere Alternative ist der schmale Klippenpfad, der nach einem Kilometer steil bergauf geht.

13 Uhr. Nach einer atemberaubenden Küstenfahrt gen Norden über Black Head lockt ein Mittagstisch im L'Arco, dem netten Restaurant im genauso netten Hafendorf Ballyvaughan: unbedingt Lachs probieren!

↓ Klosterruine vor den Toren von Ennis: Quin Abbey

↘ Riskanter Blick auf die Cliffs of Moher

↑ Bizarre Klippen auf Inishmore, der größten der drei Aran Islands
↗ Ältestes Megalithgrab Irlands: der Paulnabrone Dolmen (oben)
↗ Raubvogel-Show bei der Aillwee Cave am Rand des Burren

14.30 Uhr. Weiter zum nächsten Meer – einem steinernen: in den Burren. Unbedingt eine Pause am Paulnabrone Dolmen einlegen, dem mit gut 5500 Jahren ältesten dokumentierten Megalithgrab Irlands.
19 Uhr. Halbzeit – eine kleine Feier gefällig? Wo geht das besser als im umtriebigen Galway. Über die Quay Street hoch zum Eyre Square zieht sich das dichte Netz der Pubs.

5. Tag: Abenteuer in der Luft und auf dem Wasser

10 Uhr. Der Weg in die Abgeschiedenheit kann sehr spannend sein, wenn das Transportmittel ein altes Flugzeug ist und der Flughafen winzig: Willkommen am Connemara Airport! Der Flug von Inverin nach Inishmore, der größten der Aran Islands, dauert ganze sieben Minuten.
11 Uhr. Von Kilronan aus mit dem Fahrrad um die Insel kurven, dabei Schafen ausweichen und zwei Traumorte finden: Am über 3000 Jahre alten Steinfort Dun Aenghus sind die Klippen ähnlich schroff wie die von Moher – nur ist es hier leerer. Und eine halbe Inselrunde später baumeln die Füße im Wasser, das den sandigen Nordstrand Inishmores bei Ballynacragga streichelt. Garantiert lümmeln in Sichtweite ein paar Robben.

↑ Das Neuschwanstein Irlands: Kylemore Abbey aus dem 19. Jahrhundert
↓ Prachtbau: die romanisch-gotische Christ Church Cathedral in Dublin
→ Einen Abstecher wert: die neugotische Kirche nahe der Kylemore Abbey
↘ Der bekannteste Pub Irlands: die Templebar in der Hauptstadt Dublin

Zurück geht es mit dem Boot, einer Personenfähre, da keine Autos mit auf die Arans dürfen. Die Nussschalen schaukeln munter durch die Wellen.
19 Uhr. Mitchell's oder Moorings? Das ist die Wahl zwischen edel und urig – in jedem Fall haben beide Restaurants im Küstenstädtchen Clifden hervorragenden Fisch auf ihrer Karte.

6. Tag: Von der singenden Mary nach Neuschwanstein

8 Uhr. Mary singt gern – auch zum Frühstück. Der Gast der Connemara Country Lodge in Clifden isst Lachs, die Gastgeberin schmettert irische Weisen und spielt auf der Flöte. Skurril!
10 Uhr. Natur pur: Nahe Letterfrack liegt der Eingang zum Connemara-Nationalpark, und mittendrin ragt der Diamond Hill empor. Die längste der Wandervarianten, der Upper Diamond Hill Walk, dauert zweieinhalb Stunden.
14.30 Uhr. König Ludwig war auch in Irland? Nein, auch wenn Kylemore Abbey ein wenig aussieht wie Neuschwanstein. So wunderbar das Mitte des 19. Jahrhunderts im viktorianischen Stil erbaute Schloss auch ist, zu sehen gibt es drinnen kaum etwas. Viel interessanter ist ein Spaziergang vom westlich gelegenen Garten vorbei an der Abbey zur neogotischen Kirche mit ihren prächtigen Marmorsäulen im Inneren.
18.30 Uhr. Im Zimmer mit John Wayne? Nicht ganz. In Cong wurden Teile des Klassikers *Quiet Man* gedreht. Und im B&B Michaeleen's Manor dreht sich alles um den Film und den US-amerikanischen Schauspieler.

7. Tag: Wo das Schwarze Gold zu Hause ist

7.30 Uhr. Bringen wir am letzten Urlaubstag das Unangenehme schnell hinter uns. Die dreistündige Fahrt nach Dublin ist schmucklos, doch leider nötig.
12 Uhr. Dublin verstehen, Dublin sehen – wo könnte das besser gehen als im Guinness Storehouse? Was für ein Gebäude! Es hat die Form eines Guinness-Glases und erstreckt sich über sieben Stockwerke – im obersten hat man einen tollen Blick auf die Stadt.
16 Uhr. Die romanisch-gotische Christ-Church-Kathedrale aus dem 12. Jahrhundert glänzt mit herrlichen Bodenfliesen, im Keller mit einer schaurig-schönen Krypta – und einem stylishen Café.
18 Uhr. Am besten die Seele baumeln lassen im Park hinter Dublin Castle.
20 Uhr. Temple Bar! Nach all der inneren Einkehr folgt nun die Einkehr in Irlands berühmtesten Pub im gleichnamigen Ausgehviertel.

8. Tag: Zum Abschied noch etwas entspannen

9 Uhr. Nach dem letzten Full Irisch Breakfast vor dem Heimflug noch etwas entspannen. Das gelingt bestimmt im weitläufigen Park des Trinity College.

Interessantes über
Land und Leute

Die Smaragdinsel

Die Grüne Insel im äußersten Nordwesten Europas ist ein magischer Ort, ein mystisches Land der Riesen und der Heiligen. Der goldenen Harfe, der grünen Wiesen und der Pubs. Der braunen, torfgetränkten Flüsse und der goldenen Strände, über denen sich Wolkentürme und Regenbogen erheben oder ein azurblauer Himmel prangt. Ein magischer Ort, zerrieben zwischen zwei Meeren, der seit Urzeiten mit wild zerklüfteten Steilküsten dem Ansturm der Gezeiten widersteht.

Die Einheimischen nennen sie »Emerald Island«, die »Smaragdinsel«, wenn sie von Irland sprechen. Und in der Tat: Was einem schon beim Landeanflug nach Irland auffällt, sind die unzähligen Grüntöne, die imposante Landschaften von herber Schönheit prägen. Saftige Weiden, ausgedehnte Moorlandschaften und schroffe Steilklippen bilden eine Naturkulisse, die einzigartig ist. Die Schönheit dieser Landschaft ist die Hauptattraktion, die jährlich Tausende von Besuchern auf das Eiland lockt. Viele

Freunde der Insel bringen diese Naturparadiese mit Freiheit, Ruhe, Gelassenheit und Entspannung in Verbindung. Die Vielfalt der irischen Landschaft kann abhängig machen. Kilometerlange, menschenleere Sandstrände im Südosten um Wexford. Einsame Moorlandschaften, die bei jedem Schritt quatschend nachgeben, in Connemara. Der Burren, ein überdimensionierter Steingarten im Westen als eine der schönsten Felslandschaften Europas. Von Gischt umtoste Steilküsten und stille, klare Seen bei Killarney. Um Regen schert sich hier niemand. Er gehört zum Tagesablauf wie die Gezeiten.

Der Golfstrom und die mit regelmäßiger Beständigkeit aus Südwest wehenden Winde bescheren dem Land ein kontinuierlich wechselndes Wetter, bei dem sich strahlender Sonnenschein und Regenschauer in allen Variationen die Klinke in die Hand geben. In der Realität bedeutet das nichts anderes, als dass sich über dem Atlantik die Tiefs zusammenbrauen und, bevor sie auf Europa treffen, Bekanntschaft mit Irland machen. Praktischerweise wird dort dann erst einmal kräftig Regen abgelassen.

Botanischer Garten Eden

Die Natur dankt es: Die ganze Insel ist ein botanischer Garten Eden, in dem so gut wie alles wächst. Bis auf Getreide, dafür ist das Land einfach zu nass. Aber in Irlands »Wohnzimmer« im Südwesten mit seinen imposanten Panoramastraßen entlang der Küsten von Kerry herrscht subtropische Vegetation in solchem Übermaß, dass hier sogar Palmen prächtig gedeihen. Fehlanzeige dagegen, was subtropische Temperaturen betrifft: »Gemäßigtes Seeklima« lautet die Bezeichnung für den flotten Wechsel von Sonnenschein, fliehenden Wolkenfetzen, Regenschauern, immer wieder beeindruckend in Szene gesetzt mit farbenprächtigen Regenbogen. Nirgendwo auf der Welt ist dieses Naturphänomen so häufig zu bestaunen wie auf der Grünen Insel. Und die Iren wären nicht die Iren, wenn sie nicht auch dafür eine übernatürliche Erklärung hätten:

↖ Still mäandert das Wasser nahe Muckross House.

↓ Weg zum Strand von Culdaff auf Inishowen

↘ Das Palmenhaus in den Botanischen Gärten von Belfast

Am Ende des Regenbogens lebt immer ein Leprechaun, ein kleiner Kobold mit einem Topf aus Gold. Wer den Gnom fängt, dem wird als Belohnung für die Freilassung ein Goldstück überlassen, das immer wieder in die Geldbörse seines Besitzers zurückkehren soll. Zurück aber zum bodenständigen Wetter. Verbunden mit der Nähe zur Irischen See sorgt dieses Klima dafür, dass es auch über das Jahr verteilt nur geringe Temperaturschwankungen gibt.

Auftakt zu einem Small Talk

Richtig kalt wird es auf der Insel im Winter nie, dafür im Sommer auch nie richtig heiß. Als im strengen Winter des Januar 2011 auch in Irland nach 60 Jahren wieder einmal Schnee fiel, war das nicht nur für die Kinder ein besonderes Ereignis. Das ganze Land war »shut down«, wie die Zeitungen titelten. Auf Straßen, Schienen und Flughäfen ging gar nichts mehr. Winterreifen, Streu- oder Räumdienste, allesamt Fehlanzeige. In der Regel dient in Irland das Wetter auch immer als beliebter Auftakt zu einem Small Talk. Es kann gerade durchaus in Strömen regnen, trotzdem wird der Gast im Pub mit einem strahlenden »Isn't that a lovely day for a Guinness?« begrüßt, was sich dann ungefähr so anhört: »Isn tadh a luuuvly daai four aguuiness?« Und damit zu einem der prägenden Punkte des Landes, der jedem, der zum ersten Mal die Regenbogeninsel betritt, schon nach kurzer Zeit nachhaltig auffällt. Die Menschen des irischen Schlages zeichnet eine schier überbordende Freundlichkeit und Herzlichkeit gegenüber Besuchern aus. Das wird Wanderern sehr schnell bewusst, die bei schlechtem Wetter entlang der Hauptstraße unterwegs sind. Jeder zweite Wagen hält dann an, mit der besorgten Frage, ob man denn irgendwie helfen oder zum nächsten Dörfchen weitertransportieren könne. Diese Höflichkeit ist grundlegend und situationsübergreifend. Egal ob im Supermarkt, im Hotel, im Pub, im Restaurant – überall wird bereitwillig Auskunft gegeben, meist wird das Objekt, nach dem gesucht wird, dem Fragenden persönlich gezeigt.

Im Pub am Tresen bleibt der Gast nur selten alleine, wenn nebenan ein Ire steht und der bemerkt, dass man aus Deutschland angereist ist. Das ist wie von selbst die Aufforderung zu einem ausgiebigen Schwätzchen über die wunderbare Kultur der Deutschen, das exzellente Bier und Essen und immer wieder gerne über den deutschen Fußball, wie großartig der doch sei. Da ist es dann auch ziemlich egal, ob Bayern München, Borussia Dortmund oder der SV Kröteneich im Zentrum des Gesprächs stehen. Es geht um das Gespräch an sich. Gibt bei solch einer Konversation das Gegenüber im Pub ein Pint aus, dann ist es in Irland unge-

↑ Künstlerisch: Farbenfrohe Gebäude gibt es in Irland zuhauf.

↓ Ein typisch irischer Pub-Besucher

→ Hoch die Gläser: Im Pub geht's immer gesellig zu.

↘ Die Temple Bar in Dublin ist legendär.

Ein Flötenspieler sammelt Geld für sich und seine Begleiter.

schriebenes Gesetz, dass das nächste Pint selbstverständlich übernommen wird. Geschieht das Ganze in einer Gesellschaft, dann wird immer rundenmäßig abgerechnet.

Die Europäer haben die Uhren, die Iren die Zeit

In Irland ticken die Uhren einfach anders. Das sollte jedem Besucher klar sein, der zum ersten oder wiederholten Mal Richtung Grüne Insel reist. Wenn es heißt, die Europäer haben die Uhren, dann haben die Iren die Zeit. Besser gesagt »bags of time«, wie es auf der Regenbogeninsel heißt. Und die Zeit scheint hier wirklich langsamer zu laufen, ruhiger, behäbiger und sich in den magischen Steinkreisen in sich selbst zu drehen. Die Geschichte folgt einem hier auf Schritt und Tritt. Von den geheimnisvollen Steinen aus Urzeiten in ihrer einzigartigen Vielfältigkeit mit Tausenden von Megalithen und einer enormen Vielfalt an prähistorischen Bauten und Dolmen. Diese Dolmen, prähistorische Grabstätten um 4000 bis 3500 v. Chr., sind auf der Insel am weitesten verbreitet. Die populärsten findet man in ausgedehnten Nekropolen wie im Boyne-Tal mit der berühmten Newgrange-Grabanlage. Egal welche Massen an Besuchern auch in der Hochsaison hierher drängen, der Besuch ist es immer wert. Es ist ein magischer, mythischer Ort aus längst verblichenen Zeiten. In einem fernen Jahrhundert, als die erste ägyptische Pyramide noch nicht einmal im Bau war, als bei Stonehenge in England noch kein Stein auf dem anderen lag, schufen Menschen auf dieser abgelegenen Insel hoch im Norden mit Newgrange ein Bauwerk, dessen technische Brillanz bis heute verblüfft. Die Geschichte des Landes selbst ist eine lange und unruhige. Kelten, Wikinger, Normannen und Engländer besetzten immer wieder die Insel, immer mit machtvoller Unterdrückung der irischen Bevölkerung. Das begann mit den Wikingern, die im 9. Jahrhundert den Shannon als direkte Fluss-Straße in das Innere der Grünen Insel entdeckten. Auf dem bequemen Invasionsweg drangen die nordischen Rabauken regelmäßig bis in die geistige und wirtschaftliche Hochburg Clonmacnoise vor und plünderten alles, was nicht niet- und nagelfest war. Clonmacnoise, das geistliche, intellektuelle und wirtschaftliche Zentrum der Gelehrsamkeit, beherbergte mehrere Tausend Mönche und Schüler. Von hier aus waren es die irischen Mönche, die im 6. und 7. Jahrhundert die Christianisierung Europas vorantrieben. Irland ist nicht zuletzt deshalb auch die Insel der Heiligen. Die Christianisierung der Insel wurde im 5. Jahrhundert vom heiligen Patrick, dem irischen Nationalheiligen, vollendet. Die ursprünglich römische Kirche wandelte sich dann im 6. Jahrhundert zur keltischen Mönchskirche. Die Heiligen Kevin, Ciarán, Brendan, Comgal und Finian gründeten wohlhabende Klosterregionen, deren Ruf Gelehrte und Adlige aus ganz Europa anzog. Von diesen Regionen aus trugen Missionare das biblische Wort in alle Bereiche Europas. So entstand beispielsweise St. Kilian in Würzburg. Das hatte erst dann ein Ende, als mit den Normannen die nächsten Besatzer in das Land einfielen und erneut Clonmacnoise dem Erdboden gleichmachten (die Engländer sollten den Job dann un-

Die Mellows Bridge ist die älteste Brücke Dublins über den Fluss Liffey.

Typisches Bild aus den Irischen Pubs: Eine Musikgruppe spielt traditionelle Musik.

SONGS DER TRAUER

Trunkenheit und Lebensfreude

Iren und die Musik: Kaum ein Pub ohne Livemusikabende, Stepptanz als i-Tüpfelchen und dann diese Fülle an Weltstars – wie schafft es eine Nation mit knapp fünf Millionen Einwohnern nur, die internationale Musikszene derart nachhaltig zu beeinflussen? Eine Antwort liefert sicherlich Irlands leidgetränkte Geschichte, die den idealen Nährboden für die Melancholie des traditionellen Folk bildet. Und U2? Die sind eben einfach nur gut. Natürlich ist es die tragische, von der Unterdrückung durch England bestimmte irische Geschichte, die sich bis heute in der traditionellen Musik der Grünen Insel widerspiegelt. In einer Musik, wie sie an den Abenden in den Pubs immer wieder gerne stimmungsvoll zelebriert wird, mit Songs der Trauer, Vertreibung, Trunkenheit und Sehnsucht. Es sind ihre Intensität und Authentizität, die irische Folklore zu einem Exportschlager haben werden lassen. Bereits Mitte der 1960er-Jahre brachten die Dubliners und die Chieftains die Volksweisen der Insel in dezent folkig-rockigem Gewand nach Europa und Nordamerika. In den 1970ern schaffte es die Kelly Family von Straßenmusikern zum viel gebuchten Live Act, um Mitte der 1990er in nächster Generation schließlich den kommerziellen Durchbruch zu packen und Top-Ten-Hits (wie die gefühlt ewige Nummer eins »An Angel«) am Fließband zu liefern. Die Pogues hatten zwischendurch dem Folk eine Punknote verpasst und damit weltweit härteren Bands aus dem Rock- und Metal-Bereich Tür und Tor geöffnet: Ruppiges Geigenspiel, Flöten-Stakkato und Polkarhythmen klingen immer noch gut zu harten Gitarren.

Irish Traditional Music

Pop und harter Rock sind derweil den traditionsverbundenen Musikern der Insel eher fremd. Sie sprechen auch nicht vom Irish Folk, sondern lieber von Irish Traditional Music, die sich im 17. Jahrhundert aus rhythmischen Gesangsstücken entwickelt hat, zunächst allenfalls von Klatschen oder Steppen begleitet. In den Pubs – insbesondere im Westen der Insel mit den Zentren Ennis, Doolin und Clifden – haben sich auch junge Gruppen und Solisten wieder einem althergebrachte Instrumentarium verschrieben: Geige, Mandoline, Flöte, Akkordeon und Holzrahmentrommel. Akzentuiert ist auch die Harfe, das Wahrzeichen Irlands – doch welcher Pub hat schon Platz für ein so großes Instrument? Gesungen wird von (unerfüllter) Liebe. Oder vom gepflegten Umtrunk mit Freunden. Aber auch vom nicht endenden wollenden Konflikt mit diesen verflixten Engländern. Ja, da darf es auch patriotisch werden.

Bands mit Weltruhm

Politisch ja, Patriotismus nein: Das gilt für irische Weltstars wie die Alternativ-Rocker U2, die Indie-Band The Cranberries oder Stimmwunder Sinéad O'Connor, die sich allesamt leidenschaftlich für Friede und Toleranz einsetzen. Ebenfalls in der musikalischen Champions League verwalten das Erbe des Singer-Songwriters Van Morrison, oder der verstorbenen Bluesrock-Legenden Rory Gallagher und Gary Moore ganz unterschiedliche Künstler: Pop-Barde Chris de Burgh, die Geschwister-Combo The Corrs oder Enya. Letztere ist die Schwester dreier Bandmitglieder der Folkrocker Clannad und wurde mit der 9/11-Hymne »Only Time« weltberühmt. Ihr Vater Leo Brennan führt im hohen Norden der Insel einen Pub, in dem sich die regionale Szene die Klinke in die Hand gibt.

Weitaus relevanter für den Irish Folk ist die Stadt Ennis mit ihrem jährlich Ende Mai stattfindenden Folk-Festival An Fleadh Nua, der größten Veranstaltung für traditionelle irische Musik. Im November folgt das Fiddler-Treffen Guinness Traditional Music Festival. Oder Sligo mit dem Folk, Root and Indie Festival im Oktober. Und natürlich Dublin mit seinem Temple Bar TradFest im Januar, bei dem seit 2006 immer wieder auch die Szenestars der Vergnügungsmeile vorbeischauen.

ter Cromwell endgültig erledigen). Anders als die Wikinger waren die Normannen erheblich konsequenter daran interessiert, das Land, das sie erobert hatten, auch mit steinernen Befestigungsanlagen zu sichern. Die wuchtigen Anlagen von Limerick und Trim Castle entsprechen in ihren Grundzügen der Form, die die Normannen Ende des 12. Jahrhunderts bevorzugten – ein rechteckiger Hof, umgeben von Mauern und durch zylindrische Ecktürme gesichert. Als tiefster Einschnitt aber in der irischen Geschichte gilt bis heute die englische Invasion und Unterdrückung, die ihren Beginn im 12. Jahrhundert nahm. Mehr als 700 Jahre dauerte der fortwährende, verbissene Kampf gegen die Besatzer, gegen britische Unrechtsgesetze wie die »Penal and Plantation Laws«, bis hin zur Unabhängigkeit. Die Erinnerung daran ist bis heute tief in der irischen Seele eingegraben. Ebenso wie die Erinnerung an die entsetzliche Hungersnot zwischen 1845 und 1852, »The Great Famine«. Bis dahin hatten acht Millionen Iren auf der Insel gelebt. Während der Hungersnot starben mehr als eine Million Menschen, mehr als zwei Millionen sahen sich zur Auswanderung in den berüchtigten »Coffin Ships« (Sargschiffen) nach Übersee gezwungen. Tausende überlebten die Überfahrt nicht und verhungerten oder erstickten erbärmlich in den maßlos überfüllten Schiffen. Noch heute wird die Erinnerung an diese grausame Zeit in eindrucksvollen Ausstellungen wie im Heritage Centre in Cobh wachgehalten.

Literaten von Weltrang

Auch in der Literatur hatten die Iren ihre kreativen Köpfe, die dem geschriebenen Wort des Landes Weltgeltung verschafften. Jeder, der zumindest einen Blick in ein Literaturlexikon wirft, wird dort auf die ganz großen Namen der Weltliteratur stoßen, die allesamt ihre Wurzeln in Irland haben und auch von dort aus ihre Meisterwerke geschrieben haben: George Bernard Shaw, Autor von *Pygmalion* als literarischer Basis für den Musical-Welthit *My Fair Lady*; Jonathan Swift, der Schriftsteller, der *Gullivers Reisen* in die Welt brachte; James Joyce, Meister wortgewaltiger Prosa wie in *Ulysses*; William Butler Yeats, der erste irische Literaturnobelpreisträger; Oscar Wilde, dessen *Bildnis des Dorian Gray* zu mehrfachem Filmruhm kam und nicht zuletzt Bram Stoker, dessen Gruselepos *Dracula* Generationen von Lesern und Kinogängern das Vampirgrauen lehrte. Um Bram Stoker und seinen untoten Fürst der Finsternis rankt sich zudem die Geschichte einer der gruseligsten Kirchen Irlands – der St. Michan's Church in Dublin. In der dortigen Krypta soll Stoker auf die Idee der lebenden Untoten gestoßen sein. Dort liegt eine Anzahl gut erhaltener Leichname in ihren geöffneten Särgen. Bis heute weiß niemand, was zu dieser perfekten Mumifizierung der Leichen geführt hat. Eine Theorie besagt, dass der Kalkstein der Wände sie ausgetrocknet habe, eine andere, dass das Methan des feuchten Bodens dafür verantwortlich sei. Gelöst ist die Geschichte bis heute nicht, die Krypta kann aber täglich besichtigt werden.

Ein weiteres, spannendes Erbe der Iren, das bis heute seine Gültigkeit behalten hat, ist ihr tägliches Selbstverständnis und die Vertrautheit mit dem Übernatürlichen. Kobolde, Leprechauns, Feen, Waldgeister und Weiße Frauen sind in Irland nicht nur zu Hause, viele Iren bestätigen auch ohne mit der Wimper zu zucken deren Existenz. Und wer genauer fragt, erfährt sogar deren Wohnsitz. So soll unter der Blackwater Bridge zwischen Kenmare und Sneem bis heute wahrhaftig ein Leprechaun leben, der des Morgens oder des Abends mit rotem Hut immer wieder auf dem Steinmäuerchen gesichtet wird. Wer die landschaftlich spektakuläre Tour im Ring of Kerry fährt, sollte da mal vorbeischauen. Wer sich mehr für Geister interessiert, der könnte im Charles Fort bei Kinsale auf eine Weiße Frau treffen, die dort als Rosengeist spukt. Oder auf einen geisternden Bischof in der St. Columb's Cathedral in Londonderry. Dort soll der Bischof William Higgins sein Unwesen treiben, seit im Jahr 1867 Bram Stoker seine Totenruhe gestört

↓ Am Ende eines irischen Regenbogens wartet der Leprechaun mit Gold.
→ Musik, Musik, Musik: An jeder Ecke gibt es Noten.
↘ Mittelalterliche Wurzeln in Dublin: St. Michan's Church.

hat. Arbeiter und Kirchgänger hören ihn regelmäßig auf einer abgeschlossenen Empore herumschlurfen. Die andere, seltsame Geschichte, von der hier noch zu berichten wäre, ist die Sache mit der Orgel in der Kathedrale. Das Original wurde im Krieg zerstört und durch eine moderne, elektrische ersetzt. Nur gab die schon Töne und Melodien von sich, als noch gar kein Strom angeschlossen war.

Sprachloser Sportkommentator

Sport jeglicher Art bringt die Iren regelmäßig aus dem Häuschen. Bei internationalen Turnieren vertreten zu sein ist eine nationale Ehre. Da macht es auch überhaupt nichts aus, wenn das irische Team verliert. Egal, der Nationalstolz bleibt ungebrochen. Unvergessen ist bis heute das Spiel bei der Fußball-Europameisterschaft 2012 zwischen Spanien und Irland. Das irische Team verlor deutlich mit 0:4. Die Fans sangen die letzten zwölf Minuten des Spiels, als gäbe es kein Morgen mehr. Die weltweit im Fernsehen übertragenen Fangesänge wurden so inbrünstig, laut und mit überbordender Freude zelebriert, dass der deutsche Fernsehkommentator schlicht und ergreifend das Kommentieren einstellte. Zwölf Minuten lang. Noch heute findet sich die beeindruckende Dokumentation im Internet. Vier Jahre später, wieder bei der Fußball Europameisterschaft, wurden die irischen Fans regelmäßig als die besten Europas beschrieben. Da wurde Müll von »Boys and Green« weggeräumt, den Schweden als Schlachtruf »Go home to your sexy wives« entgegengeschleudert oder ein Baby in der Bahn in den Schlaf gesungen. Unvergessene Szenen. Dazu ging der absolute Ohrwurm der EM nach Nordirland – »Will Griggs on Fire«. Noch heute wohl in jedermanns Gehörgängen. Aber auch im eigenen Land dominiert der Sport das gesellschaftliche Leben. Man wird kaum ein Völkchen treffen, das sportbegeisterter ist als die Iren. Allerdings sind es Sportarten, von denen einige außerhalb von Irland so gut wie unbekannt sind. Das gilt weniger für Rugby,

Der über 82 300 Zuschauer fassende Croke Park ist das Stadion in Dublin für irischen Sportarten.

Sport in Irland: Da darf's auch mal etwas rustikaler zugehen.

wo das Team von der Grünen Insel seit Jahrzehnten zur Weltspitze gehört und sich mit den Weltklasseteams aus Australien, Neuseeland und England regelmäßig packende Duelle liefert. An der absoluten Spitze der Beliebtheitsskala irischer Sportseligkeit steht Gaelic Football. Ein Spiel, das so gut wie nichts mehr mit dem herkömmlichen Fußball zu tun hat, sondern einer Kombination aus Rugby, Fußball und Handball gleicht. Keine andere Sportart zieht mehr Zuschauermassen an. So gut wie alles ist erlaubt. Tritte, Bodychecks, Handgreiflichkeiten, den Ball in die Hand nehmen, vier Schritte damit laufen und allein der gesunde, faire Sportsgeist der Iren erklärt, dass es hier nicht regelmäßig zu heftigen Verletzungen kommt. Im September steht dann in jedem Jahr das Finale im Croke Park in Dublin an und mehr als 80 000 Fans zelebrieren das Spiel im ausverkauften Stadion. Von dem Spiel muss man gar nicht so viel verstehen, die Leidenschaft aller Beteiligten überträgt sich von alleine und man muss kein Ire sein, damit eine solche Veranstaltung ein unvergessliches Erlebnis wird. Der zweite Nationalsport ist das Hurling und kann auf eine lange Tradition bis in die geschichtliche Frühzeit zurückblicken. Zum ersten Mal wurde das Spiel in der Beschreibung der Schlacht um Moytura im 14. Jahrhundert erwähnt. Damals kämpften die gegnerischen Parteien zuerst auf dem Spielfeld, danach auf dem Schlachtfeld gegeneinander. Bis heute hat dieser Sport seine Popularität in Irland über die Jahrhunderte immer weiter ausgebaut. Nach dem Einfall der Engländer im 12. Jahrhundert gab es immer wieder Versuche, das Spiel zu verbieten und Verletzungen oder das »Töten von Personen durch Hurlingbälle« unter Strafe zu stellen. Der Popularität dieses Nationalsports hat das wenig geschadet. Im Gegenteil, die rebellischen Iren scherten sich wenig um die von den englischen Besatzern gesteuerten Erlasse. Besonders in ländlichen Regionen wie Leinster, Munster und Tipperary blieb die Spielfreude ungebrochen. Der Name des Spiels stammt von dem dabei verwendeten, hockeyähnlichen Schläger »hurley«, der am unteren Ende in einer breiten Fläche ausläuft. Mit dieser Fläche gilt es, einen lederüberzogenen Korkball über ein Spielfeld zu schlagen, das erheblich größer und breiter als ein Fußballplatz ist, und an der Grundlinie den Ball ins gegnerische Tor zu bugsieren. Dabei kann der Ball Geschwindigkeiten bis zu 150 Stundenkilometer erreichen und knapp 100 Meter weit fliegen, was das Spiel zu einer der schnellsten Mannschaftssportarten der Welt macht. Die Regeln erlauben vieles, auch den Ball aus der Luft zu greifen und mit dem Schläger weiter zu schlagen. Ähnlich wie beim Rugby besteht das Tor aus zwei Pfosten mit einer Querstange. Wird der Ball unterhalb der Stange ins Tor geschlagen, gibt es drei Punkte. Trifft der Spieler oberhalb der Stange, gibt es einen Punkt. Gaelic Football und Hurling stehen im Zentrum der Gaelic Athletic Association (GAA), die heute mehr als 900000 Verbandsmitglieder in Irland hat, fast ein Fünftel der Inselbewohner.

Vom Nationalheiligen, Bier und Whiskey

Dem hl. Patrick wird nicht nur in Irland viel Gutes nachgesagt. So soll er alle Schlangen von der Regenbogeninsel vertrieben und die göttliche Dreifaltigkeit anhand des Kleeblattes erklärt haben. Sein Tod am 17. März 461 wurde stark betrauert. Der Heilige soll aber auf seinem Sterbebett gebeten haben, diesen Tag als seinen Eintritt ins ewige Leben zu feiern. Sein letzter Wunsch war dabei, dass jeder seiner Anhänger sich einige Tropfen irgendeines Getränks genehmigen soll, welches den Schmerz und die Trauer lindern kann. Nicht wenige leiten aus diesem Wunsch die irische Vorliebe für Bier und Whiskey ab. Heute wird deshalb alljährlich am 17. März der St. Patrick's Day mit vielen Gottesdiensten, Umzügen, Gesang, Tanz und eben auch reichlich Getränken begangen.

Das gilt nicht nur in Irland, sondern überall, wo Menschen irischer Abstammung leben. Die alles dominierende Farbe an diesem Tag ist Grün, in einigen Städten werden sogar die Flüsse grün eingefärbt, an amerikanischen Universitäten das Bier. Auf der Grünen Insel wäre das

MEHR ALS NUR BIER

Arthur Guinness' Vermächtnis

Ist Guinness »good for you?« Überall schallt einem dieser Slogan im Guinness Storehouse, dem ehemaligen Brauhaus, das zum Museum umgebaut wurde, entgegen. Was das Marketing oft überdeckt: Guinness tut tatsächlich Gutes. Schon seit über 250 Jahren ist das soziale Engagement der Familie für Bürger und Angestellte wegweisend. 1759 hatte Arthur Guinness die St. James's Gate Brewery gegründet und für 9000 Jahre das Gelände gepachtet. Hybris oder vorausschauendes Unternehmertum? Das Guinness Storehouse wurde 2006 eröffnet und 2015 zum beliebtesten Touristenziel Europas gewählt.

Die zum Diageo-Konzern gehörende Brauerei ist eine der größten der Welt, jährlich produziert man auf dem 26 Hektar großen Areal am St. James's Gate rund 2,5 Millionen Pints des dunklen Bieres. In den 1930er-Jahren arbeiteten bis zu 5000 Menschen für die Brauerei. Heute sind es rund 2000, ein Großteil davon im Storehouse, das in seinem entkernten Inneren die Form eines sieben Stockwerke hohen Guinness-Glases hat. Die Präsentation zeigt viel Liebe zum Detail. Das wohlige Gefühl, Guinness sei gut für einen, hat man spätestens in der Gravity Bar, ein Pint schlürfend und auf die Skyline Dublins blickend.

Gesellschaftliches Engagement

Firmengründer Arthur Guinness spendete einen Großteil seines Vermögens für die Armen in Dublin. Sein Enkel Benjamin finanzierte die Restaurierung der St. Patrick's Cathedral Mitte des 19. Jahrhunderts, dessen Sohn Arthur Edward stiftete den Park St. Stephen's Green. Guinness hatte als eine der ersten Firmen Irlands eine Altersvorsorge für seine Arbeiter und baute schon 1872 günstige Mietwohnungen. 1890 wurde der Guinness Trust gegründet, eine Stiftung, die in London und Dublin Häuser baut, in denen ärmere Bürger günstigen Wohnraum bekommen. 2009 wurde ein weiterer Fonds ins Leben gerufen, der bisher sieben Millionen Euro weltweit an verschiedene karitative Organisationen ausgezahlt hat. Und in Malaysia gilt es vor einer Taufe als gutes Omen, den Täufling mit Guinness zu beträufeln.

allerdings undenkbar, die Tradition eines guten Bieres ist den Iren ebenfalls heilig. Allein das Einschenken eines Pint Guinness im Pub ist ein wahrer Ritus: Das Glas wird in drei Schüben gefüllt, damit durch die hohe Stickstoffkonzentration ein fester, cremiger Schaum als Krone entsteht. Die meisten anderen Biere werden nur mit Kohlensäure gezapft. Wer meint, in einem deutschen Pub schon einmal ein original Guinness getrunken zu haben, irrt gründlich. Das Bier, das dort ausgeschenkt wird, ist für den Export gebraut und dementsprechend pasteurisiert, also erhitzt und haltbar gemacht. Seine dunkle Farbe erhält das im 18. Jahrhundert von Arthur Guinness entwickelte Bier durch stark geröstetes Malz. Ein anderes berühmtes »stout« (Dunkelbier) ist das Murphy's, aus Cork, wo der Lokalpatriotismus dann auch verlangt, ein Murphy's dem Guinness aus der Hauptstadt vorzuziehen. Zum populären Gerstensaft hat sich mittlerweile auch das leicht rötliche, süffige »Smithwick's« entwickelt, in Deutschland besser bekannt unter dem Namen »Kilkenny«. Sucht man im Land der Regenbogen ein weiteres berühmtes, gottgefälliges Getränk, wird man schnell fündig: Es ist der Whiskey, dessen Geheimnis irische Mönche im 6. Jahrhundert nach ihrer Rückkehr aus dem Heiligen Land mitbrachten. Im Gegensatz zum amerikanischen und schottischen Whisky wird der irische aufwendiger, nämlich dreimal, destilliert. Viele begründen damit seinen weichen, runden Geschmack, ohne Brennen im Hals. Wer den Süden bei Cork erkundet, sollte unbedingt der dortigen Jameson's Destillery bei Midleton einen Besuch abstatten. Das Gleiche gilt für Tullamore in der Grafschaft Offaly in den Midlands und für Bushmills, in der nordirischen Grafschaft Antrim. Am Ende der spannenden Führungen mit historischem Hintergrund wartet eine Verkostung.

Augen auf auf irischen Straßen

Einmal abgesehen davon, dass in Irland Linksverkehr herrscht, der Ungeübten im Leihwagen die ersten Kilometer die Schweißtropfen auf die Stirn treibt, ticken auch auf Irlands Straßen die Uhren anders. Wo Schafe hinter einem Zaun sind, kann man sicher sein, dass hinter der nächsten Kurve auch das eine oder andere auf der Straße lauert. Überhaupt, die Verkehrsschilder, irgendwie scheinen sie hier von besonders lustigen Gesellen aufgestellt worden zu sein. Wo ein Schild besagt, dass man nur 100 Stundenkilometer schnell fahren darf, bedeutet das nichts anderes, als dass man dort nur unter höchster Gefahr für Leib und Leben 100 Stundenkilometer schnell fahren kann. Wer denkt, dass die Straße nicht mehr schmaler werden kann, kann sicher sein, dass sie schmaler wird. Und

↑ Vorfahrt beachten: Wo in Irland Schafe laufen, müssen Autos bremsen. (oben)
↑ Die irischen Sportfans sind für ihren Support und ihre Fairness berühmt.
↗ Irischer Whiskey wird anders gebraut als sein schottisches Pendant.

wer glaubt, »hier passen keine zwei Autos aneinander vorbei«, kann sicher sein, dass Iren da anderer Meinung sind. Vergessen sollte man jegliches Vertrauen in die Kilometeranzahl bei Verkehrshinweisschildern. Wird ein Ort gerade noch mit einer Fahrdistanz von zehn Kilometern bis zum Ziel beschrieben, findet sich mit Sicherheit fünf Kilometer weiter ein neues Schild, das einen informiert, dass es jetzt nur noch zwölf Kilometer sind. Dafür nehmen es die Iren mit bemerkenswerter Entspanntheit hin, wenn wieder mal ein Europäer vom Festland auf der falschen Straßenseite unterwegs ist. Man grüßt, grinst und fährt gelassen weiter seines Weges. Denn wenn man hier eines hat, dann »bags of time« – Zeit, in einem magischen, mystischen Land des Regens und der Regenbogen am westlichsten Rand Europas.

Mahnmal für Opfer des IRA-Terrors in Belfast.

IRLAND UND ENGLAND

Religion war nicht das Problem

Für den modernen Touristen ist der Nordirlandkonflikt, »The Troubles« genannt, heutzutage weit weg. Im quirligen Dublin ebenso wie im mit Millionen der britischen Regierung aufgehübschten Belfast. Das Karfreitagsabkommen von 1998 war ein Meilenstein auf dem Weg zum Frieden. Wenn man genau hinschaut, sieht man die Spuren des Bürgerkrieges aber auch heute noch.

Am augenfälligsten natürlich in den katholischen und protestantischen Vierteln von Belfast oder Derry mit ihren Murals – Wandmalereien mit Szenen aus dem Bürgerkrieg. Aber auch in Dublin. An der O'Connell-Statue in der Innenstadt sieht man Einschusslöcher aus dem Unabhängigkeitskrieg der Iren 1916, als England den Osteraufstand niederschlug und Dublin bombardierte. 1921 erst wurde die Republik Irland unabhängig, der nordwestliche Landesteil Ulster mit Belfast als Zentrum blieb als Nordirland im Vereinigten Königreich.

Der Konflikt zwischen England und Irland, er war nie ein religiöser, auch wenn man ihn als Kampf um die Vorherrschaft zwischen Katholiken und Protestanten empfand. Es war ein Machtkampf, der eine 850 Jahre währende Vorgeschichte hatte. Die englische Krone wollte seit 1169 die Nachbarinsel nicht nur einnehmen, sondern den Iren ihren eigenen Lebensstil aufzwingen. Die Wurzel des Konflikts liegt im Jahr 1641, als die englische Königin Elizabeth I. die »Plantation« anordnete. Damals besiedelten schottische Siedler Nordirland, bekamen Land und Privilegien, die katholische Bevölkerung wurde enteignet. In den folgenden Jahrhunderten versuchten die Iren zwar immer wieder, sich gegen die englische Krone aufzulehnen, diese zerschlug aber alle Aufstände mit eiserner Härte.

Radikalisierung des Konflikts

Der Ruf nach »Home Rule«, der Selbstbestimmung, wurde Ende des 19. Jahrhunderts lauter. Diese gab es zwar 1921, doch die »Troubles« waren vorgezeichnet, da Katholiken in Nordirland jahrzehntelang diskriminiert wurden bei der Arbeitsplatz- und Wohnungswahl sowie beim Wahlrecht, das an Landbesitz gebunden war. Die weltweite Bürgerrechtsbewegung in den 1960er-Jahren brachte auf der irischen Insel eine hässliche Radikalisierung: 3526 Tote und 45 000 Verletzte zwischen 1968 und 2001, Bombenattentate und gezielte Ermordungen. Die militante Irisch-Republikanische Armee auf der einen und die Ulster Volunteer Force sowie die Ulster Freedom Fighters auf der anderen Seite bekämpften sich unerbittlich. Nach drei Jahrzehnten Hass und Terror war die Bevölkerung der Gewalt überdrüssig, Friedensgespräche kamen in Gang. Das Karfreitagsabkommen 1998 beendete den Bürgerkrieg. Die nordirischen Politiker David Trimble und John Hume bekamen dafür den Friedensnobelpreis. 2005 schließlich erklärte die IRA ihren bewaffneten Kampf für beendet.

Unverkrampft sind die Beziehungen zwischen Irland und England auch heute nicht – Stichwort Brexit. Doch dass sich der britische Premier David Cameron 2010 nach dem Saville Report offiziell für den »Bloody Sunday« 1972 in Derry entschuldigte und Queen Elizabeth II. dies bei ihrem Besuch 2011 ebenfalls tat, bewegte tatsächlich viele Iren.

Diese Brücke trennt in Belfast Katholiken und Protestanten voneinander.

Los geht's!
Zur digitalen Landkarte

Spektakuläre Ausblicke auf den Atlantik bietet der Ring of Kerry.

DER SÜDWESTEN

Weitläufige Strände, schroffe Klippen und beeindruckende Panoramastraßen

DER SÜDWESTEN

In Irlands »Wohnzimmer« mit seinen imposanten Panoramastraßen wachsen sogar Palmen. Die Temperaturen mit flottem Wechsel von Sonnenschein und Regen sind allerdings nicht subtropisch.

Unbedingt anschauen …

1 RING OF KERRY

Die Natur hat hier Atemberaubendes geschaffen. Die Panoramastraßen entlang der Küste gehören zu den landschaftlichen Wundern, die Sie auf keinen Fall verpassen dürfen.

2 DINGLE PENINSULA

Der Ausflug auf die Halbinsel gehört mit zum spektakulärsten, was der Südwesten zu bieten hat. Kilometerlange weiße Strände laden zum Baden ein, und die Rundfahrt über Slea Head führt in vergessene Welten bis ans »Ende der Welt«.

3 RING OF BEARA

Die idyllische Alternative zum berühmten Ring of Kerry. Die Landschaften sind mindestens genauso spektakulär, aber alles ist beschaulicher und unberührter. Hier gibt es nur verwunschene Wälder, zerklüftete einsame Küsten und malerische Dörfer.

4 KILLARNEY NATIONAL PARK

Im Nationalpark mit seinen dichten Wäldern und vielen Schafen ist Wandern angesagt. Entdecken Sie auf Ihren Tagesreisen zu Fuß oder

zu Wasser Highlights wie Erdbeerbäume, Wasserfälle, historische Ruinen, zauberhafte Seen, Wälder und die wirklich ungewöhnlich artenreiche Vogelwelt.

5 MIZEN PENINSULA

Sanfte Hügel, verträumte Lagunen, dann plötzlich atemberaubende Klippen, die der Urgewalt des Atlantiks trotzen und schließlich eine Künstlerkolonie. Die südwestliche Halbinsel ist genau das richtige für individuelle Entdecker.

Wenn noch Zeit ist …

6 Der Ring im Ring

7 Barley Lake

8 Killarney

9 Black Valley

10 Skellig Islands

11 An der Küste von Kenmare

12 Die Lagune von Crookhaven

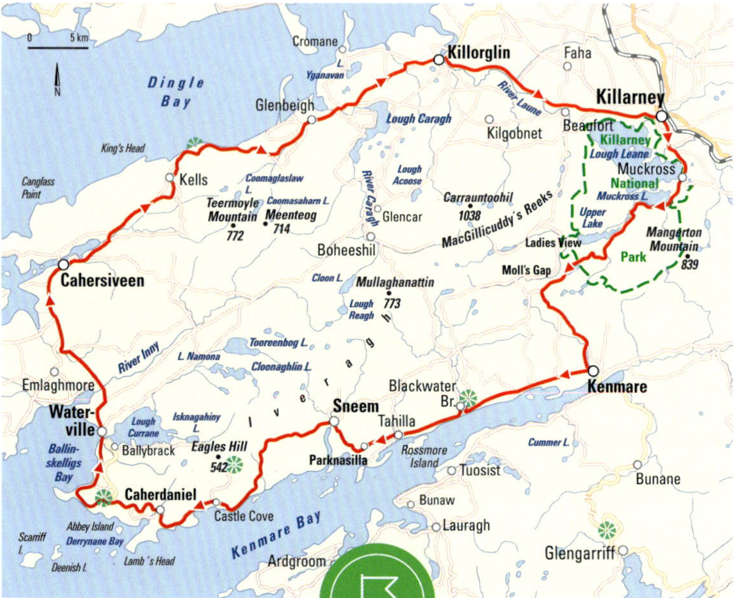

Der perfekte Tag

Die Geheimnisse des magischen Ring of Kerry

9 Uhr – Startpunkt für Irlands berühmteste Panoramastraße ist Killarney. Das Städtchen hat sich in den letzten Jahren zu einem der wichtigsten Zentren des irischen Fremdenverkehrs entwickelt. Wer zeitig – und von Kenmare aus im Uhrzeigersinn – auf den Ring of Kerry biegt, lässt die Buskolonnen hinter sich und hat Zeit für schöne Zwischenstopps.

10 Uhr – In Kenmare lädt Maison Gourmet Café und Bistro zu einer ersten Einkehr ein. Frisch gebrühter Kaffee und die dort servierten Croissants aus dem Ofen sowie kleinere Leckereien und Baguettes gehören zum besten, was Bäckereien in Kerry zu bieten haben.

11.30 Uhr – Hinter Caherdaniel führt ein kleiner Wegweiser zum Derrynane House nach links. Die vier Kilometer auf der ziemlich schlechten kleinen Straße schütteln alle Autoinsassen ganz schön durch, aber dafür wird man am Ende mit einem menschenleeren Dünenabschnitt und bizarren Felsformationen im Kenmare River belohnt.

13.30 Uhr – Hinauf auf den Berg und abenteuerlich wieder hinunter – die Kurven hinab in das kunterbunte Küstenstädtchen Waterville bestechen mit ihrer herrlichen Aussicht auf den Atlantik. Im Pub des Butler Arms Hotels könnte man sich einen Irish Coffee gönnen.

15.30 Uhr – Cahersiveen ist einer der zentralen Touristenorte des Rings. In den Sommermonaten ist das Städtchen ziemlich gut besucht.

17 Uhr – Weiter windet sich die Straße mit grandiosen Ausblicken entlang der Dingle Bay über Glenbeigh, bevor man nach knapp 50 Kilometern mit Killorglin die vorletzte Station im Ring erreicht. In dem kleinen Ort finden Sie nach dem Überqueren der Brücke eine der seltenen Lachsfabriken, die noch Wildlachs verarbeiten dürfen.

18.30 Uhr – Nach einer gut 20 Kilometer langen Fahrt entlang des River Laune landet man wieder am Ausgangspunkt in Killarney. Den wunderbaren Tag lassen wir im Bricin Restaurant ausklingen, eines der gemütlichsten Restaurants mit der besten Küche der Stadt.

↓ Die spektakulären Kerry Cliffs

↘ Schafe, Schafe, Schafe …

1

RING OF KERRY

Zu Gast in Irlands Wohnzimmer

Das Beste, ...

WEIL man hier das Spektakulärste, was Irland an imposanter Naturkulisse zu bieten hat, komprimiert zu sehen bekommt

FÜR Naturverbundene und Roadtrip-Liebhaber

IM Mai, wenn alles grünt und blüht

DIE 3 MUST DOS:
- Ladies View
- Derrynane-Nationalpark
- Blick auf Kenmare Bay

Die Panoramastraße des Ring of Kerry gehört zu den Traumrouten der Welt. Es gibt nur wenige Plätze auf dem Globus, an denen die Natur solch kontrastreiche Panoramen geschaffen hat. Hier präsentiert sich das Spektakulärste, was Irland an imposanter Naturkulisse komprimiert zu bieten hat: steil abfallende Klippen, sanfte Strände, glasklare Seen, Wasserfälle, malerische alte Brücken und einzigartige Ausblicke auf die fjordartigen Küstenabschnitte des Atlantiks.

Wie rum fährt man die Panoramastraße?

Zum Anfang erst mal die Kardinalfrage, in welche Richtung der Ring befahren werden sollte. Ganz klar – im Uhrzeigersinn. Das hat den entscheidenden Vorteil, dass einem als Fahrer die zahlreichen Busse entgegenkommen und man dementsprechend agieren kann. Wer sich den Busrouten entgegen der Uhr anschließt, der hat schnell Pech und hängt in den kurvigen Straßen gefühlte Ewigkeiten hinter den Massengefährten fest. Auch wenn viele etwas anderes behaupten, wer individuell unterwegs ist – im Uhrzeigersinn heißt die Parole. Wer nicht gerade mit einem Busunternehmen diese Tour in einem Tag durchfährt, sollte sich Zeit nehmen. In zwei bis drei Tagen lässt sich der Ring wesentlich intensiver und beschaulicher erfahren und genießen.

Von Killarney zum Moll's Gap

Die Rundreise startet von dem Städtchen **Killarney,** der touristischen Hochburg Irlands, in **Richtung Kenmare** und führt zuerst durch die in allen möglichen Grünfarben schillernden Eichenwälder des Nationalparks. Vorbei geht die Fahrt an tiefschwarzen Seen, die so kalt sind, dass selbst im Sommer Schwimmen so gut wie ausgeschlossen ist. Oder wie der Ire sagen würde: »Sou-bluddiecold-tuu-have-apoooint-with-the

↖ Der Blick vom Ladies View
↓ Strände für alle – auch im Ring
↘ Vor Kobolden wird öfters gewarnt.

devil« (»Zu verdammt kalt, um mit dem Teufel ein Pint zu trinken«). Die Straße N 71 windet sich in kleinen Serpentinen langsam immer höher bis zum Aussichtspunkt Ladies View. Von dort gibt es als Belohnung für die Kurverei einen imponierenden Rundblick auf die **Seen von Killarney,** der schon Königin Viktoria und ihre Kammerzofen in Verzückung geraten ließ (daher der Name). Wer Zeit hat, macht einen Abstecher ins **Besucherzentrum**, wer nicht, fährt die N 71 weiter hoch zu Moll's Gap. Bunt bemalte Schafe links und rechts der Straße oder auf derselben weiden in einer wild zerklüfteten **Gebirgslandschaft,** die als Drehkulisse für die ersten beiden Highlander-Filme weltweit zu Ruhm kam.

Über Sneem zum Coomakista Pass

Hier teilt sich die Straße in zwei Richtungen. Einmal nach Kenmare, einmal nach Sneem. Zu empfehlen ist die Abfahrt nach Kenmare, um dann dort an der Tankstelle rechts auf die **Küstenstraße N 70 Richtung Sneem** abzubiegen. Belohnt wird diese Entscheidung hinter dem Flecken Templenoe mit spektakulären Aussichten auf die Kenmare Bay. Mitten auf der Strecke lohnt sich der Halt bei der **Blackwater Bridge**. Unter der uralten Steinbrücke rauscht hell ein Bächlein, nur wenige Sonnenstrahlen durchbrechen das blattgrüne Dickicht, Vögel machen sich aus den Baumwipfeln bemerkbar. In der verwunschenen Atmosphäre soll bis heute noch ein Leprechaun sein Zuhause haben, also einer der Kobolde, die sonst nur am Ende des Regenbogens zu finden sind und dort einen Topf aus Gold hüten. Man mag es glauben oder nicht. Die Iren schwören Stein und Bein darauf. Rund drei Kilometer vor Sneem biegt links eine Abfahrt zum **Schlosshotel Parknasilla** ab. Die Parks und Rundwege des Hotels sind für die Gäste und interessierte Besucher geöffnet, allerdings nicht für Busse. Den geruhsamen Blick von der Terrasse auf den Atlantik sollte man sich aber auf keinen Fall entgehen lassen. Und sich die frische Brise von der See bei einem Pint oder einer guten Tasse Tee um die Nase wehen lassen. Durchatmen, relaxen, abschalten, die Zeit scheint sich hier in sich selbst zu drehen.

Breens Riverside Cafe & Bistro €€. Urgemütliches kleines Steinhaus neben einer Brücke mit tollem Blick auf den Fluss. Es gibt eine Tageskarte, guten Kaffee und hausgemachte Kuchen. Bridge Street, Sneem, Tel. 064/6645498

Im nahe liegenden Örtchen **Sneem** ist die Beschaulichkeit schnell vergessen. Das Dörfchen zählt zum beliebtesten Stopp der Ausflugsbusse, die hier vor dem (sehr gut ausgestatteten) Souvenirshop »Quills« halten. Das rosa Gebäude rechts gegenüber ist **Dan Murphy's Bar** und Irlands

↑ Das Schlosshotel Parknasilla bei Sneem
↓ Auf dem Coomakista Pass mit Blick über die Derrynane Bay
→ Panorama entlang der Küstenstraße des »Rings«
↘ Überall finden sich versteckte Buchten mit kristallklarem Wasser.

↑ Weidelandschaften bei Caherdaniel (oben)
↑ Bunte Häuserzeile im Seebad Waterville
↗ Charles Chaplin verbrachte hier seinen Sommerurlaub.

Staigue Fort. Zirka 16 Kilometer hinter Sneem zweigt bei Castlecove eine Stichstraße ab zu einem der am besten erhaltenen Ringforts Irlands aus prähistorischen Zeiten. Ein Infozentrum gibt Auskunft. Staigue, Kerry, voicesfromthedawn.com/staigue-fort

Derrynane National Park. Mitte März–Mitte Dezember, Caherdaniel, Kerry, derrynanehouse.ie

meistfotografierter Pub. Ist ja auch urig anzuschauen. Weiter geht's dann in Richtung des ehemaligen Seebads Waterville.

Zuvor trifft man nach einer abwechslungsreichen Fahrt durch herbe Heidelandschaften bei **Caherdaniel** auf eine buchtenreiche Felsenküste, die von kleinen und größeren Sandstränden durchsetzt ist. Bei schönem Wetter ein geradezu irrealer Platz für ein Sonnenbad oder Picknick. Circa zwei Kilometer von Caherdaniel entfernt in Richtung Waterville befindet sich, zwischen der Hauptstraße und der Küste gelegen, der **Derrynane-Nationalpark** mit dem Derrynane House, ehemals Wohnsitz des berühmten Freiheitskämpfers und ersten katholischen Bürgermeisters Dublins Daniel O'Connell. Das Haus ist heute ein Museum und kann besichtigt werden. Wieder zurück auf der N 70 steigt die Straße zügig an und erklimmt den

Coomakista Pass mit grandiosem **Panoramablick auf die Ballinskelligs und Kenmare Bay,** die sich mit all ihren kleinen Buchten, Fjorden und Sandstränden unter der Passhöhe ausbreiten.

Das Seebad Waterville und Charles Chaplin

Das sind die Eindrücke, die den Ring zur weltweiten Berühmtheit machen und zu Irlands Wohnzimmer. Es ist vielleicht der schönste, der spektakulärste Teil, der hier zu sehen ist. Den Berg hinab beginnt das Landschaftsbild sich nun sanft zu verändern und flacher zu werden. Goldgelb blühende Ginsterhecken und von Steinmauern eingefasste Wiesen dominieren das Erscheinungsbild, die Luft bekommt einen leicht salzigen Geschmack, je näher man dem ehemaligen **Seebad Waterville** kommt, heute ein kleines Nest mit einer Häuserzeile links, einer Häuserzeile rechts der Straße auf einer schmalen Landzunge zwischen der irischen See und dem Lough Currane. Windstill ist es hier so gut wie nie. Die Brise pfeift regelmäßig kräftig von der See oder aus dem Landesinneren heraus. Der bronzenen **Charles-Chaplin-Statue** an der Mole kann das wenig anhaben, sie ist begehrtes Fotoobjekt. Der Schauspieler verbrachte hier mehr als zehn Jahre regelmäßig seine Sommerferien mit der gesamten Familie. Zahlreiche, den Hauch der Nostalgie verbreitende Schwarz-Weiß-Fotografien im Wintergarten des Butler Arms Hotel am Ortseingang erzählen diese Geschichten noch heute.

TIPP

KLEIN, URIG UND DAS ESSEN – WOOOW!

Normalerweise würde man an dem kleinen Restaurant »An Corán Eile« am Ende der Hauptstraße in Waterville achtlos vorbeilaufen, wären da nicht der etwas gewagte Anstrich der Außenfassade in Lila und die ockergelben Fenstersimse mit den Blumenkästen. Das macht neugierig, also wirft man vielleicht einen oder zwei Blicke auf die Karte und wird noch neugieriger. Also rein in die gute Stube. Kleine Tische mit Wachsdecken und alles pieksauber. In der Küche kocht die Besitzerin Fiona Fitzpatrick seit 27 Jahren selbst, und was da auf den Teller kommt, ist mit Abstand die beste irische Hausmannskost der Region. Das hausgemachte Chicken Curry ist ebenso eine Sensation wie Fish & Chips, zubereitet nach traditioneller Art im Bierteig und mit einer hausgemachten Sauce Tartar.

An Corcán Eile €. *Main Street, Waterville, thevillawaterville.com*

Fischerboote dümpeln in der Kenmare Bay im Abendlicht.

Von Waterville zur Schokoladenfabrik bei Finan's Bay

Die Reise im Ring der Panoramen führt weiter in Richtung **Cahersiveen,** mit einigen Naturattraktionen fernab der Hauptstraße. Ein paar Kilometer außerhalb von Waterville zweigt ein kleines Sträßchen Richtung **Ballinskelligs** ab, einem kleinen, urigen Hafen, von dem aus bei gutem Wetter Ausflugsboote in Richtung der beiden **Skellig-Inseln** starten. Gleichzeitig kann der Reisende, Wanderer oder Radfahrer den kleinen, wildromantischen Ring of Skelligs erkunden, in dem – ähnlich wie im Ring of Beara – eine beschauliche **Schokoladenfabrik bei Finan's Bay** auf die Ausflügler wartet. Probieren lohnt sich, Michael McGabbham versendet von hier seine Delikatessen in die ganze Welt.

In **Ballinskelligs** starten die Ausflugsboote zu den beiden Skellig-Inseln, Skellig Michael und Little Skellig.

Über Cahersiveen und Kilorglin zurück nach Killarney

Zurück wieder auf der N 70 bietet sich kurz vor Cahersiveen noch die Abfahrt Richtung Portmagee (R 565) an, wo eine Brücke Valentia Island mit dem kleinen Hafen verbindet. **Cahersiveen** ist einer der zentralen Touristenorte des Rings, nicht mehr, auch nicht weniger. In den Sommermonaten ist das Städtchen ziemlich gut besucht. Von hier führt die vorletzte Etappe im Ring entlang einer gut ausgebauten Küstenstraße über **Glenbeigh** nach Kilorglin. Glenbeigh sollte man schon deshalb anfahren, weil mit dem rund fünf Kilometer langen **Rossbay Beach** dort einer der schönsten Strände der Region zu finden ist. Eine umwerfende Erfahrung, nicht nur bei schönem Wetter.

Der Marktort **Kilorglin** ist jedes Jahr Anfang August für zehntausende Iren aus dem ganzen Land Anziehungspunkt während des Volksfests **»Puck's Fair«,** bei dem ein Ziegenbock ein Wochenende zum irischen König gekrönt wird. Einige behaupten, der Brauch würde auf ein keltisches Fruchtbarkeitsritual zurückgehen, andere sehen darin nichts anderes als eine geschickt getarnte Verhöhnung der englischen Monarchie.

Am Ortsausgang links nach der Brücke gibt es eine gut versteckte **Lachsfabrik**, in der man sich mit exzellentem Wildlachs eindecken kann.

Von Killorglin erstreckt sich die letzte Etappe des Rings über eine gut ausgebaute, ziemlich gerade und zügig zu befahrende Straße zurück nach Killarney und beschließt den Besuch in Irlands Wohnzimmer.

INFO

Touristinformation Killarney. Beech Road, Killarney, www.killarney.ie

↓ Beliebtes Abenteuer: hoch zu Pferd an Kerry's Stränden
→ Fort Ballycarbery bei Cahersiveen
↘ Das eisenzeitliche Ringfort

2

DINGLE PENINSULA

Strände bis ans Ende der Welt

Das Beste, …

WEIL hier bei Inch und Kilcummin Beach die vielleicht spektakulärsten Strände der Insel zu finden sind

FÜR Strand und Naturliebhaber

IM Mai und Juni

DIE 3 MUST DOS:
- Slea Head
- Connor Pass
- Dingle Ocean World

Die nördlichste Halbinsel der Grafschaft Kerry schiebt sich mit fast 50 Kilometern Länge in den Atlantik. Überall stößt man auf die steinernen Monumente einer vieltausendjährigen Geschichte. Massive, historische Bau- und Sprachdenkmäler mit der prähistorischen Ogham-Schrift hinter moosüberzogenen Steinmäuerchen mit rot blühenden Fuchsienhecken im Hochsommer. Mehr als 1500 an der Zahl. Auch wenn sich in den Sommermonaten die Touristen hier die Klinke in die Hand geben, umgibt die Halbinsel immer noch ein magischer Zauber, der von weißen Sandstränden gekrönt wird.

Bunt und musikalisch – das Hafenstädchen Dingle

Im Ortskern erstrahlen die Häuschen in quietschbunten Farben, **Pubs** und Restaurants gibt es in Hülle und Fülle. Dingle ist zudem als Zentrum traditioneller irischer Folk Music immens populär. Allerdings können einem die aus vielen Geschäften und Lautsprechern hinaus auf die Straße übertragenen Klänge auch irgendwann einmal gehörig auf den Senkel gehen. Die Fahrt nach Dingle führt zunächst von dem unscheinbaren Verwaltungsstädtchen **Tralee** auf der N 86 entlang der **Bucht von Tralee** mit großartigem Blick auf den Atlantik weiter in Richtung **Annascaul**.

An Café Liteartha €. Leckere Suppen, Sandwiches, Salate und Scones zwischen Hunderten Büchern in urgemütlicher Bibliotheksatmosphäre. Dykegate Street, Dingle, Tel. 066/915 22 04

Kurz dahinter zweigt eine abschüssige Straße nach links zur **Halbinsel Inch** ab, die mit kilometerlangen weißen Sandstränden zum Baden, Surfen oder Strandwandern einlädt. Hier wurde der Hollywood-Klassiker *Ryans Tochter* gedreht und in Sammy's Store am Strand sind noch Plakate und Bilder von längst verblichenen Zeiten zu bestaunen. Auf dem Weg zurück zieht die Karawane wieder Richtung Annascaul und landet nach einer beschaulichen Fahrt entlang der Küstenstraße im Zentrum von Dingle.

In Annascaul lohnt ein Abstecher in den Pub **South Pole Inn €**, der einst dem Antarktis-Abenteurer Tom Crean gehörte, einem Mitglied der legendären Ernest-Shackleton-Expedition mit der *Endurance*. Main Street, Lower Main St, Gurteen North, Annascaul, www.southpoleinn.com

Hier pulsiert nicht nur das touristische Leben fast das ganze Jahr über mit größter Intensität. Über drei Jahrzehnte tummelte sich in der Bucht von Dingle der weltweit bekannte Delfin Fungi. Der einzeln lebende Meeressäuger war bis zu seinem Verschwinden 2021 eine Legende und lockte Hunderttausende Besucher in das malerische Städtchen. Heute erinnert an Fungi noch eine Bronzeplastik vor dem Fremdenverkehrsbüro am Hafen. Als neue Attraktion gibt es jetzt von zahlreichen Anbietern Boots-

RUNDFAHRT

Dingle Peninsula

Ein Ausflug auf die Halbinsel gehört zum Spektakulärsten, was eine Irlandreise zu bieten hat. Wer Zeit hat, mietet sich in eine der zahlreichen Pensionen ein und erkundet über ein paar Tage verteilt die Sehenswürdigkeiten.

A **Tralee** – Das Städtchen ist Hauptort der Grafschaft Kerry und ist Handels- und Verwaltungszentrum. Von hier starten nicht nur die Touren Richtung Dingle. In kurzer Fahrzeit erreicht man auch die kilometerlangen Sandstrände von Tralee Bay und Brandon Bay.

B **Annascaul** – Das kleine, verschlafene Örtchen eignet sich als kurzer Zwischenstopp und bietet Abwechslung: Nach der Panoramastraße entlang der Küste folgt nun ein malerisches Tal mit saftigen Wiesen.

C **Inch** – Rund fünf Kilometer ragt die Landzunge von dem kleinen Badeort ausgehend ins Meer und bietet traumhafte Strände und Dünenlandschaften. Bei Sammy's Store kann man auch bei schlechtem Wetter ein gutes Pint, Fish & Chips oder beides genießen.

D **Dingle** – Hauptort der Route und Drehort des Hollywood-Schmachtfetzens *Ryans Tochter* mit Sarah Miles und Robert Mitchum. Das Melodrama um eine irische Lehrerin und einen englischen Offizier spielt vor dem Hintergrund des irischen Freiheitskampfes und beeindruckt mit monumentalen Panoramaaufnahmen.

E **Slea Head** – Schwimmen empfiehlt sich hier besser nicht, da es bei Gezeitenwechsel zu einer gefährlichen Unterströmung kommen kann. Dafür entschädigt ein fantastischer Ausblick auf die Blanket Islands und Felsklippen im Meer.

F **Ballyferriter** – Wer sucht, der findet in diesem Dorf am Fuße des Croaghmarhin Hill einige nette B&Bs und bei Smerwick Harbour einen schönen Strand in der Nähe. Dazu informiert ein kleines Heimatmuseum über Flora und Fauna der Region.

G **Connor Pass** – Hier bieten sich atemberaubende Ausblicke wie im Hochgebirge. Schafe weiden am Straßenrand, Wanderer und Radler erkunden die Hochgebirgslandschaft, und zudem lockt der Ausflug zu einem Wasserfall.

H **Cloghane** – Vom Ort aus werden vom Fremdenverkehrsamt Wandertouren in die Mitte der Halbinsel organisiert. Man kann aber auch auf gut ausgeschilderten Pfaden selbst die Gegend erkunden.

Auf dem Slea Head Drive bei Dingle

↑ Eine Bronzeplastik erinnertan den berühmten Delfin Fungi.
↓ Slea Head Drive mit Panorama-Aussicht
→ Zahlreiche Bootsanbieter befahren die Bucht von Dingle.
↘ Nicht nur vom Meer aus spektakulär: das Dingle Skellig Hotel

TIPP

SPEZIALITÄTEN AUS DER REGION

Direkt am Hafen findet sich eines der besten Restaurants der Halbinsel. The Charthouse wird von Carmel Flynn und ihrem Ehemann betrieben und verbindet preiswerte Küche mit exzellenter Qualität. Fleisch und Fisch werden von Dingle aus direkt angeliefert, die Muscheln aus Glenbeigh. Zwei Besonderheiten sind das Schweinefleisch und der Ziegenkäse. Das Schwein erfreut sich während seines glücklichen Lebens auf Jack McCarthys Farm (www.jackmccarthy.ie) unbegrenzten Freilaufs auf den Feldern und ist dementsprechend eine Rarität – selbst für Irland. Ebenfalls eine seltene Delikatesse ist der St.-Tola-Ziegenkäse, der von einer kleinen Farm südlich des Burren in der Grafschaft Clare stammt (www.st-tola.ie). Zusatztipp: Wer zum Dinner den Reiseführer mitbringt, erhält danach einen Irish Coffee gratis.
The Charthouse €€. *Roundabout N 86, Dingle, www.thecharthousedingle.com*

touren zu den Robbenbänken der Umgebung. Und am Ortsende Richtung Slea Head findet sich Irlands größtes Aquarium, die **Dingle Ocean World** mit einem imposanten Panoramabecken mit riesigen Sandhaien.

Von Dingle nach Slea Head

Nach dem Besuch der touristischen Hochburg gibt es zwei Alternativen: Die eine ist die Abkürzung über den **Connor Pass** Richtung Cloghane mit spektakulärem Ausblick auf die **Brandon-Bucht** im Norden. Beim **Kilcummin-Strand** findet sich ein weiterer lohnenswerter Zwischenstopp. Wer Zeit hat, fährt aber von Dingle aus weiter Richtung **Slea Head**. Hier scheint das Ende der westlichen Welt erreicht zu sein. Schmaler und schmaler wird die Straße und windet sich in abenteuerlichen Serpentinen durch die wildherbe Landschaft. Bächlein spülen über bröckeligen Asphalt, vom Atlantik wabern gespenstische Nebel, bis an der Spitze von Slea Head der Blick in die Weite wieder aufreißt. Zwischen der zackigen Felsnase und Amerika liegen nichts als ein paar Inselchen und die unendlich scheinende Wasserwüste des Atlantiks.

INFO

Dingle Tourist Information Office. Strand Street, www.dingle-peninsula.ie

3

RING OF BEARA

Irlands bekanntestes Geheimnis

Das Beste, ...

WEIL hier ein echtes Kleinod der Natur schlummert, mindestens so imposant wie der Ring of Kerry

FÜR Panorama- und Rundfahrtenliebhaber

IM ganzen Jahr

DIE 3 MUST DOS:
- Garnish Island
- Kenmare
- Coast Road

Die Beara-Halbinsel gilt als die idyllische Alternative zum berühmten Ring of Kerry und als Irlands bekanntestes Geheimnis. Die Landschaften sind hier mindestens genauso spektakulär, nur ist die Atmosphäre wesentlich beschaulicher, unberührter und wilder, weil hier keine großen Reisegruppen unterwegs sind. Busse und Wohnmobile haben es dort schwer. Zum einen sind die Straßen viel zu eng. Zum anderen lauert hinter jeder Kurve ein Schaf oder eine Kuh.

Kenmare – das kleine Nest

Der beste Startpunkt für die knapp 200 Kilometer lange Tour ist **Kenmare**. In dem lebhaften ehemaligen Fischerdorf, das 1670 am Reißbrett entstand, beherrscht noch der Fremdenverkehr die Szenerie. Im Frühjahr und Sommer Jubel, Trubel, Guinness-Heiterkeit in den Pubs, im Herbst und Winter weltabgeschiedene Gelassenheit unter Einheimischen. Dazu gibt es unzählige kleine Geschäfte, die Tweedjacken, handgewebte Wolldecken und Stricksachen verkaufen. Populär und im ganzen Land bekannt sind die handgeklöppelten Spitzen, mit denen die Nonnen vom Konvent der Armen Klarissen hier ihren Wohltätigkeitsetat zur Zeit der großen Hungersnot aufbesserten. Mittlerweile sind die Nonnen Vergangenheit, die Spitzen können aber immer noch gekauft werden.

Foley's of Kenmare €€. Beste irische Hausmannskost zu vernünftigen Preisen. Und sicher das beste Singing Pub der Stadt mit den interessantesten Gruppen. Henry Street, Kenmare, www.foleyskenmare.com

↖ Die Beara-Halbinsel ist in viele kleine Buchten zerklüftet.

↓ Kenmare bietet etwas für jeden Geschmack

↘ Ein Idyll am Stadtrand von Kenmare: der Reenagross-Park

Von Kenmare nach Glengarriff

Wahrzeichen des 900-Seelen-Ortes ist die **Brücke über die Kenmare Bay**, die man überqueren muss, um den »Ring« in Richtung Glengarriff oder gegen den Uhrzeigersinn (Richtung Ardgroom) zu fahren. Wer sich die imposantesten Eindrücke bis zum Ende der Tour aufsparen will, sollte zuerst den Weg nach Glengarriff einschlagen. Nur ein paar Kilometer außerhalb Kenmares auf der Hauptstraße N 71 ist die ganze geschäftige Betriebsamkeit bestenfalls Erinnerung. An den Straßenrändern wächst der Rhododendron haushoch. Die Piste, die sich in kleinen Kurven den Berg nach oben windet, verengt sich zu dichten Heckentunnels, in denen nur vereinzelte Sonnenstrahlen durch das schattige Grün dringen, das Flüsschen Sheen plätschert über Stromschnellen. Eine Waldidylle, die nicht lange so bleibt. Die Steigung erreicht bald die Baumgrenze und die Steilkurven winden sich auf den ersten 15 Kilometern hoch zum 284 Meter hohen **Turner's Rock**, wo ein Felstunnel die **Passhöhe** durchsticht und gleichzeitig die Grafschaften Kerry und Cork trennt. Als Lohn gibt es einen grandiosen Blick hinunter auf die **Meeresbucht von Bantry** und den

Direkt auf der Passhöhe zwischen Kenmare und Glengarriff liegt **Molly Gallivan's Traditional Farm** – ein Bauernhofmuseum, das wegen der Tiere auch ein Spaß für Kinder ist. N 71, www.mollygallivans.com

TIPP

EIN FEST FÜR MUSCHELFANS

Die Abzweigung auf die R 573 bei Lauragh sollte man nicht nur wegen der spektakulären Küstenroute wählen. Nach nur drei Kilometern findet man einen kleinen Hafen und einen noch kleineren Pub mit dem Namen Helen's Pub (früher Teddy O'Sullivan). Der Pub sieht völlig unspektakulär aus und liegt malerisch direkt am Pier. Nur, hier findet man mit Abstand die besten und frischesten Muscheln der Region. Sind einmal keine vorrätig, holen sie sich die Besitzerinnen Helen und Pauline Daragh persönlich von einem der Kutter an der Mole. Bei schönem Wetter kann das Essen an urigen Holztischen genossen werden, während die Sonne über der Irischen See versinkt. Die Spezialität des Hauses sind frisch zubereitete Lachs-Sandwiches und ganz nebenbei gilt der Pub auch bei den Einheimischen in Kenmare und um Kenmare herum als der Geheimtipp der Region. An Samstagen in den Sommermonaten oft Livemusik und daher großer Andrang.

Helen's Pub. *Kilmackillogue, Tuoist, Tel. 064/668 31 04*

↑ Bootsfahrt durch die Kenmare Bay (oben)
↑ Muschelfest in Helen's Pub
↗ Garten auf Garnish Island gegenüber von Glengarriff

nicht minder kurvigen Weg 14 Kilometer hinab zum 250-Seelen-Dorf **Glengarriff**. Verteilt auf zwei Häuserreihen mit nostalgischem Charme entlang der Straße kann das Örtchen das mildeste Klima von ganz Irland vorweisen. Vom Atlantik her sorgt der warme Golfstrom das ganze Jahr über für angenehme Temperaturen, sodass hier sogar Affenbrotbäume, Palmen und Bambusstauden unbeschadet über den frostfreien Winter kommen. In der Bucht vor **Eccles Hotel**, einem alten Herrensitz aus dem Jahr 1822, liegt inmitten einer Inselgruppe **Garnish Island**. Seehunde tauchen von den Stränden heran, prusten ungeniert neben Booten, die im glasklaren Wasser vor sich hindümpeln. Und die Insel, auf der einst Irlands Dichtergröße George Bernard Shaw lebte, ist ein subtropisches Paradies mit exotischen Bäumen und Pflanzen.

Über Castletownbere nach Dunboy Castle

Die Tour entlang der Küste geht weiter durch raue Landschaften, in denen Heidekraut, Flechten und niedrige Sträucher dominieren, nach **Castletownbere**. Zur rechten Seite hin erheben sich zumeist wolkenverhangen die 600 Meter hohen **Caha Mountains**. Zur linken Seite dominieren die ständig umtosten Buchten des Atlantiks die Aussicht. Castletownbere oder auch Castletown Berehaven ist auf dem Papier Irlands drittwichtigster Fischereihafen. Die Wirklichkeit ist etwas bescheidener. Kurz hinter der 200-Seelen-Gemeinde liegt **Dunboy Castle**, eine ausgebrannte Schlossruine, die sich über den Resten einer zerfallenen Burg aus dem 17. Jahrhundert erhebt. Wer sich mit den zahlreichen frei herumlaufenden Rindern arrangieren kann, findet versteckt vor dem Massentourismus einen der tragischen Schauplätze irischer Geschichte: Im Jahre 1602 richteten die Engländer nach einer zehntägigen Belagerung hier ein blutiges Massaker unter Mönchen und der Landbevölkerung an. Die Glaubensmänner hatten Hunderte von verängstigten Dorfbewohnern mit ihren Haustieren vor den Belagerern in den Burggewölben versteckt. Am elften Tag war die Burg nur noch eine Ruine und gefallen. Die Männer wurden öffentlich gehängt oder bei lebendigem Leib verbrannt, Frauen und Kinder von den Klippen gestoßen.

Über Dursey Island zurück nach Castletownbere

Wer nun die ganze Halbinsel erkunden will, für den bietet sich die Weiterfahrt nach **Dursey Island** an, einer kleinen Felseninsel an der äußersten Spitze der Halbinsel. Dort findet sich Irlands einzige und abenteuerlichste **Seilbahn**, die vorwiegend zu Viehtransporten benutzt

↓ Bunte Häuser in Eyeries Village

↘ Eine Gondelbahn führt hinüber zu Dursey Island.

wird. In kleinen, rostigen, im Inneren holzverschalten Gondeln geht es hinüber auf das Eiland, während 100 Meter unter einem die Gischt donnert und das Meer tobt. Mit der **Kirchenruine** auf der verlassenen Insel verbindet sich ein ähnlich tragisches Schicksal wie in Dunboy Castle. Auch hier richteten die Engländer 1602 ein Massaker unter den Einheimischen an, die hierher geflohen waren, um sich vor den Briten zu verstecken. 300 Menschen wurden gezwungen, von den Steilklippen zu springen, in den sicheren Tod.

Von Castletownbere zurück nach Kenmare

Zurück im Hafen Castletownbere geht die Tour im Ring weiter in Richtung **Eyeries**, einer putzigen Ansammlung von quietschbunten Häuschen, von denen wirklich jedes in einer anderen Farbe gestrichen ist. Folgt man der Hauptstraße R571, sollte man nach circa zwei Kilometern auf ein braunes Richtungsschild mit der Bezeichnung **»Coast Road«** oder auf ein weißes » « auf hellblauem Grund achten, das für die Bezeichnung **»Wild Atlantic Way«** steht. Die Straßen werden teilweise so eng, dass nur noch ein Auto im Schritttempo wirklich bequem hindurchpasst. Das ist nicht weiter problematisch, da hier nur noch sporadisch irgendein Fahrzeug auftaucht. Dafür grüßt jeder Bauer, Fischer, Land- oder Straßenarbeiter mit der Hand. In **Ardgroom** hat die landschaftliche Herrlichkeit erst einmal ein Ende und man stößt an der Tankstelle wieder auf die **Hauptstraße nach Kenmare**. Der gilt es jetzt 17 Kilometer bis zur **Abzweigung bei Lauragh** auf die R573 zu folgen. Dort finden sich die gleichen Richtungszeichen, »Coast Road«, auch hier gilt: Unbedingt von der Hauptstraße abfahren, der Landschaftstrip zwischen Steinmauern und Fuchsienhecken ist ein mehr als lohnenswerter Abstecher in Irlands vergessene Welten.

Es lohnt sich immer, bei diesen **Abzweigungen** abzufahren. Dahinter verbergen sich die spektakulärsten Ausblicke und Panoramen auf die wild zerfurchte Steilküste.

Auf halber Strecke zwischen Lauragh und Kenmare erscheint am rechten Straßenrand ein Wegweiser mit dem Hinweis auf einen Wasserfall in acht Kilometern. Die Seitenstraße führt zum **Gleninchaquin Park** mit gut ausgeschilderten Wanderwegen zu einem 140 Meter hohen Wasserfall, www.gleninchaquin.com

INFO

Tourist Information Kenmare. Heritage Centre, Killarney Road, www.kenmare.com

4

KILLARNEY-NATIONALPARK

Das Land der Berge und Seen

Das Beste, …

WEIL hier der dichteste Baumbestand Irlands steht und es sogar Erdbeerbäume gibt

FÜR Naturliebhaber und Vogelkundler

IM Mai, wenn die Rhododendren prächtig blühen

DIE 3 MUST DOS:
- Muckross Lake
- Gap of Dunloe
- Torc Waterfall

Linkskurve, Rechtskurve, bremsen. Unbedingt, sonst gibt's in Irland nur noch 999 999 Schafe. Die wolligen Gesellen machen den Autofahrern die Kurverei durch den Killarney-Nationalpark nicht leichter. Mehr noch als anderswo auf der Insel stapfen hier die Schafe kreuz und quer auf den Straßen herum. Und auch auf den ebenso unzähligen wie abwechslungsreichen Wanderrouten des bergigen Reservats sind sie steter Begleiter.

Dichte Wälder und üppige Vegetation

Das 8000 Hektar umfassende Gebiet erstreckt sich von den **Killarney Lakes** entlang der über 1000 Meter hohen **Macgillycuddy's Reeks** südlich Richtung Kenmare. Seitdem 1932 das Kernstück, der um Muckross gelegene **Bourne Vincent Memorial Park,** von seinem Eigentümer der Regierung übergeben worden war, wurde der Nationalpark Zug um Zug ausgeweitet. Heute präsentiert er sich als Bilderbuch-Irland: Einsamkeit, Berge, Seen, üppige Vegetation und Wälder. Nirgendwo anders in Irland hat es einen derart **dichten Baumbestand,** vor allem Eiben und Eichen. Der Golfstrom erwärmt die Luft und lässt mediterrane Pflanzen sprießen. Die Rhododendren wuchern am Wegesrand so üppig, dass die Gärtner regelmäßig anrücken müssen. Und zwischendurch taucht immer mal ein **Erdbeerbaum** mit seinen knallroten Früchten auf, der für gewöhnlich nur im Mittelmeerraum und in den USA gedeiht. Kein Wunder, dass die Zugvögel des irischen Nordens nicht weit fliegen müssen und im Killarney-Nationalpark überwintern und sich dort unter die über **100 Gattungen reiche Vogelwelt** mischen. Insbesondere Wasseramseln, Eisvögel und Graureiher bekommen die Naturliebhaber bei ihren Bootsfahrten hinauf zum **Upper Lake** verlässlich zu Gesicht. Zumindest verlässlicher als andere Menschen. In Irland wird nicht ameisengleich von Hütte zu Hütte gewandert. Im Killarney-Nationalpark schon gar nicht. Voll ist's noch am **Ladies View,** wo einst die höfischen Damen beim

↖ Wanderer auf der Old Kenmare Road
↓ Upper Lake im Killarney-Nationalpark
↘ Muckross House am gleichnamigen See

Tee die Aussicht auf die Seen genossen und es ihnen die Touristen heute gleichtun. Deswegen das Auto einfach hier – oder am, die N 71 weiter, ein Stück höher auf dem Pass gelegenen **Moll's Gap** – abstellen und loslaufen. Schnell führen die zahlreichen, nicht ausgeschilderten Pfade in die Stille. Ein bisschen Richtung Seen stromern – es ist ein Ausflug ins Paradies.

Spaziergang am Muckross Lake und Lough Leane

Etwas betriebsamer geht es rund um den **Muckross Lake** zu. Idealer Ausgangspunkt ist der Parkplatz am **»Meeting of the Waters«** direkt an der N 71 südlich von Killarney, wo sich dieser kleine See mit dem großen **Lough Leane** trifft. Immer am Wasser entlang führt der rund zweieinhalbstündige Spaziergang durch den Wald, vorbei am kleinen **Terrassencafé Dinis Cottage** bis zur steinernen **Brickeen Bridge**, wo es den schönsten Blick über den See hat, und weiter über die Muckross-Halbinsel zum **Muckross House**. Efeu rankt sich auf dem elisabethanischen Herrensitz, den 1843 der Parlamentsabgeordnete

Das um 1840 erbaute **Muckross House** am Ufer des gleichnamigen Sees beherbergt ein üppig möbliertes Museum der Zeitgeschichte. Dromyrourk, Killarney, www.muckross-house.ie

»Meeting of the waters« – am Muckross Lake fließen gleich mehrere Gewässer zusammen.

TIPP

PICKNICK AM VERBORGENEN SEE

Killarneys Seen machen den Zauber der Stadt aus. Und ja, eine Bootsfahrt auf dem Lough Leane muss schon sein. Keine Boote hat's am Lough Guitane, dafür himmlische Ruhe, idyllische Picknickplätze und verträumte Wanderwege. Und warum ist's dort so still, wo doch das emsige Killarney nur ein paar Kilometer westlich liegt? Weil dieses landschaftliche Kleinod nicht so ganz einfach zu finden ist. Von Killarney kommend zweigt kurz vor Muckross ein winziges Sträßchen nach links ab, für die Ausschilderung braucht es ein wachsames Auge. Am See angekommen, heißt es dann nur noch: Seele baumeln lassen. Unbedingt vorher ein paar belegte Brote einpacken, wetten, dass die Stullen am Ufer des sanften Gewässers besser schmecken als ein Menü in irgendeinem Gourmet-Tempel.
Lough Guitane. *Idyllischer See hinter der Streusiedlung Gortdromakiery, zwei Kilometer östlich von Muckross*

Henry Arthur Herbert in bester Seeblick-Lage hat bauen lassen. Zu den prominentesten Besucherinnen gehörte in den folgenden Jahrzehnten die englische Königin Victoria. Heute gibt das nur mittels einer Führung zu besichtigende Haus einen detaillierten Einblick in die Lebensgewohnheiten der feinen Gesellschaft des 19. und frühen 20. Jahrhunderts. Besonders prächtig möbliert ist das Speisezimmer mit der italienischen Anrichte aus Walnussholz – die Einrichtung wurde seit Victorias Stippvisite 1861 kaum verändert. In der Bibliothek hängen Porträts der amerikanischen Familie Bourne, der letzten privaten Eigentümer des Muckross House, ehe sie es 1932 dem Staat vermachten. Rund um das Haus zieht sich die weitläufige Gartenanlage, durch deren englischen Rasen auch der Weg zurück zum Ausgangspunkt der Halbtagestour führt.

Tageswanderung Old Kenmare Road

Einen kompletten Tag reservieren sollten sich Wanderer, die sich die 35 Kilometer von **Kenmare nach Killarney** (die reizvollere Richtung) vornehmen. Hin beziehungsweise zurück, je nach Standort, geht's mit dem Bus. Weniger bequem ist der Start, denn die schnurgerade vom »Square« an der Kirche und am »Supervalu« vorbei aus Kenmare hinaus auf den **Peakeen Mountain** steigende Straße hat es in sich. Doch schon die erste Verschnaufpause hoch droben, wo der mit kleinen gelben Wan-

↑ Die Kaskaden des Torc-Wasserfalls
↗ Gespenstische Atmosphäre am Gap of Dunloe

derschildchen gekennzeichnete **»Kerry Way«** scharf nach links biegt, entlohnt mit einem fantastischen Blick über die **Kenmare Bay.** Danach geht es zunächst über geteerte Strecken Richtung Norden, mal seicht hinunter, mal seicht hinauf, vorbei an zahlreichen Felsen und Wasserläufen. Bis schließlich irgendwann eine Weggabelung kommt: halb links ins **Black Valley** oder rechts Richtung Killarney. Hier stoßen jene dazu, die sich für die leichtere Elf-Kilometer-Variante ab dem Parkplatz vor der kleinen Kirche unterhalb des Ladies View entschlossen haben. Plötzlich tauchen die Reste einer kleinen Siedlung auf, hier existierte mal ein Weiler, als diese Route die einzige zwischen den beiden Städtchen war. Dann der beeindruckendste Teil der Wanderung: Der Aufstieg durch die verwunschene **Esknamucky Glen**, eine von dichtem Urwald bewachsene Schlucht, die den Menschen zum Hobbit werden lässt. Über sumpfige Wiesen führen dann hölzerne Planken, ehe es, vorbei an den **»Cores cascades«**, durch ein Wildgehege geht und das Rauschen des **Torc-Wasserfalls** gewaltiger wird. Rund 50 Meter stürzen die Fluten in die Tiefe – ein würdiges Finale der eigentlichen Old Kenmare Road, ehe es durch den Park in die Stadt geht.

Acht Kilometer südlich von Killarney ergießt sich das Wasser mehrerer Gebirgsbäche gesammelt vom **Torc Mountain** herab. Der kostenlose Parkplatz liegt direkt an der N 71 Richtung Kenmare.

INFO

Tourist Information. Beech Road, www.killarney.ie

WANDERUNG

Gap of Dunloe

Morgens um 10.30 Uhr geht's im Oldtimer-Bus los am O'Connor's Pub in Killarney. In beide Richtungen führen die Touren durchs Gap of Dunloe, eine schroffe Schlucht im Westen – empfehlenswerter ist es im Uhrzeigersinn. Dann besteht die erste Etappe aus einer Bootsfahrt von Ross Castle über die drei Seen. Es folgt eine rund zweieinhalbstündige Wanderung, ehe der Trip mit der Rückfahrt ab Kate Kearney's Cottage gegen 16.30 Uhr wieder am Pub endet.

- A **Ross Castle** – Die Festung aus dem 15. Jahrhundert sollte einer Prophezeiung zufolge nur durch ein Feuer auf dem Wasser eingenommen werden können. Der findige Cromwell ließ seine Kanonen auf Boote verfrachten und nahm die als uneinnehmbar geltende Burg ein. Heute fahren vom Pier Ausflugsdampfer und Holzboote Richtung Upper Lake ab.
- B **Meeting of the waters** – Wo sich der Lough Leane und der Muckross Lake treffen, geht es unter einer steinernen Brücke hindurch. Eine zweite Durchfahrt am Ende des Muckross Lake ist abenteuerlicher: Nur ein paar Handbreit ist das Wasser tief, sodass die Passagiere aussteigen müssen, ehe es über die kleine Wasserstraße Long Range zum Upper Lake geht.
- C **Brandon's Cottage** – Gegen 11.30 Uhr landet das Boot unterhalb dieses Ausflugslokals mit beachtlicher Snacktheke.
- D **Black Valley** – Wer gar nicht genug vom Wandern bekommt, dem sei ein Abstecher in das einsame Tal ans Herz gelegt – als Appetithappen für eine spätere, ausführliche Tour.
- E **Gap of Dunloe** – Die eigentliche Schlucht presst sich sanft talwärts fallend zehn Kilometer durch die engen Felswände, immer im Schatten des Carrauntoohil, des mit 1041 Metern höchsten Bergs Irlands. Dass der größte der drei Seen hier oben Serpent Lake, also Schlangensee, heißt, unterstreicht die gespenstische Atmosphäre.
- F **Kate Kearney's Cottage** – Die schöne Kate war berühmt für ihren Kartoffelschnaps. Heute versüßt leckerer Kuchen die Wartezeit auf den Oldtimer zurück nach Killarney.

5

MIZEN PENINSULA

Künstler und Klippen

Das Beste, ...

WEIL hier das Meer besonders wild tost und der südlichste Pub der Insel zu finden ist

FÜR Entdecker, Schwindelfreie und Überlebenskünstler

IM frühen Herbst, wenn das Klima rauer wird

DIE 3 MUST DOS:

- Mizen Head Signal Station
- Bantry House
- Baltimore

Sanfte Hügel, kuschelige Buchten, verträumte Lagunen und dann plötzlich atemberaubende Klippen, die der Urgewalt des Atlantiks trotzen: Die Mizen-Halbinsel ganz unten im Südwesten liegt in einem Spannungsfeld unendlicher Gegensätze. Hier stehen keine Herrenhäuser, hier wohnen (Über-)lebenskünstler. Und die können sich in einem herrlich authentischen Pub beim definitiv südlichsten Pint der Insel ihre Geschichten erzählen.

Tour planen und Künstler besuchen

Die Tour über die Mizen Peninsula bietet viel Raum für individuelle Entdeckungen, man muss sie aber selbst gut vorplanen. Weder in **Bantry** noch in **Schull**, dem Hauptort mit dem 1988 von einem Deutschen gestifteten einzigen Planetarium Irlands, gibt es Touristen-Infos. Sich davon abschrecken zu lassen, wäre freilich ein gewaltiger Irrtum. Deswegen: Landkarte und Reiseführer zur Hand, rein ins Auto (oder aufs Fahrrad) und rauf auf den schmalen Landstrich zwischen Bantry und Skibbereen. R591 und R592, zwei Straßen, ein Ziel: **Mizen Head**. Wo sich beide Routen vereinen, beginnt der spektakulärste Teil der Fahrt. Von **Toormore** über **Ballyrissel** bis **Goleen** touchiert die Straße immer wieder das Wasser: mal das offene Meer, mal kleine Lagunen, die das Hinterland zu überschwemmen scheinen; dazwischen immer wieder Felsbrocken drapiert, da gleicht die Natur einem fast schon zu kitschigen Gemälde. Ob deswegen so viele Maler den Weg in die Region gefunden haben? Die größte **Künstlerkolonie,** in den Sechzigern und Siebzigern entstanden, findet sich in **Ballydehob**, wo zahlreiche Ateliers besichtigt werden können. Ebenfalls eine Augenweide ist die altehrwürdige, stählerne Eisenbahnbrücke über die Flussmündung dort. Eisenbahnliebhaber dürften auch ihre Freude haben in **Skibbereen**, wo am Ortseingang direkt hinter dem West Cork Hotel eine mächtige Konstruktion den Fluss Ilen überspannt – ohne erkennbaren Zweck, denn die Brücke führt lediglich zu einem Grundstück. Bis 1961 freilich dampften hier noch die Lokomotiven nach Baltimore, um die Sommerfrischler aus der Stadt an die See zu bringen.

Von Goleen nach Mizen Head

Doch zurück auf die Halbinsel Mizen Head. Wo hinter **Goleen** der Weg immer schmaler wird, ehe es, eine gigantische Dünenlandschaft zur Rechten, eine imposante Badebucht zur Linken, über eine derart schmale, gerade einen Meter hohe Brücke nach **Barleycove** geht, dass kaum zwei Fahrzeuge aneinander vorbeikommen. Die Retortensiedlung aus einem Hotel und zahlreichen Ferienhäusern ist im Winter menschenleer, im

Sommer proppenvoll. Grund: der schönste Strand weit und breit. Einem Hufeisen gleich umspannen steil aufragende Klippen die Bucht, in deren Mitte sich die Brandung einen wilden Kampf mit einem aus dem Wasser ragenden Felsen liefert, dass die Gischt meterhoch spritzt. Von Barleycove sind's nur noch ein guter Kilometer und einige enge Kehren hinauf zu **Mizen Head** mit seiner Signalstation. Wohlgemerkt Signalstation und nicht Leuchtturm. Einen Turm gibt es hier nämlich nicht, dafür wird über das Signallicht hinaus zusätzlich ein Radiosignal ausgestrahlt. Seit 1993 vollautomatisch, bis dahin noch vom vor Ort lebenden Personal. Die Besucher können sich heute ganz gut einen Eindruck von der Einsamkeit der Wärter machen, wenn sie, nachdem sie das unterhaltsame Informationszentrum passiert haben, über die vielen Treppensteige zu den einzelnen Aussichtsplattformen stromern. Ums Eck rückt dann die Signalstation ins Bild, wie ein Adlerhorst auf einem vorgelagerten Felsen. Noch atemberaubender ist jedoch die **Brücke** hinüber: Die heimliche Attraktion des immer etwas stürmischen Fleckchens, eine von gewaltigen stählernen Bögen gehaltene Konstruktion, wurde 1910 errichtet und 2011 generalüberholt wiedereröffnet. Schwindelfreie erspähen 100 Meter tiefer mit etwas Glück in der schmalen Schlucht Robben, etwas weiter draußen Delfine oder Buckelwale.

Mizen Head. Signalstation in spektakulärer Lage hoch droben auf der vom Atlantik umtosten Südwestspitze. www.mizenhead.net

↓ Leuchtfeuer der Signalstation am Mizen Head

↘ Abenteuerlich spannt sich die Brücke zur Signalstation.

TIPP

AUSTERN SCHLÜRFEN AM ENDE DER WELT

Schnurstracks führt die R 595 hinunter nach Baltimore. Das Ende der Welt? Nun, das schnuckelige Fischerörtchen wäre ein hübsches. Mittendrin thront das Dún na Sead Castle, eine Piratenburg aus dem 15. Jahrhundert, deren neue Eigentümer die Restaurierung zu refinanzieren versuchen, indem sie Besucher durch ihre privaten Räume führen. Im Frühjahr und Spätherbst müssen die 400 Einwohner die Puppenstuben-Atmosphäre zwischen pittoresken Gassen zum Hafen hin kaum mit Auswärtigen teilen. Ganz Baltimore ist freilich auf den Beinen, wenn am letzten Maiwochenende das »Seafood Festival« steigt. In den Lokalen gibt's dann Livemusik und Fangfrisches.
Baltimore. Winziger Fischerort am Ende der Skibbereen vorgelagerten Halbinsel. *Dún na Sead Castle liegt an der Main Road, www.baltimorecastle.ie.*

Schloss Bantry House

Bantry House. Die herrschaftliche Residenz aus dem 18. Jahrhundert bietet eine famose Aussicht auf die Bantry Bay. www.bantryhouse.com

Politische Ränkespiele waren der Anlass, zum Ende des 18. Jahrhunderts das **Bantry House**, ein bereits 1720 angefangenes Schloss oberhalb der Bantry Bay, endlich zu dem Prachtbau zu vollenden, den es heute noch darstellt. Denn als 1796 französische Truppen die Iren bei ihrer Revolte gegen die Briten unterstützen wollten, tat sich Bantrys Kommandeur Richard White im Dienste der Krone hervor, indem er die englische Garnison in Cork rechtzeitig alarmierte. Zum Dank gab's den Titel eines Earls und damit, wenngleich mehr für die Nachfahren, die nötigen Mittel, um den Landsitz fertigzustellen – inklusive eines prächtigen Terrassen-Gartens. Südwestlich der heute 3500 Einwohner zählenden, geschäftigen Hafenstadt, deren gesellschaftlicher Höhepunkt das jährliche **Muschelfest** im Mai ist, hat zwar äußerlich der Zahn der Zeit an dem Herrenhaus genagt, drinnen verbergen sich jedoch zahlreiche Kunstschätze aus aller Herren Länder, darunter edle Wandteppiche und prachtvolle Mosaiken aus Pompeji.

INFO

Tourist Information Office Bantry. The Square, Bantry, www.bantry.ie

Und wenn noch Zeit ist …

6 Der Ring im Ring

Der Ring of Kerry ist spektakulär und voll. Der Ring of Skelligs ist noch spektakulärer und leer: Ersteres liegt an seiner atemberaubenden Küstenstraße, Letzteres daran, dass diese eher eine Gasse und daher für Busse unpassierbar ist. Im Uhrzeigersinn kurvend zweigt kurz hinter **Waterville** die R567 links ab und vereint sich mit der R566 in Richtung Ballinskelligs, wo die Ruine der St.-Michael-Priorei steht. Das Sträßchen schraubt sich an **Bolus Head** vorbei in die Höhe, sensationell ist der Blick hinab auf die **St. Finan's Bay** – und rüber auf die zum Greifen nahen Skelligs. Das Finale des kleinen Extra-Rings scheint ein fades zu sein. Doch weit gefehlt: Natürlich muss es hinter den so kurz vor dem Meer noch linker Hand ansteigenden Wiesen tierisch steil wieder runtergehen. Tut es. Und wie.

Zwei Kilometer vor Portmagee liegt der Parkplatz eines Cafés. Die drei Euro für die Parkerlaubnis sind ebenso gut investiert wie die zehn Minuten den Hang hinauf. Der stets windumtoste Aussichtspunkt ist etwas für Schwindelfreie. Diese Klippen sind die wohl spektakulärsten in Irland.

Ring of Skelligs. 33 Kilometer lange Küstenstraße über die R567 und R566. Im Uhrzeigersinn fahrend spektakulärer Aussichtspunkt kurz vor Portmagee.

↓ So beengt haben die Mönche einst gelebt.
↘ Wild und umtost: die Klippen nahe Portmagee

Von oben hat man einen herrlichen Blick über den Barley Lake und die ihn umgebenden Berge.

7 Barley Lake – der See aus der Eiszeit

Nach Königin Victoria ist in Irland manch schöne Aussicht benannt. Hier oben war die wanderlustige vormalige Prinzessin von Kent zwar mutmaßlich nicht, doch am Barley Lake hätten sie und ihre Hofdamen ihre Freude gehabt: Der Blick aus 200 Metern Höhe über den See, die ihn im Halbkreis umschließenden Berge der **Caha Mountains** und ganz besonders bis hinunter zur **Bantry Bay** und nach **Glengarriff** ist atemberaubend.

Der See ist ein Relikt der letzten Eiszeit, die vor etwa 10 000 Jahren ihr Ende fand. Das Wasser erweckt den Anschein tiefer Schwärze, am frühen Morgen oder bei Sonnenuntergang glitzert der See indes, etwas Sonnenlicht vorausgesetzt, golden bis feuerrot. Sein Ufer lockt einfach nur zum Tagträumen, zu einem Picknick mit Ausblick. Aber auch zu einer etwa dreistündigen Umrundung. Wandern in Irland heißt meist freie Wahl des Weges über die Wiese – so auch hier, doch wird die Richtung stets durch die Grenzen des Sees vorgegeben. Nach einigen Regentagen empfiehlt sich hier oben festes, wasserdichtes Schuhwerk. Hinauf geht's ebenfalls auf einem Fußmarsch.

Barley Lake. Das Auto kann am Parkplatz des Glengarriff Wood Nature Reserve (an der N 71) abgestellt werden. Die Wanderung zum See dauert eine knappe Stunde.

8 Killarney – Das emsige Städtchen am See

Es sind wirklich nur knapp 14 000 Einwohner. Doch gerade in den Sommermonaten platzt **Killarney** aus allen Nähten. Das Gewusel in den Einkaufsstraßen und Kneipengässchen kann's lässig mit Dublin aufnehmen. Dabei fehlen dem Besuchermagneten des Südwestens die außergewöhnlichen Sehenswürdigkeiten. Zur Flanke idyllische Seen, mit Blick auf Irlands höchste Berge, ist Killarneys Visitenkarte mit **landschaftlicher Eleganz** bedruckt. Das hat schon dem Geldadel des 19. Jahrhunderts gefallen, und so hat die in den letzten Jahren tüchtig gewachsene Kleinstadt eine touristische Tradition – und eine entsprechend vielfältige Hotellerie. Doch wäre ihr Unrecht getan, sie ausschließlich als Ausgangspunkt des Ring of Kerry zu sehen. Selbst wenn mit dem legendären und in zahlreichen Reiseführern noch immer beworbenen **Oldtimer Museum of Irish Transport** schon vor Jahren die skurrilste Attraktion mangels Rentabilität abhanden gekommen ist. Wer heute noch etwas Besonderes sucht, der muss sich anstrengen, genauer gesagt rudern.

Am Ostufer des **Lough Leane**, dem größten der Killarney Lakes, lassen sich nahe dem Ross Castle Boote ausleihen. Mit Muskelkraft geht's auf die einsame Insel Innisfallen, wo neben einer kleinen Kirche aus dem 12. Jahrhundert auch noch Reste eines etwa ebenso alten Klosters stehen.

Tourist Information: Beech Road, www.killarney.ie
Ross Castle. Festung aus dem 15. Jahrhundert unmittelbar am Ostufer des Lough Leane. Killarney, www.heritageireland.ie

↓ St. Mary's Cathedral am Stadtrand von Killarney
↘ Thront imposant über dem Lough Leane: Ross Castle

↑ Ein bisschen kleiner sind die Ausflugsboote dann doch.
↗ Skellig Michael (rechts) und Little Skellig

9 Black Valley

Keine Frage, der **Gap of Dunloe** gehört zu den schönsten Touren Irlands. Ursprünglicher noch ist aber das Black Valley. Schafe über Schafe, vielleicht mal ein Stück Rotwild und ansonsten nur die drei lang gestreckten Seen im Einklang mit den steil aufragenden Hängen der **Macgillycuddy's Reeks.** Vom Upper Lake aus kommend, führt der abwechslungsreichere Weg rechter Hand um die Gewässer, vorbei an den verfallenen Häusern einer ehemaligen Hirtensiedlung.

Am Ende des Tals scheint die Welt zu Ende, doch schleicht sich tatsächlich rechts der 200 Kilometer lange **Kerry Way** steil nach oben. Die Tagestour führt freilich nach links zum südlichen Ufer, wo aus dem holprigen Pfad eine Schotterstraße wird. Rund zwei Stunden könnte die Runde dauern, zahlreiche schöne Plätzchen zum Innehalten dehnen den Ausflug jedoch lässig auf einen halben Tag aus.

Anfahrt: Von der Passhöhe Moll's Gap an der M71 einen Kilometer über die R568, dann rechts an der Ausschilderung in das enge Sträßlein abbiegen. Ja, man darf dort wirklich mit dem Auto fahren.

10 Skellig Islands – zwei Pyramiden im Atlantik

Bloß nicht zu üppig frühstücken. Diesen Rat sollte beherzigen, wer sich die Überfahrt zu den beiden Felsklötzen vor Valentia Island, die pyramidengleich aus dem Atlantik ragen, zutraut. Die Wellen sind in der Regel höher als die kleinen Boote. Doch das Leiden lohnt: Auf **Skellig Michael,** der größeren Insel, steht das am besten versteckte Kloster des Landes. Es ist ein bizarrer Ausflug in die Frühgeschichte der Christianisierung Irlands.

Little Skellig, die kleinere Insel, darf seit den 1980er-Jahren nicht

Skellig Michael – Drehort für »Star Wars: Das Erwachen der Macht«

mehr betreten werden, um die Vogelwelt zu schützen. Allein die Basstölpelkolonien sind mit 30 000 Brutpaaren die weltweit größten. Und eigentlich sollte auch Skellig Michael von den ohnehin wenigen Touristen verschont bleiben, weswegen die Fahrten vom EU-geförderten Skellig Experience Center zwischen Frühjahr und September lediglich Umrundungen anbieten. Doch einige Kutterkapitäne in Portmagee und nicht wenige Iren halten es derweil für einen Frevel, dass 2014 Hollywood zu Gast auf ihrer heiligen Insel war: Skellig Michael diente als Kulisse für das Science-Fiction-Epos *Star Wars – Episode 7*.

Skellig Experience Visitor Center. Valentia Island, www.skelligexperience.com

11 An der Küste von Kenmare

Kapitän Raymond Ross wirbt dafür, dass seine **»Seafari«** für jeden etwas zu bieten hat, egal ob drei oder 93 Jahre alt. Der Ausflug startet nur fünf Gehminuten von Kenmares Stadtzentrum am Pier im kleinen Hafen. Und wirklich: Die **Schifffahrten** entlang der Küste bieten Eindrücke im Übermaß. Fischotter, Seeadler, Fischreiher, Irlands größte Kolonie von Kegelrobben und mit etwas Glück auch Delfine. Die Besatzung garantiert zudem, dass niemand seekrank wird. Der ganze Trip dauert je nach Wetter und Gezeiten rund zwei bis drei Stunden und bietet spannende Zusammentreffen der tierischen Art, gepaart mit irischer Musik und einer gesunden Portion irischem Humor. Unbedingt wetterfeste Jacken mitnehmen, es wird auf dem Meer mitunter doch ziemlich kühl und windig.

Seafari Tours. 3 The Pier, Kenmare, die Touren sind den Gezeiten angepasst, www.seafariireland.com

12 Die grün-blaue Lagune von Crookhaven

Schon die Anfahrt von Goleen entlang der Küste ist ein Traum, dann die letzte Kuppe und – das Paradies: rechts der Atlantik, links eine grünblau schimmernde Lagune, geradeaus auf der schmalen Landzunge das Straßendorf **Crookhaven** mit seinen quietschbunten Fassaden und Palmen in den Vorgärten. Noch rund ein Dutzend Familien lebt das ganze Jahr über hier und hält sich mit **Fischfang** über Wasser. Gerne erzählen die Bewohner von den Zeiten, als Crookhaven noch ein emsiger Hafen war; vor allem die Postschiffe nach Amerika fuhren regelmäßig ein und aus.

Davon zeugt der auf einem ins Meer ragenden Felsen platzierte Leuchtturm. Dort hantierte Anfang des 20. Jahrhunderts ein prominenter Gast: Guglielmo Marconi. Der 1874 in Bologna geborene Adelige und spätere Nobelpreisträger für Physik gilt als Erfinder der drahtlosen Telegrafie und stellte die ersten Funkverbindungen nach Amerika her. Heute trägt neben der Signalstation die Pension am Ortseingang, wo er einst untergebracht war, seinen Namen.

Crookhaven. Zwischen einer Lagune und dem offenen Meer auf einer extrem schmalen Landzunge liegendes Straßendörfchen an der hier endenden R 591

↓ Robben auf einer Sandbank in der Kenmare Bay

↘ Die Lagune von Crookhaven

ESSEN, TRINKEN, ÜBERNACHTEN & CO.

Ring of Kerry

The Caragh Restaurant & Bar €. Schlichtes Ambiente, aber sauber und Preise, die noch nicht vom Tourismus verdorben sind. Inklusive Getränke können hier zwei Personen für weniger als 20 Euro essen. 106, New Street, Killarney, Tel. 064/6631645

Hotel Europe Killarney €€€. Das mondäne Fünf-Sterne-Hotel befindet sich seit Jahrzehnten im Besitz der deutschen Unternehmerfamilie Liebherr, die zig Millionen Euro in Ausbau und Renovierung investiert hat. Spektakuläre Lage am See und bestes Spa der Region. Fossa, Killarney, www.theeurope.com

Travellers Rest Hostel €. In kurzer Laufdistanz zu den Stränden und zum Derrynane House liegt das kleine, schmucke Hostel. Geräumige, saubere Zimmer und offener Kamin im Aufenthaltsraum. Main Road, Caherdaniel, Tel. 066/9475175

Dingle Peninsula

Out of the Blue €€. Wer Steaks oder Burger essen will, kann sich den Weg in das kleine Restaurant sparen. Hier werden ausschließlich Fisch und Meeresfrüchte vom morgendlichen Fang serviert. Waterside, Dingle, www.outoftheblue.ie

Dingle Skellig Hotel €€. Direkt oberhalb des Hafens von Dingle gelegen. Auf DIngle das mit Abstand beste und auch preiswerteste Hotel. Unbedingt ein Zimmer mit Meerblick buchen. Emlagh, Dingle, www.dingleskellig.com

Dingle Oceanworld Mara Beo. Ein respektables Aquarium mit imposanten Haien und einem Polarbereich mit Pinguinen, einer Reptilienabteilung und einem schön angelegten Ottergehege. The Wood, Dingle, www.dingle-oceanworld.ie

Ring of Beara

Lime Tree Restaurant €€€. Küchenchef Michael Casey kocht mit dem besten Fisch und Fleisch, das die Region zu bieten hat, und mit ausgesuchten Kräuterkombinationen. Shelbourne Street, Kenmare, www.limetreerestaurant.com

Brook Lane Hotel & Restaurant €€€. Wer von Kenmare auf der Hauptstraße nach Sneem abbiegt, findet das urgemütliche Restaurant direkt nach der Kurve und mit zahlreichen Gourmet-Auszeichnungen an der Außenwand. Das Essen hält nicht nur was es auf der Karte verspricht, sondern der Preis ist zudem auch absolut passend. Killarney Road, Kenmare, www.brooklanehotel.com

Eccles Hotel Glengarriff €€. Nur wenige Meter von der Irischen See entfernt bietet das Vier-Sterne-Haus einen überwältigenden Blick auf die Bantry Bay und Garnish Island. Glengarriff Harbour, Glengarriff, www.eccleshotel.com

Killarney National Park

Kate Kearney's Cottage €€. Gemütliche, über 150 Jahre alte ehemalige Schmuggler-Pinte am nördlichen Ende des Gap of Dunloe. Gap of Dunloe, www.katekearneyscottage.com

Colgans Gastro Pub €€. Unter dem alten Namen »Molly Darcy's« x-mal Pub des Jahres in Irland: Entsprechend schmuck präsentiert sich der rustikale Restaurant-Pub des edlen Muckross Park Hotels. An der N 71, Muckross, Killarney, www.muckrosspark.com

Black Valley Hostel €. Es ist nicht der Zimmerkomfort, der diese Jugendherberge auszeichnet. Es ist die für Wanderer und Biker exzellente Lage zwischen Gap of Dunloe und Black Valley. Beaufort, Killarney, www.blackvalleyhostel.com

Essen & Trinken · Übernachten · Aktivitäten u. Ä.

↑ Der Schmuggler-Pub im Gap of Dunloe: Kate Kearney's Cottage

↗ Auch im Außenbereich gemütlich: das Casey's, die Bar des Brook Lane Hotels

The Dunloe €€€. Romantisches Fünf-Sterne-Haus nahe des Black Valley und Gap of Dunloe im beinahe toskanischen Stil. Sensationell ist das Frühstück mit Blick auf die majestätischen Macgillycuddy-Berge. Beaufort, Killarney, www.thedunloe.com

Gap-of-Dunloe-Tour. Organisierter Tagesausflug durch die Dunloe-Schlucht. Start am O'Connor's-Pub, High Street 7, Killarney, www.gapofdunloetours.com

Muckross Park Spa. In dem edlen Verwöhntempel im Muckross Park Hotel wird relaxt in einem Gewölbekeller voller klassizistischer Säulen. Muckross, Killarney, www.mucrosspark.com

Mizen Peninsula

O'Sullivan's €€. In der ursprünglichen Fischerkneipe am Pier von Crookhaven gibt's das südlichste Pint Irlands. Und an warmen Tagen laden die rustikalen Holzbänke vor dem Pub zu einer Brotzeit an der Lagune ein. Rock Street, Crookhaven, Tel. 028/35319

Barleycove Beach Hotel €€. Familienfreundliches Hotel mit Panoramablick auf Sandstrand und umliegende Klippen. Ostern–Sept. geöffnet, Barley Cove, www.barleycovebeachhotel.com

Fastnet-Rock-Tour. Wilde Bootsfahrt zu dem vorgelagerten Felsen mit Leuchtturm und den Clear Islands. Trips wetterbedingt tagesaktuell vom Hafen in Baltimore aus, www.fastnettour.com

Killarney

Murphy's Bar €€. Hier spielt die Musik – und zwar täglich. Das Murphy's hält seit 1955 die Fahne des traditionellen Irish Folk hoch. Dazu gibt's vorzügliches Pub Food. College Street 18, Killarney, www.murphysofkillarney.com

The Lake Hotel €€€. Auch wenn dieses Vier-Sterne-Hotel schon in die Jahre gekommen ist, die Lage direkt am Ufer des Lough Leane ist – neben dem famosen Sonntagsbrunch – sein Trumpf. Muckross Road, Killarney, www.lakehotelkillarney.ie

Orchid Day Spa. Asiatisches Flair in Irland: ein betörender Ort, um die Seele baumeln zu lassen. Old Market Lane, Killarney, www.orchiddayspa.ie

Skellig Islands

The Bridge Bar €€. Preisgekröntes Restaurant am Pier von Portmagee. Riesige Portionen, und: Kein Weg führt vorbei am »Catch of the day«. Main Street, Portmagee, www.moorings.ie

Carraig Liath House €€. Gemütliches B&B-Haus 200 Meter oberhalb des Skellig Experience Centers. Valentia Island, www.carraigliathhouse.com

Bootsfahrten. Offizielle Tour ab Skellig Experience Center, dabei werden die Inseln nur umrundet. Abfahrt wetterabhängig (Eintritt Center inklusive)

Skellig Experience Center. Diese tolle Multimediashow entschädigt an stürmischen Tagen für ausgefallene Boottrips. Valentia Island, skelligexperience.com

DER SÜDEN

Lebhafte Städte, Auswanderergeschichte und viel Natur

Mythischer Ort: Zum Rock of Cashel kam vor 1500 Jahren auch St. Patrick.

ZUR ORIENTIERUNG

DER SÜDEN

In den heute quirligen Hafen- und Arbeiterstädten des Südens wird besonders Irlands Auswanderergeschichte lebendig. Aber auch Shopping- und Naturfreunde kommen auf Ihre Kosten.

Unbedingt anschauen ...

13 CORK

Die geschichtsträchtige Arbeiterstadt ist heute eine quirlige Metropole, die für Kunstinteressierte ebenso etwas zu bieten hat wie für Shopaholics, Kneipengänger und echte Gourmets.

14 CORKS UMGEBUNG

Corks Umland eignet sich perfekt für einen schönen Tagesausflug, auf dem man alles erleben kann, was Irland ausmacht: eine geheimnisvolle Burg in Blarney, Whiskey in Midleton und atemberaubende Ausblicke auf den Atlantik in Youghal.

15 COBH

Pittoresk, farbenfroh, an den Berg geschmiegt mit herrlichem Seeblick und mächtiger Kathedrale – Cobh auf Great Island, einer von drei Inseln im Hafen von Cork, ist ein irisches Postkartenidyll. Und im Cobh Heritage Center erfahren Sie alles über die irische Geschichte der Auswanderung.

16 WATERFORD

Im Hinterland der wild zerklüfteten Copper Coast ist aus der grauen Maus Waterford eine elegante, lebendige Metropole geworden. Der

Quay und die dahinter liegenden Gassen haben sich in den letzten Jahren herausgeputzt. Hier können Sie flanieren, shoppen, ausgehen.

17 GARTENLANDSCHAFTEN IM SÜDEN

Gärten sind das große Thema der ohnehin schon so grünen, im Frühjahr kunterbunt blühenden Insel. Durch das vom Golfstrom geschaffene mediterrane Klima fragt man sich hier manchmal: Ist das noch Irland? Oder ist das schon Italien?

Wenn noch Zeit ist …

- 18 Kinsale
- 19 Kinsale Ghost Tour
- 20 Rock of Cashel
- 21 Autotour The Vee
- 22 Fota House, Garten und Wildlife Park
- 23 Medieval Museum in Waterford
- 24 Glengarriff Forrest Park

Der perfekte Tag

Ein Tag im Süden mit Whiskeyverkostung und Glockenläuten

9 Uhr – Erst ein Full Irish Breakfast. Danach tief eintauchen in die irische Geschichte. In Cobh wartet zum Start der kleinen Rundfahrt ein irisches Postkartenidyll. Die Stadt verfügt über einen der weltweit größten Naturhäfen und war der letzte Haltepunkt der *Titanic* vor ihrer unglückseligen Jungfernfahrt 1912. Cobh ist aber auch der Ort, von dem aus rund 2,5 Millionen Menschen zwischen 1848 und 1950 das Land verließen. Ein Besuch des Cobh Heritage Center im alten viktorianischen Bahnhof ist ein Muss, um die irische Auswanderungsgeschichte zu verstehen.

12 Uhr – Alle Welt redet von irischem Bier, dabei ist Whiskey mindestens ebenso wichtig. Deshalb ab ins Auto zu einer gut halbstündigen Fahrt von Cobh nach Midleton in die Old Jameson's Destillery. Hier lernt man alles über die irische Art, Whiskey herzustellen, und kann den Geruch des »Angel's share« live erleben. Aber Vorsicht, nicht zu viel kosten, es steht noch ein bisschen Autofahrt bevor.

15 Uhr – Die Stadt der Freiheitskämpfer. Der Nachmittag und Abend endet in Cork, von Midleton aus leicht über die N 25 in rund einer halben Stunde erreichbar. Auf den rauen Charme der Stadt muss man sich einlassen, aber es lohnt sich. Der erste Stopp sollte die St. Anne's Kirche im Viertel Shandon sein, gegenüber dem Butter Museum. Sie ist bekannt für ihr Läuten – aus über 100 Liedern kann man wählen und sogar selbst Hand anlegen. Und der Blick über die Stadt ist beeindruckend.

17 Uhr – Von Glocken zu Depeche Mode. Eine Kaffeepause im Café Depeche am Lancaster Quay tut gut, danach ein kleiner Shopping-Rundgang durch die Stadt inklusive Pflichtbesuch im English Market.

19 Uhr – Auf ins farbenfrohe Kinsale. Eine letzte Autofahrt, die sich lohnt. Rund eine Dreiviertelstunde südlich von Cork liegt Kinsale am Meer. Eine pittoreske Kleinstadt voller Top-Restaurants: von Burger über Indisch bis zu fangfrischem Fisch – der perfekte Ort für einen wunderbaren Abend.

↖ Das pittoreske Cobh mit seinen bunten Häusern
↓ Vor dem English Market in Cork
↘ Verpassen Sie nicht die Old Jameson's Destillery.

13

CORK

Die Stadt der Rebellen

Das Beste, …

WEIL Cork die Stadt der Rebellen und des Freiheitskampfes ist und ihr rauer Charme bezaubert

FÜR Kneipengänger und Shopaholics genauso wie für Menschen, die gerne Stadtleben zu Fuß erfahren

IM Frühjahr und Sommer, wenn auch kulturell viel geboten ist

DIE 3 MUST DOS:
- English Market
- Glockenläuten in St. Anne's
- Shoppen in der St. Patrick's Street

Die Arbeiterstadt muss man sich im wahrsten Sinne des Wortes erarbeiten, dann präsentiert sie sich aber als quirlige Metropole im Südwesten, die für Kunstinteressierte ebenso etwas zu bieten hat wie für Shopaholics, Kneipengänger und echte Gourmets. Das Wappen ist Programm für Cork und seine gut 200 000 Einwohner: zwei wehrhafte rote Türme, in ihrer Mitte ein Zweimaster auf dem Meer.

Cork im irischen Unabhängigkeitskrieg

Trutzige Verteidigung und Freiheit auf See; die Rebellenstadt, die im Jahr 606 der Legende nach vom heiligen Finbarr auf einer Insel in der Meeresmündung des Lee gegründet wurde, hat in den vergangenen Jahrhunderten viel mitgemacht – vor allem während des irischen Bürgerkriegs zwischen 1916 und 1923. Cork war eine der Rebellenhochburgen im bitteren Kampf um die irische Unabhängigkeit von der englischen Krone. Bürgermeister Thomas McCurtain wurde 1920 von protestantischen Unionisten erschossen, sein Nachfolger Terence McSweeney starb 1921 in einem britischen Gefängnis – mit ein Auslöser für den Terroranschlag der für die Unabhängigkeit der Iren kämpfenden katholischen Irish Republican Army (IRA) im November 1921 am Bloody Sunday. Die englische Armee beschoss daraufhin Cork, ein Großteil des mittelalterlichen Stadtbilds wurde ein Raub der Flammen und noch heute ist dies in den Straßen zu sehen.

↖ Häuserzeile am St. Patrick's Quay in Cork
↓ Blick auf das Tanztheater Firkin Crane in Cork
↘ Bunte Schilder prägen die irischen Einkaufsstraßen.

Allerlei Leckereien im English Market

RUNDGANG

Corks Zentrum

Die Innenstadt von Cork kann man locker zu Fuß erkunden. Hilfreich sind dabei die Infotafeln.

A **Parnell-Brücke** – Als Startpunkt am besten, hier hält der Zubringerbus der Park-and-Ride-Parkplätze. Von der Brücke aus geht es gut 600 Meter geradeaus die Straße South Mall entlang, wo man noch alte Backsteinhäuser aus der viktorianischen Zeit findet.

B **Ecke South Mall/Grand Parade** – Unverwechselbar aufgrund der segelähnlichen Straßenbeleuchtung, links abbiegen auf die kleine Nano-

Nagle-Brücke. Auf der anderen Flussseite rechts auf dem Sullivans Quay in Richtung Barrack Street.

C **St. Fin Barre's Cathedral** – Links abbiegen und die nächste Straße rechts in die Fort Street und schon sieht man St. Fin Barre's Cathedral. Architekt William Burgess überschritt beim Bau zwischen 1865 und 1879 zwar sein Budget um das Fünffache, doch Freunde neogotischer Gotteshäuser kommen hier auf ihre Kosten.

D **South Main Street** – Am Hauptausgang der Kathedrale hinaus, rechts auf die Bishop Street zurück über den Proby's Quay zur Lee-Brücke am Sullivan's Quay, die in die South Main Street mündet. Hier findet man hippe Mitbringsel.

E **St. Patrick's Street** – Von der South Main Street nach rund 200 Metern rechts in die Washington Street, dann links in die Grand Parade und dort Richtung Haupteinkaufsstraße St. Patrick's Street, in der alle europäischen Ketten vertreten sind. Am Anfang auf der rechten Seite (auf die Beschilderung achten!) ist der Eingang zum English Market. Selbst Queen Elizabeth II. ließ sich 2011 einen Besuch nicht nehmen.

F **Merchant's Quay** – Am Ende der St. Patrick's Street ist rechts das Merchant's Quay Einkaufszentrum, davor die Statue von Pfarrer Theobald Mathew, der als Apostel der Enthaltsamkeit bezeichnet wird und in den 1830er-Jahren den Alkoholismus in der Landbevölkerung bekämpfte.

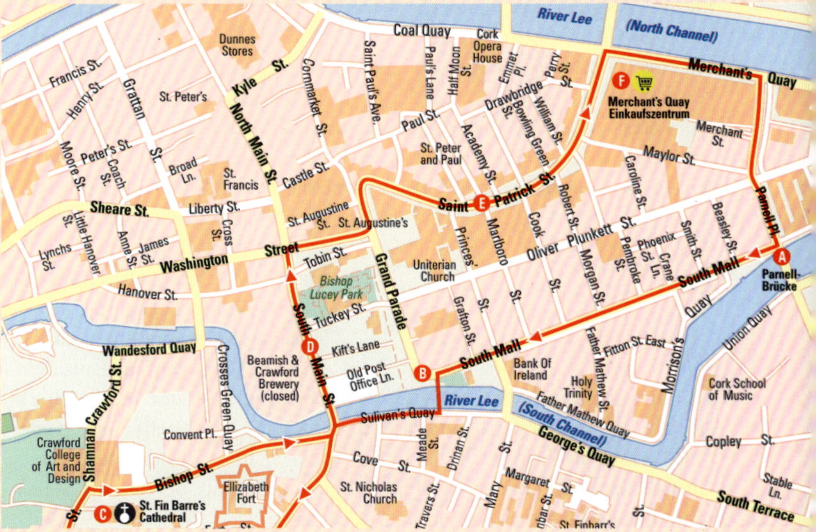

TIPP

GLOCKENLÄUTEN IN ST. ANNE'S

Von Weitem schon zu hören, machen die Glocken von St. Anne's, der kleinen Kirche aus dem Jahr 1722 im Stadtteil Shandon gegenüber dem Butter Museum, neugierig. Man hört nämlich kein typisches Kirchengeläut, sondern über hundert verschiedene Lieder – von Bruder Jakob bis zu irischen Freiheitsliedern. Das Glockenspiel in St. Anne's ist jedermann zugänglich. Einmal an den Seilen ziehen und sein eigenes Lied im Glockenturm hören, das ist ein echtes Erlebnis. Dazu kommt ein toller Rundumblick über Cork, wenn man sich nach dem Glockenläuten – unbedingt mit dem nötigen Gehörschutz auf den Ohren – an den Glocken vorbei auf den 1750 gebauten, 40 Meter hohen Turm begibt.
St. Anne's Church und Shandon Bells. *Church St., Shandon, Cork, www.shandonbells.ie*

Die Highlights der Stadt

Sich seiner wechselvollen Geschichte bewusst, ist Cork heute umso mehr eine Stadt im Wandel, auch dadurch illustriert, dass der größte Arbeitgeber die Computerfirma Apple mit ihrem Europasitz in Cork ist. Der **Lee** prägt das Bild, macht aus der Innenstadt eine Insel. Früher gab es hier viele Kanäle, auf denen die Waren bis vor die Haustür der Händler gebracht wurden. Ein Beispiel ist die sichelförmige **St. Patrick's Street**, ein zugeschütteter Kanal, heute die Prachtstraße und beste Einkaufsadresse, wo unter anderem auch der **English Market** mit seinen unzähligen Delikatessenständen angesiedelt ist. Ein weiteres Kleinod ist **St. Fin Barre's Cathedral**, wobei von klein keine Rede sein kann. Die imposante Kirche wurde von William Burges im neogotischen Stil als Auftragsarbeit in den 1860er-Jahren gebaut. Die netten Führer haben so manche Anekdote zu berichten – über die Glasfenster, die die Bibelgeschichte erzählen, oder über die Kanonenkugel aus dem 17. Jahrhundert, die bei Renovierungsarbeiten in einer der Turmmauern steckend gefunden wurde und nun in der Kirche ausgestellt wird. Wer eine kleine Auszeit braucht, ist in Cork auch richtig: Hinter **Blackrock Castle** bietet sich eine wunderbare Marschlandschaft, bei deren Anblick man die Seele baumeln lassen kann.

St. Fin Barre's Cathedral ist eine im neogotischen Stil Ende des 19. Jahrhunderts gebaute anglikanische Kirche und kann besichtigt werden. *www.cathedral.cork.anglican.org*

↑ Der Pub Mutton Lane Inn in der Altstadt von Cork
↑ Selbst die Glocken läuten in St. Anne's Church
↗ Das Butter Museum in Cork ist einen Besuch wert.

Fast ein Muss, wenngleich man sich bewusst auf das nicht neuesten Ausstellungsmaßstäben entsprechende Museum einlassen muss, ist das **Butter Museum** im Stadtteil Shandon. Vom 19. bis Mitte des 20. Jahrhunderts war Cork die Butter-Hauptstadt. Tausende Tonnen gesalzener irischer Butter wurden von hier in die ganze Welt geschickt. Die Geschichte von Kerrygold, der Markenname für den Zusammenschluss Hunderter Milchbauern aus Kerry und Cork, steht im Mittelpunkt des Museums.

INFO

Tourist Information Centre. 125 St Patrick's Street, Cork, www.discoverireland.ie

14

CORKS UMGEBUNG

Moby Dick und der irische Whiskey

Das Beste, …

WEIL Irlands Süden und die Umgebung von Cork unterschätzt werden und mehr zu bieten haben, als man denkt

FÜR alle, die gerne Vielfalt mögen: alte Burgen, Shopping, Whiskey und Meer

IM Mai und September, wenn das Wetter gut, aber die Touristen noch überschaubar sind

DIE 3 MUST DOS:
- Old Jamesons's Distillery
- Den Blarney-Stein küssen
- Moby Dick Festival in Youghal

Die Bundesstraßen N 20 und N 25 verlaufen nördlich und östlich von Irlands zweitgrößter Stadt Cork. Ideale Voraussetzung für einen schönen Tagesausflug, auf dem man entlang der gut ausgebauten Straßen alles erleben kann, was Irland ausmacht: eine geheimnisvolle Burg in Blarney, wohlschmeckenden Whiskey in Midleton und atemberaubende Ausblicke auf den Atlantik in Youghal.

Blarney Castle und Elisabeth I.

Eine Burg, die es in Webster's New Universal Unabridged Dictionary – den Duden der englischen Sprache – schafft, das gibt es nicht alle Tage. »Alles nur blarney«, soll die englische Königin Elizabeth I. Ende des 16. Jahrhunderts ausgerufen haben, als ihr der Kragen platzte ob der Verhandlungen mit Dermot McCarthy. Der Besitzer von Blarney Castle hätte endlich den Eid auf die britische Krone leisten sollen, was ihm als eingefleischtem Iren aber missfiel. Er zögerte also mit vielen schönen Worten seine Unterschrift hinaus, bis die Queen das nicht mehr zum Lachen fand. Viele Jahre nach ihrem Tod kam dann Oliver Cromwell, der die aus dem 10. Jahrhundert stammende Burg 1646 mit Kanonen beschoss und einnahm. Doch die McCarthys waren längst weg, durch Tunnel geflüchtet und ihre Einrichtung hatten sie auch gleich mitgenommen.

Blarney Castle – Burg und Dorf

Heute ist **Blarney Castle** einer der Touristenmagneten im Südwesten des Landes. 400 000 Besucher kommen pro Jahr, nicht nur der netten Burg wegen, sondern auch wegen des perfekt auf Heerscharen von Touristen eingerichteten Dorfes nur gut 20 Kilometer nordwestlich von Cork an der N 20. Blarney Castle und seine Umgebung machen kein Blabla, das bedeutet »to blarney« im Deutschen, wenn es darum geht, sich adäquat zu präsentieren – das gilt für die Burg, die neben dem Eloquenz versprechenden **Blarney-Stein** interessante Ein- und Ausblicke bietet, wie für die sie umgebenden Parkanlagen und für **Blarney Woollen Mills** unterhalb der Burg. Ein schönes Steingebäude aus dem 18. Jahrhundert, früher eine Wollspinnerei, heute eine Tourist-Information mit Restaurant und schickem Einkaufsparadies, in dem man natürlich die berühmten Aran Sweater ebenso kaufen kann wie Kristall aus Waterford oder keltischen Schmuck. In den 1960er-Jahren fielen die Preise für Wolle, 1973 musste die Mühle endgültig schließen, 500 Menschen wurden arbeitslos. Dann kam **Christy Kelleher**, kaufte das

Blarney Castle & Gardens. Burg aus dem 11. Jahrhundert mit dem sogenannten Blarney Stone. www.blarneycastle.ie

TIPP

CORK CITY GAOL

Es ist ja nicht so, dass es in Irland an Gefängnissen aus dem 19. Jahrhundert mangelt. Fast jede Stadt hat eines mit Furcht einflößenden Mauern zu bieten, natürlich auch Cork. »Gaol«, eine altenglische Bezeichnung für »Jail« und genauso ausgesprochen, das trifft auf das im Norden Corks Richtung Blarney liegende Gefängnis natürlich zu – doch von außen sieht das Gebäude aus wie ein Schloss, nur die kleinen, vergitterten Fenster zeigen, dass es hier nicht besonders lustig war. Die audiovisuelle Show lässt das Leben für die Gefangenen in der 1924 geschlossenen Strafvollzugsanstalt lebendig werden. Ein wenig skurril wird das Ganze dadurch, dass sich hier nicht nur ein Gefängnis-Museum befindet, sondern auch ein Radio-Museum. Nach der Schließung war im Cork City Gaol der erste Radiosender Corks beheimatet.
Cork City Gaol. *Convent Avenue, Cork, www.corkcitygaol.com*

Gebäude und startete eine neue Erfolgsgeschichte als kleine **Mall**. Ebenso sehenswert sind die **Gärten rund um Blarney Castle** – im »Poison Garden« findet man giftige und berauschende Pflanzen wie Bunten Eisenhut, Cannabis oder Schlafmohn. Im Farngarten steht ein vom Efeu befreites Eishaus aus dem viktorianischen Zeitalter, hinter dessen Steinwänden den Sommer über Eis gelagert wurde. Ein Arboretum, ein Gewürzgarten und ein irischer Garten runden die Parklandschaft ab.

Old Jameson's Destillery in Midleton

Nach dem Besuch auf Blarney Castle könnte ein Whiskey genau das Richtige sein, in Maßen genossen natürlich. 32 Kilometer östlich von Blarney, schnell über die gut ausgebaute N 25 zu erreichen, liegt die Kleinstadt **Midleton**. Dort findet sich die **Jameson's-Destillerie**, die älteste Irlands und Wiege des irischen Whiskeys. »Sine metu« (»ohne Angst«), das ist das Motto der Familie Jameson, das John Jameson prägte, als er 1770 in Dublin seine erste Whiskey-Brennerei gründete, die heute als Old Jameson's Destillery eine Touristenattraktion ist. Im Gegensatz zu seinen Brenner-Kollegen in Schottland war John Jamesons Ansatz die dreifache Destillation, die dem Whiskey einen milderen Charakter verleiht.

1825 wurde der Standort in Dublin aufgegeben. Einer der Gründe für den Umzug war die Lockerung der Alkoholbesteuerung im Großraum Cork – ein wichtiges Thema für alle Brennereien. So entstand in Midleton die größte Brennerei Irlands, die Ende des 19. Jahrhunderts durch

↑ Das Gefängnismuseum Cork City Gaol
↓ Das Shoppingcenter Blarney Woollen Mills
→ Die Jameson's-Destillerie im Herzen von Midleton
↘ Garten bei Blarney Castle

The Jameson Experience. Erfahren Sie auf der Führung durch die ehemalige Destillerie alles Wissenswerte zum Thema Whiskey. www.jamesonwhiskey.com

Fusionen weiter wuchs. Die Cork Destilleries Company wurde 1966 mit Jameson's und Power's aus Dublin zur Irish Distillers Limited. Auch wenn die Ausstellung in der 1992 als **Jameson Heritage Center** eröffneten alten Brennerei in Midleton zum Teil noch den Charme der 1990er-Jahre versprüht, ist eine Führung allemal interessant. Die Originalgebäude sind restauriert worden, man findet sich quasi im 19. Jahrhundert wieder, wenn man durch die Räume geht. Da stehen die Maischebehälter oder die mit 143 872 Liter Volumen nach wie vor weltweit größte Brennblase aus Kupfer. Ebenso faszinierend das Eichenfasslager: Der »angels' share«, der aus den Fässern verdunstende Anteil für die Engel im Whiskey-Himmel, lässt einen einzigartigen Geruch im Gewölbe entstehen – das macht richtig Lust auf ein kleines Probegläschen in der schicken Bar. Kein Wunder, dass Whiskey, je älter er ist, umso teurer wird – die Englein haben sich nämlich nach zehn Jahren schon kräftig bedient.

Youghal: Moby Dick und die Kartoffeln

26 Kilometer östlich von Midleton, an der Mündung des **Blackwater-Flusses** in den Atlantik, findet sich mit **Youghal** eine mittelalterliche Perle, die für ihre **kilometerlangen Sandstrände** bekannt ist und sich als Riviera Irlands bezeichnet. Die etwas mehr als 6000 Einwohner große Stadt hat eine jahrhundertelange Geschichte, schon im neunten Jahrhundert siedelten hier Wikinger. Beeindruckend ist die **Stadtmauer aus dem 13. Jahrhundert**, eine der wenigen fast vollständig erhaltenen in Irland, die eine pittoreske, geschäftige Innenstadt umschließt.

Der Regisseur John Huston fand das Ambiente im Hafen von Youghal genau richtig für seine preisgekrönte Verfilmung von Herman Melvilles

↓ Ein Pavillon im Stadtpark von Youghal

↘ Das Moby Dick Festival in Youghal zieht jährlich Tausende an.

↑ Der Stadtturm im mittelalterlichen Youghal
↗ Strandfußball gibt es auch in Youghal.

Roman **Moby Dick** mit Gregory Peck als Kapitän Ahab. So düster, wie Youghal sich in Moby Dick präsentiert, ist es natürlich nicht. Gerade im Sommer ist die Stadt ein Treffpunkt für Jung und Alt. Elizabeth I. schenkte Youghal 1579 dem Seefahrer und Gründer des US-Bundesstaates Virginia, **Sir Walter Raleigh**, als Belohnung für seine Dienste. 1602 verkaufte er die Stadt weiter an Richard Boyle, den ersten Earl von Cork. Walter Raleigh wäre in Youghal beinahe gestorben, als er sein Mitbringsel aus Amerika probierte: Anstatt der Kartoffelknolle aß er das giftige Kartoffelkraut.

Moby Dick's Pub €€. Im Zentrum von Youghal. Hier kamen Gregory Peck und Orson Welles nach den Dreharbeiten zu *Moby Dick* vorbei, und heute kann man noch die eine oder andere Geschichte darüber hören. Market Square, Youghal, www.mobydicks.ie

INFO

Blarney Woollen Mills. Tourismusbüro und der weltgrößte Geschenkeshop mit irischen Produkten. The Square, Blarney, www.blarney.com

15

COBH

Irische Geschichte hautnah

Das Beste, …

WEIL man hier die Auswanderungsvergangenheit der Iren mit am besten kennenlernt

FÜR alle, die an irischer Geschichte interessiert sind und dazu ein Postkartenidyll erleben wollen

IM Frühjahr, wenn die Touristenströme noch nicht so groß sind

DIE 3 MUST DOS:
- Cobh Heritage Center
- Spaziergang im Hafen
- St. Colman’s Cathedral

Irland verstehen heißt, die seit Jahrhunderten andauernde, oftmals tragische Geschichte der Emigration weg von der grünen Insel mitzudenken. Es gibt fast keinen besseren Ort als Cobh im Hafen von Cork, um das zu erleben. Von hier aus stachen 2,5 Millionen der insgesamt sechs Millionen Iren in See, die zwischen 1848 und 1950 das Land verließen.

Idyllische Hafenstadt mit Auswanderergeschichte

Pittoresk, farbenfroh, an den Berg geschmiegt mit herrlichem Seeblick und mächtiger Kathedrale – **Cobh** auf **Great Island**, einer von drei Inseln im Hafen von Cork, dem weltweit zweitgrößten Naturhafen, ist ein **irisches Postkartenidyll**. Doch nicht nur die gut 12 000 Einwohner wissen, dass Cobh noch viel mehr ist als das. Der relativ junge, erstmals um 1750 unter dem Namen Cove (»Höhle«) erwähnte Ort war die Metropole für Auswanderer. Und ist sich natürlich seiner Geschichte bewusst. Nach den Napoleonischen Kriegen Ende des 18. Jahrhunderts entwickelte sich das Fischerdorf zu einem Militärstützpunkt, dann zu einem **Auswandererhafen**. Die **Titanic** hatte im Hafen von Cork im April ihren letzten Stopp vor der unglückseligen Jungfernfahrt. Von Cobh aus stiegen noch einmal 113 Passagiere zu. 1915 wurde vor der Küste Corks die **»Lusitania«** von einem deutschen U-Boot im Ersten Weltkrieg versenkt, rund 1200 Menschen starben, mehr als 100 Tote sind in Cobh auf dem **Clonmel-Friedhof** begraben.

Mansworth Bar €. Der schöne Pub aus dem 19. Jahrhundert war früher Treffpunkt der Auswanderer und ist seit gut 100 Jahren in Familienbesitz. 4 Midleton Street, Cobh

↖ Annie Moore und ihre Brüder vor dem Heritage Center
↓ Der Navigator im Hafen von Cobh
↘ St. Colman's Cathedral am Hang von Cobh

TIPP

COMMODORE HOTEL

Der Blick ist einfach unschlagbar: Aufwachen mit dem Atlantik vor dem Fenster können Sie in diesem günstigen Zwei-Sterne-Haus. Es liegt gegenüber dem Kennedy-Park im Herzen von Cobh.

Commodore Hotel €€. *4 Westbourne Place, Cobh, www.commodorehotel.ie*

Cobh Heritage Center – Auswanderergeschichte zum Anfassen

Der alte viktorianische Bahnhof versetzt einen sofort in die entsprechende nostalgische Stimmung, wenn man sich vorstellt, wie hier die Iren mit dem Zug ankamen, um dann auf Schiffen unter heute unvorstellbaren Bedingungen nach Übersee zu kommen. Wer eines der Coffin Ships, Sarg-Schiffe genannt wegen der drangvollen Enge und Dunkelheit bei der Atlantiküberquerung, betrat, der tat dies aus völliger Perspektivlosigkeit. Und die gab es nur allzu oft in der Geschichte Irlands, gerade in den Grafschaften Cork und Kerry, wo die große Hungersnot in den 1840er-Jahren nach dem mehrfachen Ausfall der Kartoffelernte besonders viele Opfer forderte. Stellvertretend für die Geschichten der Emigranten steht **Annie Moore**. Ihr wurde vor dem Heritage Center eine Bronzestatue

Ausstellung zum Thema Titanic im Heritage Center

Überbleibsel der Titanic: die Weihwasserflasche von Jeremiah Burke

gewidmet. Die 15-jährige Moore, die mit ihren beiden jüngeren Brüdern alleine auf der SS Nevada ihren Eltern nach Amerika folgte, war am 1. Januar 1892 die erste Immigrantin in Ellis Island in New York City. Moores Eltern waren bereits in den USA. Die Kinder waren bei Verwandten und mussten die Reise alleine überstehen.

Nicht nur das Schicksal der Auswanderer, auch das der **Titanic** wird hier hervorragend beschrieben. Im Heritage Center findet man Schätze, die man nicht mal im weltweit bedeutendsten Titanic-Museum in Belfast zu sehen bekommt. Aufgrund der Schwarz-Weiß-Fotografien, die der katholische Theologiestudent Frank Brown auf der Fahrt von Southampton nach Cork auf der Titanic machte, baute der Filmregisseur James Cameron die detailgetreue Titanic-Nachbildung in seinem erfolgreichen Filmepos mit Kate Winslet und Leonardo DiCaprio. Zum Glück für Brown ließ es sein Onkel, der Erzbischof von Queenstown, nicht zu, dass der Neffe mit der Titanic weiter Richtung New York fuhr.

INFO

Cobh Heritage Center. Tourismusbüro und Museum im ehemaligen Bahnhof. Deepwater Quay, Cobh, www.cobhheritage.com

16

WATERFORD

Badespaß an der Kupferküste

Das Beste, …

WEIL hier Geschichte auf städtisches Flair trifft

FÜR Shopping-Queens und Horrorfans

IM Sommer, wenn das Wasser nicht ganz so kalt ist

DIE 3 MUST DOS:
- Viking Triangle
- Ardmore Cliff Walk
- Loftus Hall

Mündungen und Buchten: Schon beim Landeanflug auf Irland zeigt sich die östliche Südküste von ihrer liebreizendsten Seite. Die sanften Einschnitte ins Grüne Land gleichen Badewannen. Und fürwahr, sie sind es. Wo der Blackwater sich in den Atlantik ergießt, bis hinüber zu Hook Head, wo es ihm der Suir gleichtut, mogeln sich immer wieder schicke Strände in die wild zerklüftete Copper Coast. In deren Hinterland ist aus der grauen Maus Waterford eine elegante, lebendige Metropole geworden.

Waterford Stadt

Die Tiefe der Suir-Mündung erlaubt es den großen Containerschiffen, im Hafen anzulegen, Industrie und Warenhandel trotzen der Wirtschaftskrise immer noch recht gut. Dennoch ist Waterford keine angeschmutzte Hafenstadt, im Gegenteil, gerade der **Quay** und die dahinter liegenden Gassen haben sich in den letzten Jahren herausgeputzt. Flanieren, shoppen, ausgehen – Großstadt-Schick. Im **Viking Triangle**, dem Viertel zwischen Fluss, The Mall und der Henrietta Street, garnieren den Spazierweg Relikte aus der Gründungszeit durch die **Wikinger** im 10. Jahrhundert und aus der mittelalterlichen Stadtgeschichte. Ältestes Andenken an die wilden Nordmänner, die 915 ihre Siedlung Vadrafjord an dieser Stelle gegründet hatten, ist der **Reginald's Tower**. Nachts ist der mächtige Turm, in dem einst König Richard II. die Ehrerbietung der irischen Fürsten entgegennahm und der später auch als Munitionsspeicher und Gefängnis diente, hell angeleuchtet – wie auch das dekorative Langboot im Vordergrund.

Bishop's Palace. Das kleine Museum in dem restaurierten georgianischen Gebäude gibt einen Einblick in das Waterford des 18. Jahrhunderts. Viking Triangle, Waterford, www.waterfordtreasures.ie

Im **Museum des Tower** findet sich unter anderem ein originales Schwert aus dem 9. Jahrhundert, als die Wikinger schon einmal vorübergehend Stellung hier bezogen hatten. www.waterfordtreasures.ie

Ums Eck, ein wenig im Schatten der mächtigen Kristallglas-Manufaktur, schmiegt sich das schmale Häuschen »**33 the Mall**« zwischen die Nachbarfassaden. Die Front ziert unübersehbar die grün-weiß-orangene Fahne. 1848 hat exakt hier der katholische Freiheitskämpfer **Francis Meagher**, dessen Standbild einige Meter weiter unten an der Kreuzung platziert ist, erstmals die – von ihm entworfene – spätere irische Nationalflagge gehisst; inspiriert hatte ihn zu der Dreiteilung die französische Trikolore, nachdem er aus Frankreich von der dort gerade erst beendeten Februarrevolution zurück in seine Heimatstadt Waterford gekehrt war.

Schönwettertour: Hook Peninsula Südroute

Auch wenn die **Halbinsel Hook** sowie die Hafenstadt **New Ross** schon zum Nachbar-County gehören, sind sie doch klassische Day-Trip-Ziele der Waterforder. Dafür sorgt schon die putzige Fähre über den im oberen Mündungsbereich bereits stattlich breiten Suir. **Passage East** heißt das Dorf am Ostufer ganz unromantisch, obwohl seine pittoresken Gassen mit den paar kleinen Lokalen durchaus ein Stündchen Aufenthalt verdienen. Drüben angekommen kommt die Qual der Wahl: nach Norden oder Süden? Nun, bei schönem Wetter besser Letzteres, denn die Hook Peninsula ist um **Churchtown** herum nicht nur ein Paradies für Taucher, sondern verwöhnt auch Küsten-Spaziergänger mit einer frischen Seebrise und unzähligen Fossilien in den zerklüfteten Felsformationen. In **Duncannon**, einem bunten Badeörtchen im Westen der Halbinsel, steht ein trutziges Fort, das 1588 zum Schutz gegen die spanische Armada errichtet wurde. Auf der Ostseite loht ein Abstecher nach Saltmills zur **Tintern Abbey**, einem Zisterzienserkloster aus dem 12. Jahrhundert.

Schlechtwettertour: Hook Peninsula Nordroute

Bei Regen geht's von der Fähre doch eher nach Norden in die Stadt **New Ross**. Am Pier ankert ein detailgetreues Replikat der dreimastigen Bark

↓ Skulptur für die irischen Emigranten in New Ross
↓ Der Leuchtturm von Waterford (unten)
↘ Die Kristallmanufaktur Waterford

RUNDGANG

Der Cliff Walk in Ardmore

Ardmore selbst ist zu klein für einen ausgiebigen Spaziergang. Doch startet am winzigen Bootshafen eine abwechslungsreiche Klippenwanderung: der Ardmore Cliff Walk. Für die **fünf Kilometer** sollten der spektakulären Aussicht wegen **zwei Stunden** eingeplant werden.

A **St. Declan's Stein** – Der Legende nach wurde dieser Felsbrocken von Wales übers Meer an die Stelle gespült, an der St. Declan an Land gegangen war.

B **St. Declans Kirche** – An der Ruine des kleinen Gotteshauses findet sich eine Quelle, deren Wasser Rheumaleiden lindern soll – Sündenfreiheit vorausgesetzt. Etwas oberhalb steht die Ruine der Küstenwache von 1867.

C **Ardmore Castle und das Samson-Wrack** – Hundert Meter landeinwärts thront auf einem Hügel der Turm einer kleinen Burg, die im Bürgerkrieg 1922 verlassen wurde. Drunten im Meer ragt das angerostete Wrack eines riesigen Kranschiffes aus dem Atlantik. Es sollte 1987 von Liverpool nach Malta geschleppt werden, wurde aber in stürmischer See losgerissen und havarierte an Ardmores Küste.

D **Aussichtsposten** – Meeresbiologen beobachten von diesem Zweckbau aus dem Zweiten Weltkrieg heute unter anderem die Wege der Wale.

E **Bruder O'Donnells Quelle** – Einst soll sich hier ein auf diesen Namen hörender, nicht näher bekannter Geistlicher zum Gebet zurückgezogen haben; 1928 befand ein Bürger Ardmores, durch das Wasser der Quelle von seinem Augenleiden geheilt worden zu sein. Er schichtete die merkwürdige, einem Toilettenhäuschen gleiche Natursteinkonstruktion auf – die Hoffnung auf ein zweites Lourdes erfüllte sich nicht.

F **Kathedrale und Rundturm** – Mitten in einem kleinen Friedhof, wo im 5. Jahrhundert Declans Kloster angesiedelt war, stehen die Mauern einer Kathedrale aus dem 12. Jahrhundert. Im Westgiebel wurden Fragmente einer früheren Kirche aus dem 9. Jahrhundert eingearbeitet, die neben Szenen des Salomonischen Urteils auch Adam-und-Eva-Darstellungen zeigen. Daneben steht der 30 Meter hohe Rundturm, der besterhaltene Irlands.

TIPP

VON RIESEN UND GESPENSTERN

So einen Leuchtturm umweht immer der Duft der weiten Welt, der von Hook Head ist darüber hinaus der älteste noch in Betrieb befindliche der Welt. Schon vor über 800 Jahren brannten auf dem heute schwarz-weiß geringelten Riesen die Leuchtfeuer. Bis Mitte des 17. Jahrhunderts wurde noch Brennmaterial nach oben geschleppt, um es zur Warnung der Seefahrer zu entzünden. Ob es gebrannt hat, als der Teufel durch den Kamin der von Nonnen bewohnten Loftus Hall nach oben geschossen sein soll, entzieht sich der Kenntnis. Sicher ist nur: Das ehemalige Herrschaftshaus zehn Kilometer nördlich des Leuchtturms ist das Anwesen in Irland, in dem es definitiv am meisten spukt. Keine Angst: Die Touren sind kein billiger Klamauk, die Führer erzählen gruselige Geschichten, die auf wahren Gegebenheiten fußen – sehr spannend und was für starke Nerven!

Hook Lighthouse. *www.hookheritage.ie*

Loftus Hall. *Nahe Templetown, www.loftushall.ie*

Dunbrody Famine Ship. In originalgetreue Kostüme gewandet begleiten Kapitän Williams und seine Crew die Besucher auf ihrem ganz persönlichen Trip in die Neue Welt. The Quay, New Ross, www.dunbrody.com

»Dunbrod«, an deren Bord sich zwischen 1845 und 1852 für Tausende Iren zu Zeiten der großen Hungersnot der Traum von einem besseren Leben in Amerika erfüllen sollte. In **Tramore** wartet ein fünf Kilometer langer, feinkörniger, traumhaft schöner Sandstrand, der einlädt zu ausgedehnten Spaziergängen bis rüber Richtung Brownstone Head. Gerade unter der Woche sind die Bars am mondän gestalteten Pier nicht zu voll. Die Tasse Tee oder Kaffee ist erschwinglich, der grenzenlose Ausblick auf die meist spiegelglatte See unbezahlbar. Ordentliche Strände gibt es auch in der County-Metropole Dungarvan, die sich mehr und mehr herausputzt – und dennoch im Schatten Waterfords steht. Der Weg von Tramore herüber hat das Zeug, auch Ziel zu sein: Die R 675 schlängelt sich entlang der **Copper Coast**, die ihren Namen nicht etwa kupferroten Sonnenuntergängen verdankt, sondern dem Kupferbergbau des 19. Jahrhunderts.

Das klitzekleine **Ardmore** besteht aus einer Hauptstraße, einer steilen, von bunt getünchten Häusern und dem spektakulär auf den Klippen

↑ Gräber auf dem Friedhof von Ardmore
↗ Das emsige Tramore bietet klassisches Strandleben.

thronenden Luxushotel Cliff House gesäumten Gasse den Hang empor. Dafür gibt es unweit des Caravan-Parks vier stattliche Sandstrände und eine imposante Klippenwanderung. Die folgt stets der Abbruchkante und den Spuren des **heiligen Declan**. Der walisische Mönch hatte an dieser Stelle im Jahr 416 die erste dokumentierte christliche Siedlung Irlands gegründet, lange bevor der wesentlich bekanntere St. Patrick sein Wirken begonnen hatte. So zumindest erzählt es die Legende. Ein 94 Kilometer langer Pilgerweg, der **St. Declan Way**, verbindet Ardmore mit Cashel und streift bei Cappoquin die **Mount Melleray Abbey**, ein Zisterzienserkloster, das erst 1832 erbaut wurde, bis heute aktiv betrieben und jedes Jahr im August wegen der Marienerscheinung in der benachbarten Grotte zum Wallfahrtsort wird. Tausende Gläubige stehen dann Schlange vor dem schmiedeeisernen Tor. Auf dem Weg zur Passstraße **The Vee** erscheint die monumentale Klosteranlage rechter Hand.

White Horses €€. Zwei Schwestern führen dieses mit viel Liebe fürs Detail eingerichtete Lokal in der Hauptstraße Ardmores. In weißen Korbsesseln speist der Gast feine internationale Küche mit irischem Einschlag. In der Hochsaison Reservierung empfohlen. Main Street, Ardmore, Tel. 024/940 40

INFO

Waterford Tourist Office. 120 Parade Quay, Waterford, visitwaterford.com
Tourist Office Tramore. Lower Branch Road, Tramore, visitwaterford.com
Tourist Office New Ross. 4 Mary Street, New Ross, visitnewross.ie

17

GARTENLANDSCHAFTEN IM SÜDEN

Das mediterrane Irland

Das Beste, …

WEIL Landschaftsarchitektur und natürlicher Blütenreichtum nirgendwo besser miteinander harmonieren

FÜR jene, die eine perfekte Natur perfektionieren wollen

IM Frühjahr oder im Herbst, wenn sich das Laub färbt

DIE 3 MUST DOS:

- Ilnacullin
- Dereen Garden
- Doneraile Park

Gärten sind das große Thema der ohnehin schon so grünen, im Frühjahr obendrein kunterbunt blühenden Insel. Während im Südosten die von Menschenhand kultivierte Landschaft regelmäßig in den spannenden Gegensatz aus französisch geprägter Strenge und verwunschener Naturbelassenheit verwickelt wird, spielen die Gärtner des Südwestens bevorzugt ihren größten Trumpf aus: das vom Golfstrom geschaffene mediterrane Klima. Und so reiben die Besucher sich mitunter die Augen: Ist das noch Irland? Oder ist das schon Italien?

Mit dem Boot nach Ilnacullin

Ganz sicher der bekannteste, der prächtigste, aber auch der am kontroversesten diskutierte Garten liegt in der Bucht vor **Glengarriff** auf einer kleinen Insel: **Ilnacullin**, auf Garnish Island im Gälisch-Englischen auch als Garinish Island geläufig. Das 15 Hektar umfassende Eiland ist vom Festland kaum einsehbar, offenbart aber nach dem Landen sofort seinen märchenhaften Charme: japanische Gärten hier, italienische dort, das Ganze aufgelockert von Säulengängen, (ein bisschen kitschigen) Statuen, kleinen Tempeln, Teichen und romantischen Wegen. Blickfang Nummer eins sind aber fraglos die **neuseeländischen Teebäume**. Ihre überbordende dunkelrote Blütenpracht stellt selbst das Farbenmeer dichter Rhododendrenhaine in den Schatten. Das milde Klima mit winterlichen Durchschnittstemperaturen von um die acht, neun Grad macht's möglich. Der Untergrund eigentlich nicht. Denn Garnish Island war ursprünglich nicht viel mehr als ein Felsbrocken. Bis der Millionär Annan Bryce 1910 den Einfall hatte, auf der Insel einen idyllischen Landsitz zu schaffen. In dem es sich natürlich deutlich besser leben lassen würde, wenn darum ein hübscher Garten angelegt wäre. Gesagt, getan: Schiffsladung um Schiffsladung wurde Humus hinübergeschafft und auf Teufel komm raus gepflanzt. Bryce hatte sich den hoch geschätzten Landschaftsarchitekten Harold Peto geangelt und der ließ seiner Fantasie freien Lauf. Klassizistische Architektur trifft auf mediterrane Flora, Japanisches setzt exotische Glanzpunkte. Das Ergebnis gleicht einem Wunder.

Der Prachtgarten **Ilnacullin** ist »Everybody's Darling«, allein schon wegen der Überfahrt von Glengarriff aus. In schnuckeligen Nussschalen geht's hinüber, vorbei an den Seehundbänken auf den vorgelagerten Felsbrocken. www.garnishisland.com

Weitere mediterrane Parks

Ein paar hundert Meter außerhalb des Orts **Glengarriff** Richtung Bantry liegt direkt an der N 71 eine asiatische Oase voller seltener Palmen und

TIPP

KLEINE FABELWESEN UNTER RIESIGEN FARNEN

Der **Dereen Garden** auf der **Beara-Halbinsel** ist ein bisschen unabhängiger als andere Parks von den Jahreszeiten, wenngleich natürlich auch hier der Rhododendron im Frühjahr am eindrucksvollsten blüht. Doch es grünt das ganze Jahr über satt rund um das zentrale, restaurierte Schloss aus dem 19. Jahrhundert. Auf nicht weniger als zwölf Kilometern schlängeln sich Wege durch Bambushaine, vorbei an Eukalyptusreihen und unter riesigen Farnen hindurch. In diesem Paradies tollen auch Sikawild, Hasen, Eichhörnchen, Otter und Baummarder herum. Wirklich hübsch sind die liebevoll in die 60 Hektar eingebetteten Picknickplätze. Und für die Kinder gibt's einen eigenen, spannenden Weg um die Derreeny Houses: Dort leben, versteckt in ihren kleinen Behausungen, rund fünf Zentimeter kleine Lebewesen. Wirklich? Nun, die Einheimischen behaupten es. Der letzte Dereeny soll allerdings 1855 gesehen worden sein.
Dereen Garden. *Lauragh, www.derreengarden.com*

---

dichter Bambushaine, der **Bamboo Park**. Bei richtig schlechter Witterung ist der Bambuspark eine kurzweilige Alternative zum dann nicht wirklich ratsamen Ausflug auf Garnish Island. Mit der Pracht des Ilnacullin können die Gärten der näheren Umgebung nicht ganz mithalten. Ihren Reiz haben aber auch sie. Wie der kostenlos zu besichtigende **Park von Muckross House bei Killarney**. Zwischen weitläufigen, wie mit der Nagelschere getrimmten Wiesenflächen liegen dort im Arboretum immer wieder dicht bepflanzte Inseln aus Rhododendren, hochwachsenden Gräsern und Farnen. Der Clou sind die sich mitten durchs Dickicht schlängelnden Pfade, wo sich vor allem Kinder auf den exakt verlegten Trittsteinen vergnügen können. Direkt um das Schloss sind die geometrisch angelegten Blumenbeete ein farbenprächtiger Blickfang. Eine ganz besondere Atmosphäre findet sich im **Garten des Bantry House** südwestlich der Hafenstadt Bantry. Hinter dem Herrenhaus bietet an sonnigen Tagen ein nach französischem Vorbild angelegtes Karree mit Laubengang schattige Entspannung. Von da aus steigen heckenumrankte Terrassen in schwindelerregende Höhen; von ganz oben gibt es einen atemberaubenden Blick über die Bantry Bay.

Im **Muckross Garden Restaurant €€** gibt es gutes Essen mit noch besserer Aussicht auf den traumhaften Garten. Muckross, Killarney, www.muckross-house.ie

Herrschaftlich thront das Bantry House über der gleichnamigen Bucht.

Landschaftsarchitektur im Doneraile Park

Deutlich weniger mediterran, da auch deutlich weiter im Landesinneren, präsentiert sich der **Doneraile Park** nordöstlich der zwischen Cork und Limerick an der N 20 gelegenen Kleinstadt Mallow. Die riesige Grünanlage erstreckt sich über 166 Hektar und ist ein Musterbeispiel für einen Landschaftspark aus dem 18. Jahrhundert. Angelegt hat ihn der berühmte englische Landschaftsarchitekt **Lancelot »Capability« Brown** (1716–1783), dessen Markenzeichen es war, bereits vorhandene Gärten komplett neu zu designen und dabei die umliegende Gegend einzubeziehen. Der Doneraile Park ist ein Schmuckstück, das harmonisch die vorhandene Natur zur Freizeitidylle für das verwöhnte menschliche Auge gestaltet hat. Die zahlreichen Wege führen durch Laubwaldhaine, vorbei an aufwendigen Wasserspielen und rund um das Anwesen der Familie St. Leger.

Die **Anfahrt** zum Park ist ein bisschen verzwickt: Von Mallow aus geht's sechs Kilometer Richtung Limerick, dann auf die R 581 und weitere 15 Kilometer weiter auf die R 522. Aber das Gekurve über die schmalen Sträßchen lohnt sich.

INFO

Tourist Information Glengarriff. Main Street, Glengarriff, visitglengarriff.ie
Tourist Office Mallow. The Spa, Spa House, Mallow, www.mallow.ie

Und wenn noch Zeit ist …

18 Kinsale – die Gourmet-Hochburg

Ursprünglich im Mittelalter einmal ein rustikaler Hafen für Fischerfamilien und Bollwerk gegen spanische Invasoren, hat sich die kleine Stadt, nur knapp 30 Kilometer von Cork entfernt, heute zu einem der malerischsten, populärsten und mondänsten Flecken von ganz Irland entwickelt. Noble Cafés, Kneipen und Restaurants für jeden Geschmack und Geldbeutel prägen das Stadtbild.

Im Hafen schaukeln Jachten jeder Größenordnung, Preisklasse und Nationalität, und hier befinden sich elf der besten Gourmetrestaurants von Irland, zu denen einheimische und internationale Gäste regelmäßig pilgern. Die Restaurants haben sich zu dem weit über die Stadtgrenzen hinaus bekannten **»Kinsale Good Food Circle«** zusammengeschlossen. In Kinsale wartet zudem Irlands führendes Kult-Fischrestaurant Fishy Fishy von Küchenchef Martin Shanahan. Die Fischgerichte sind ein kreativer Traum und auch noch bezahlbar. Ohne Vorbestellung geht gar nichts.

Fishy Fishy €€. Crowleys Quay, Kinsale, www.fishyfishy.ie

19 Kinsale Ghost Tour

Kinsale ist auch der Ort einer der originellsten »Ghost Tours« des Landes. Vor allem in der Hauptsaison bietet sich hier die Gelegenheit, Kinsales Gespenster an zahlreichen Orten persönlich kennenzulernen. Und das wirklich im wahrsten Sinne des Wortes. Die Tour startet am Abend von Kinsales ältestem Pub **The Tap Tavern** aus. Geboten werden jede Menge handfeste historische Fakten über den Ort, und man erfährt so ziemlich alles über die dort tätigen Gespenster, Kobolde und Weißen Frauen und wie sie zu solchen geworden sind. Der ganze Spaziergang dauert etwas mehr als eine Stunde und wird von Brian O'Neill als ungemein witziger Angriff auf das Zwerchfell inszeniert. Unbedingt mitmachen! Für den Kinsale-Besucher ein Muss.

Kinsale Ghost Tour. Tap Tavern, Guardwell, Kinsale, www.discoverireland.ie

20 Rock of Cashel

Der Weg hinauf ist beschwerlich und steil, auch wenn der Rock of Cashel, das irische Wahrzeichen

↑ Fischerboote und Jachten in Kinsale
↑ Riesenspaß – die »Kinsale Ghost Tour«
↗ Das farbenfrohe Kinsale im Süden Corks

in der Grafschaft **Tipperary**, nur 65 Meter höher als das Dorf liegt. Hier soll St. Patrick den König getauft haben, hier wurde mit den O'Briens irische Geschichte geschrieben. Heute ist Cashel, in der Mitte zwischen Dublin und Cork gelegen, ein beeindruckendes Ruinenensemble von Kirchen, Kathedralen, einer Bischofsburg und eines Friedhofs, der immer noch genutzt wird und den Bürgern von Cashel gehört. Der älteste und höchste Bau auf dem Rock of Cashel ist ein **Rundturm**, der im Jahr 1101 errichtet wurde: 28 Meter hoch, mit der typischen Spitze der irischen Rundtürme. Heute ohne Dach ist die **Ruine der gotischen Kathedrale**, die in kreuzförmigem Grundriss zwischen 1235 und 1270 gebaut wurde. Am interessantesten ist die **Cormac's Chapel**, die Kapelle, die Cormac III. 1134 weihen

↑ Der Rock of Cashel war seit Urzeiten ein Königssitz.
↗ Marienstatue auf dem Friedhof am Rock of Cashel

ließ. Das Innere des romanischen Gebäudes, der einzigen noch erhaltenen Kirche aus dieser Zeit in Irland, kann man besichtigen. Sie ist aus Sandstein, ungewöhnlich, weil das raue Klima und die häufigen vom Meer herankommenden Stürme eigentlich Gebäude aus Kalkstein erforderten. Sehenswert ist auch die **Bischofsburg**, die Erzbischof O'Hedrian im 15. Jahrhundert anbaute. In den Räumen des Vikars logiert heute ein kleines Museum, dessen größter Schatz wahrscheinlich das Original des **St. Patricks-Kreuzes** aus dem 12. Jahrhundert ist. Stark verwittert zwar, doch die Christusfigur und die Figur eines Bischofs sind noch zu erkennen. Allerdings fehlt der für die irischen Hochkreuze typische Ring um die Kreuzung.

Erzählenswertes gibt es auch rund um den Rock of Cashel. Am Parkplatz, ein wenig verborgen, findet sich das Kulturzentrum **BrúBorú**, das die Geschichte Irlands und seiner Musik erforscht. Die preisgekrönten Tanz- und Musikshows im Sommer sind ihr Geld wert, vor allem wenn man echte irische Musik mag. Nur wenige Kilometer von Cashel über die Autobahn M 8 Richtung Cork liegt Cahir, ein 3300-Einwohner-Dorf, das vor allem für Wanderer und Angler ein echtes Paradies ist. Im Suir tummeln sich die dicken Lachse, in den Galtee und Knockmealdown Mountains kann man beim Wandern wunderbar entspannen.

Cashel Heritage Center. Main Street, Cashel, www.cashel.ie
Rock of Cashel. www.heritageireland.ie

(21) Autotour The Vee

The Vee ist die atemberaubende Trasse über die **Knockmealdown Mountains**. Von Clogheen aus schraubt sich die R 668 in die Höhe. Droben lohnt ein Blick zurück: Wie ein riesiges Puzzlespiel liegen da, von unzähligen Steinmauern getrennt, die landwirtschaftlichen Flächen südlich von Cahir. Weiter geht's zwischen den kahl aus der Moorlandschaft ragenden Bergen hindurch. Jetzt wird aus dem Pass eine sanft gen Süden abfallende Panoramaroute. Mit jeder Kurve verschiebt sich die Aussicht auf Wälder und Seen. Oben auf der Passhöhe mit der Marienstatue zweigt rechter Hand eine Wanderung auf den 654 Meter hohen **Knockshanahullion** ab. Weiter unten, wo sich die Straße gabelt, verlaufen rund um einen Wasserfall etliche Spazierwege. Die abzweigende R669 ist die reizvollere Variante: Kurz vor Cappoquin thront links auf dem Hang das Trappistenkloster **Mount Melleray Abbey** aus dem 19. Jahrhundert.

Mount Melleray Abbey. Zwischen den zeitlich variierenden Messen geöffnet. Mountmelleray Street, Cappoquin, www.mountmellerayabbey.org

22 Fota House, Garten und Wildlife Park

Ein wenig abseits liegt die **Halbinsel Fota** im Südosten Corks schon. Normalerweise fahren Touristen von der N 25 über Fota Richtung Cobh, das sich am Südende von Great Island am Meer erstreckt. Doch zu Beginn der Fota-Halbinsel lohnt ein Stopp im **Fota Wildpark**, am **Fota House** und am **Arboretum**. Gut 200 000 Iren pro Jahr kommen, besonders in den Sommerferien, in den Tierpark, in dem die Tiere nicht in Käfigen eingezwängt sind, sondern in großzügigen Freigehegen leben. Nicht nur für Erwachsene sind das gegenüber dem Zoo gelegene Fota House und das Arboretum interessant.

The Vee: die Trasse über die Knockmealdown Mountains

↑ Das mittelalterliche Museum in Waterford
↓ Praktisch: ein Automat mit Regenschirmen
→ Ein Blumenteppich im Glengarriff Forrest Park
↘ Wasserfall im Glengarriff Forrest Park

Die Earls of Barrymore, früher Besitzer der Halbinsel, legten im 19. Jahrhundert diese Sammlung mit in Europa selten zu findenden Bäumen aus Afrika, Amerika und Asien an. Ein sehenswertes Kleinod findet sich versteckt im hinteren Teil des Parks. Dort hat sich eine Gruppe Freiwilliger nach dem Wiederaufbau der viktorianischen Glashäuser der Gärten angenommen und gibt gerne Auskunft.

Fota House. www.fotahouse.com
Fota Wildlife Park. www.fotawildlife.ie

23 Medieval Museum in Waterford

Das Stadtmuseum fällt schon optisch aus dem Rahmen mit seiner kühn geschwungenen Sandsteinfassade und präsentiert mittelalterliche Geschichte zum Anfassen. Unverzichtbar ist die Einführung im kleinen Kino: Wie kaum eine andere Dokumentation in irischen Museen packt der Film verständlich und nachhaltig die komplette Geschichte des Landes von der Steinzeit bis ins Mittelalter in einen 20-Minuten-Film. Die entsprechenden Relikte gibt's dann auf zwei Etagen. Eine Attraktion ist die prächtig bemalte, vier Meter lange »Great Charter Roll« von 1373, eine in Europa ihresgleichen suchende Illustration der Stadtgeschichte. Auch Englands Königin Elizabeth II. war bei ihrem Staatsbesuch 2011 höchst »amused«. Nettes Gimmick: An einer Kupferstichplatte können die Besucher mit Wachsmalfarben ein Stückchen »Charter Roll« selbst reproduzieren.

Medieval Museum. Viking Triangle, Waterford, www.waterfordtreasures.com

24 Glengarriff Forrest Park

»Barley Wood« steht auch auf einigen Schildern, also nicht verwirren lassen. Es handelt sich dabei um den Glengarriff Forrest Park, der im eigentlichen Sinn kein Garten ist, doch deswegen nicht weniger schön. Der Besuch dieses Landstrichs zwei Kilometer nördlich von Glengarriff links der Straße nach Kenmare ist eine erholsame Pause. Der Blick von **Lady Bantry's Lookout** über die Bantry Bay und die Beara-Halbinsel ist unbezahlbar. Um diesen Aussichtshügel herum wächst der Rhododendron noch ein bisschen üppiger als anderswo, der Blütenteppich im Frühjahr und Sommer erstreckt sich so weit das Auge reicht. Ebenso rekordverdächtig sind die Süßwassermuscheln im Kerry River, die bis zu 120 Jahre alt werden können.

Glengarriff Forrest Park. Natürlich belassener Park direkt an der N 71 zwei Kilometer nördlich von Glengarriff

ESSEN, TRINKEN, ÜBERNACHTEN & CO.

Cork

Café Depeche €€. Eine echte Entdeckung, nicht nur für Fans der britischen Popband Depeche Mode, deren Platten hier ununterbrochen gespielt werden. Dazu gibt's wirklich leckeren Kaffee und kleine Snacks. 19 Lancaster Quay, Cork, www.cafedepeche.com

Mutton Lane Inn €€. Uriger Pub mit dunklen Holzpaneelen innen, direkt neben dem English Market gelegen, außerdem einer der ältesten Pubs der Stadt. 3 St Patrick's Street, Cork, Tel. 021/427 34 71

The River Lee Hotel €€€. Nur fünf Minuten von der Innenstadt entfernt am Lee gelegen, modernes Vier-Sterne-Haus mit schönem Wellnessbereich. Western Road, Cork, www.doylecollection.com

Cork Jazz Festival. Schon seit den 1970er-Jahren etabliert, ein Muss für Musikfans am letzten Oktoberwochenende an mehr als 90 Orten in der ganzen Stadt. Viele Events sind kostenlos. http://guinnesscorkjazz.com

English Market. Schon im 18. Jahrhundert gab es den Markt, heute bieten Dutzende Händler Fleisch, Fisch, Gemüse, Käse, Gewürze. www.englishmarket.ie

Corks Umgebung

Walli's Bar Midleton €€. Großer Biergarten, traditionelle irische Musik, große Bierauswahl – was will man mehr von einem Pub. 74 Main Street, Midleton, www.wallisbar.ie

Midleton Park Hotel €€. Gediegenes Hotel in der Stadt, schöner Wellnessbereich und familiengeeignet. Old Cork Road, Midleton, www.midletonpark.com

Cliff House Hotel €€€. Fünf-Sterne-Hotel mit ausgezeichneter Küche, atemberaubender Lage und tollem Meerblick direkt auf den Klippen von Ardmore. Middle Road, Ardmore, http://cliffhousehotel.ie

Cobh

The Quay's €€. Toller Blick auf den Hafen im ehemaligen Gebäude des Royal Cork Yacht Club, schöne Terrasse und leckere Fischspezialitäten. Westbourne Place, Cobh, www.thequays.ie

Spike Island. 40 Hektar große ehemalige Gefängnisinsel, Überfahrt mit Führungen im irischen Alcatraz. www.spikeislandcork.ie

St. Colman's Cathedral. Im neogotischen Stil gebaute Kathedrale aus dem 19. Jahrhundert mit dem größten Glockenspiel Irlands mit 49 Glocken. www.cobhcathedralparish.ie

Waterford

The Reg €€. Ein Restaurant auf zwei Ebenen, sechs Bars, eine beheizte Dachterrasse mit Blick auf den River Suir. Moderne, maritime Küche. Die Getränkekarte überrascht mit einer außerordentlichen Vielfalt an lokalen und globalen Bierspezialitäten. 2 The Mall, Waterford, www.thereg.ie

The Strand Inn €€. Strandrestaurant mit Terrasse am Rand der Klippen von Dunmore East. Ob Muscheln oder Lobster – die Auswahl fällt schwer. Dunmore East, www.thestrandinn.com

Granville Hotel €€. Altehrwürdiges Vier-Sterne-Hotel direkt am Ufer des Suir gelegen, mit großer **Murphy's Bar** Tradition und feiner Küche im Restaurant Bianconi. Geburtshaus von Thomas Meagher, dem Erfinder der grün-weiß-orangenen irischen Nationalflagge. Meagher's Quay, Waterford, www.granvillehotel.ie

Round Tower Hotel €. Wenige Meter außerhalb des Ortskerns und in unmittelbarer Nähe zum Cliff Walk gelegenes Zwei-Sterne-Haus, das eine gemütliche, mit allerlei Fußball-Fanarti-

Essen & Trinken · Übernachten · Aktivitäten u. Ä.

keln geschmückte Bar beherbergt. College Road, Ardmore, www.roundtowerhotel.ie

Passage East Ferry. Die Fährfahrt über den Suir ins County Wexford erspart 50 Kilometer Umweg und ist eine nette Abwechslung. Barrack Street, Passage East, www.passageferry.ie

Walking Tours of Historic Waterford. Einstündiger Rundgang durch die Altstadt auf den Spuren der Wikinger, der Kaufleute des Mittelalters und der skurrilen Kirchengeschichte Waterfords. www.jackswalkingtours.com

Waterford & Suir Valley Railway. Eine beschauliche 40-minütige Fahrt im historischen Schmalspurzug von Kilmeadan im Westen Waterfords aus durch die Landschaft entlang des River Suir. www.wsvrailway.ie

House of Waterford Crystal. Eine Reise in die Welt des Kristalls: einstündige Führungen durch die Produktionshallen. 28 The Mall, Waterford, www.waterfordvisitorcenter.com

Mount Melleray Abbey. Die 1832 gegründete Zisterzienserabtei. Zwischen den zeitlich variierenden Messen geöffnet. Mountmelleray Street, Cappoquin, www.mountmellerayabbey.org

Tintern Abbey. Zisterzienserkloster aus dem 12. Jahrhundert. Saltmills, https://heritageireland.ie/places-to-visit/tintern-abbey

Gartenlandschaften

Glengarriff Park Hotel €€. Charmant eingerichtetes Vier-Sterne-Hotel mit dem urgemütlich eingerichteten Pub McCarthy's Bar. The Village, Glengarriff, glengarriffpark.com

Kinsale

Man Friday €€. Eigentümer Philip Horgan führt das Restaurant mit Engagement seit 1978. Vorher reservieren und das gegrillte Hähnchen mit Spinat, Pinienkernen und Fetakäse-Fülllung probieren. Scilly, Kinsale, www.manfridaykinsale.ie

Tierney's Guesthouse €€. Die wirklich beste Alternative zu den relativ teuren Hotels in Kinsale ist das kleine Gästehaus im historischen Zentrum des Städtchens. Unbedingt rechtzeitig reservieren, es gibt nur neun Zimmer. 70 Main Street, Kinsale, tierneys-guesthouse.cork-country-hotels.co

Trident Hotel Kinsale €€€. Das etwas in die Jahre gekommene Vier-Sterne-Hotel liegt am Pierende der Hafenmole, bietet aber immer noch urgemütliche Zimmer und mit der Wharf Tavern den vielleicht gemütlichsten Pub von Kinsale. Worlds End, Kinsale, www.tridenthotel.com

Desmond Castle/International Museum of Wine. Die 30-minütigen Führungen liefern die ebenso interessante wie überraschende Erkenntnis, wie sehr Irland international mit dem Weinanbau verbunden ist. Cork Street, Kinsale, heritageireland.ie

Charles Fort. Die Festung aus dem 17. Jahrhundert wurde sternförmig angelegt, um die Landung spanischer Invasoren zu verhindern und Kinsale zu verteidigen. In den Ruinen soll es nachts spuken. Summer Cove, Kinsale, www.heritageireland.ie

Rock of Cashel

WH Irwin's €€ Netter, gemütlicher irischer Pub am Marktplatz von Cahir, große Bierauswahl und nettes Personal. The Square, Cahir, www.facebook.com/IrwinsCahir

John Feehan's Bar €. Wer warme Suppen mag und ein gut gemachtes Sandwich schätzt, ist hier richtig. 105 Main Street, Cashel, www.facebook.com/FeehansBar

The Brian Ború €€. Nette Bar im Herzen Cashels mit jungen, irischen Bands am Wochenende und leckerem Bar-Food. 49 Main Street, Cashel, Tel. 062/633 81

Cashel Palace Hotel €€€. Vier-Sterne-Haus aus dem Jahr 1730 im Stil von Königin Anne, elegante historische Zimmer im Herzen von Cashel. Main Street, Cashel, www.cashelpalacehotel.ie

Treffpunkt des Partyvolks
ist The Temple Bar.

DUBLIN

Irlands gesellige Haupt-
stadt bietet Kunst,
Nachtleben und
Geschichte

ZUR ORIENTIERUNG

DUBLIN

Irlands Hauptstadt ist weltoffen, voller Geschichte, Kultur und Spaß. Man trifft sich im Pub, stürzt sich ins Nachtleben, besucht Kunstgalerien oder taucht ins Mittelalter ein.

Unbedingt anschauen …

25 ST. JAMES' GATE

Liberties heißt das Viertel zwischen Guinness-Brauerei am St. James' Gate und der St.-Patrick-Kathedrale südlich des Liffey im Zentrum Dublins. Ein guter Einstieg in Irlands Metropole.

26 NORTHSIDE

Im Arbeiterviertel nördlich des Liffey befindet sich die O'Connell Street, die wohl geschichtsträchtigste Straße Irlands, auf die man sich unbedingt einlassen sollte, wenn man den langen Kampf der Iren um ihre Unabhängigkeit verstehen will.

27 SOUTHSIDE UND TEMPLE BAR

Wo im Mittelalter reges Markttreiben herrschte und heute stolz die Geschichte der Rockband U2 erzählt wird, schlägt das Herz von Dublin. Der Temple Bar District ist Magnet für Pub-Fans, und um die Christ-Church-Kathedrale werden Geschichtsfans staunen.

28 TRINITY COLLEGE

Regieren und studieren, flanieren und shoppen. Rund um das Trinity College können Sie das Leben in der pulsierenden irischen Met-

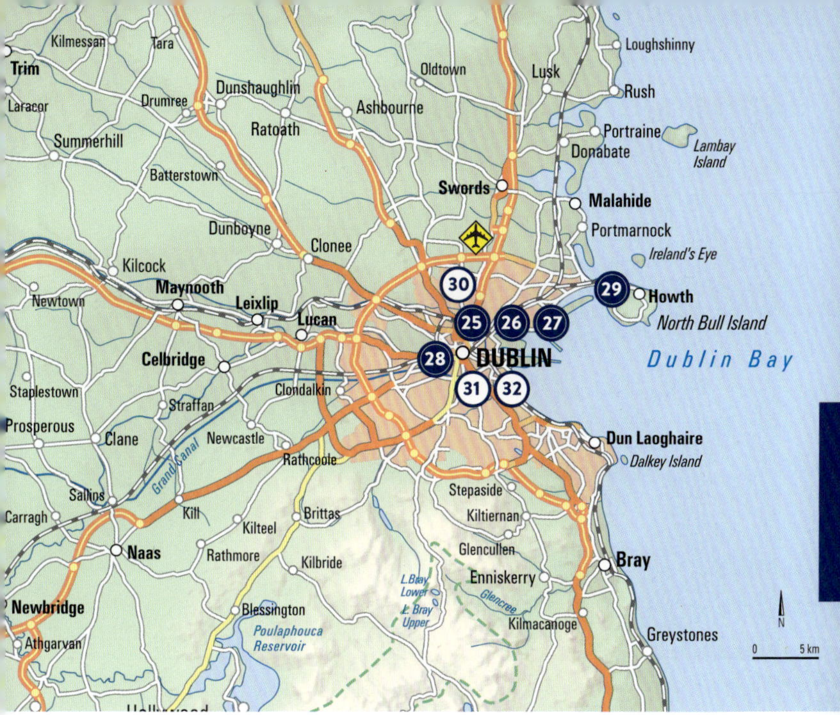

ropole so richtig genießen und aufsaugen. Vor allem in der Einkaufsstraße Grafton Street gibt es praktisch nichts, was es nicht gibt.

29 HOWTH UND DIE KÜSTE

Das pittoreske Fischerdorf Howth liegt im Osten Dublins auf einer Halbinsel direkt am Meer und ist mit der Dubliner Straßenbahn erreichbar. Im Hafen gibt es vorzügliche Fischlokale, und an der Balscadden Bay kann man wunderbar wandern.

Wenn noch Zeit ist …

30 Dublin Writers

31 Gaelic Sports

32 Die Plakette für Father Pat Noise

Der perfekte Tag

Ein Tag in Dublin – von der Revolution bis zur Bar in der Kirche

9 Uhr – O'Connell Street: Am besten beginnt man den perfekten Tag im Herzen der Revolution: Der Kampf um Irlands Unabhängigkeit ist nirgendwo näher als in der O'Connell Street. Es lohnt sich, nach den Einschusslöchern am Memorial zu suchen und aufmerksam durch das Gewusel zu streifen. Für den Rundgang über Parnell Street, Smithfield, Old Jameson über den Fluss Richtung Guinness Storehouse sollten Sie genügend Zeit einplanen.

11 Uhr – Ein Museum wie ein Guinness-Glas, darauf muss man erst mal kommen. Zum perfekten Tag gehört ein Besuch im Storehouse, wo man die unglaubliche Geschichte des Arthur Guinness erleben kann. Und als Krönung bekommt man ganz oben in der Gravity Bar nicht nur ein kostenloses Pint, sondern auch einen sensationellen Blick über die ganze Stadt.

13 Uhr – Mittagspause in St. Stephen's Green, einem der schönsten Parks in der Innenstadt von Dublin. Eine gute halbe Stunde dauert es zu Fuß vom Storehouse bis St. Stephen's Green. Es lohnt sich, denn die Stadt erlebt man mit Abstand am besten, wenn man sie sich erläuft. Besonders sehenswert: das Georgian Quarter rund um St. Stephen's Green.

15 Uhr – Die Pause nicht zu lange bemessen und weiter Richtung EPIC Ireland, eine halbe Stunde zu Fuß durch die quirlige Innenstadt. Es ist das wichtigste Museum zum Thema Auswanderung in Irland, eröffnet 2016. Wer die irische Seele verstehen möchte, für den ist das Museum ein Muss. Außerdem wird man beim Famine-Denkmal ohnehin schlucken, das direkt davorsteht und an die Hungersnöte im 19. Jahrhundert erinnert.

19 Uhr – Ein kleiner Meeresspaziergang am Abend gefällig? Mit öffentlichen Verkehrsmitteln braucht man nur eine knappe Dreiviertelstunde bis zur Endstation in Howth. Dort lässt sich von der Halbinsel mit spektakulärem Blick die Abendstimmung am Meer genießen.

20 Uhr – Der perfekte Tag endet für Partymäuse in einem der vielen coolen Pubs im Temple Bar District. Ebenso quirlig, aber viel schöner ist es in The Church – einer Bar, die in einer ehemaligen Kirche, in der einstmals Arthur Guinness geheiratet hat, eingerichtet wurde.

↖ Quirliges Straßenleben auf der O'Connell-Street
↓ Blick ins Guinness Storehouse
↘ Für den perfekten Abend: Barbesuch in Dublin

25

ST. JAMES' GATE

Das Vermächtnis von Arthur Guinness

Das Beste, ...

WEIL Dublin eine moderne, quirlige und sich ständig neu erfindende europäische Großstadt ist

FÜR alle, die das Großstadtleben genauso schätzen wie das historische Erbe einer Stadt

IM Frühjahr, wenn Dublin aus dem Winterschlaf erwacht

DIE 3 MUST DOS:
- Guinness Storehouse
- St. Patrick's Cathedral
- Wandbilder von Gulliver's Reisen suchen

»Liberties« wird das Viertel zwischen der Guinness-Brauerei am St. James' Gate und der St. Patrick-Kathedrale südlich des Liffey im Herzen Dublins genannt. Ein sehenswertes Spannungsfeld zwischen historischem Stadtkern und beeindruckendem Unternehmertum in einer der größten Brauereien der Welt, das einen guten Einstieg in Irlands Metropole am Meer bietet.

Der Name der Stadt

Dublin, diese schon 500 v. Chr. von den Kelten besiedelte Stadt, liegt am **Liffey**. Der Fluss teilt die Stadt in Norden und Süden, manche sagen sogar, in die klassisch irische Arbeiterschicht im Norden und die etwas versnobteren Reichen im Süden. Der irische Name »Baile Atha Cliath« deutet auf die Ursprünge hin, denn die Kelten siedelten an dem »Ort an der befestigten Furt«. Viele Hundert Jahre später kamen die Wikinger, plünderten zunächst, wie es damals üblich war, fanden den Flecken Erde und die irischen Frauen dann aber doch so nett, dass sie blieben. Denn da gab es noch den heute nicht mehr sichtbaren Bach **Poodle**, den sie »dubh linn« nannten, den »schwarzen Teich«. Daraus leitete sich später der Name Dublin ab.

Interessant: Der **Poodle** fließt an der heutigen Capel Street Bridge in den Liffey, ist aber komplett unterirdisch verrohrt. Unter anderem steht über ihm die St.-Patrick-Kathedrale.

Rundgang durchs Liberties-Viertel

Die **St.-Patrick-Kathedrale** ist ein guter Ausgangspunkt für einen Rundgang durch das **Liberties-Viertel**, in dessen Herz sie steht. Das heutige Gebäude der Kirche wurde Ende des 12. Jahrhunderts auf dem Platz einer deutlich älteren Kirche gebaut. Die größte Veränderung der Architektur gab es 1864, damals baute man, dem Trend zum neogotischen Stil folgend, sogenannte Strebebögen ein. St. Patrick's war lange Mittelpunkt für die Armen und Mittellosen, gerade rund um die Kirche. Dort befand sich einst ein überfüllter Slum; erst Anfang des 20. Jahrhunderts wurde er zum Park umgebaut. Früher nannte man »Liberties« diejenigen Kirchen und Klöster, die außerhalb der städtischen Gerichtsbarkeit standen, was auf St. Patrick's zutraf, das außerhalb der Stadtmauern lag.

Gullivers Reisen & Guinness Brewery

Die Verhältnisse im Arme-Leute-Viertel rund um St. Patrick's inspirierten **Jonathan Swift** zu seinem Roman Gullivers Reisen, der heute als Kinderbuch gelesen wird, in Wirklichkeit aber eine bittere Parabel auf die Gesellschaft des 18. Jahrhunderts war. Swift wusste genau, wovon er schrieb. Er

TIPP

KILMAINHAM GAOL

Ein Besuch in Kilmainhaim lohnt sich, insbesondere wegen des eindrucksvollen Gefängnisses, in dem zwischen 1795 und 1924 die Menschen unter unvorstellbaren Umständen eingesperrt wurden – teils wegen Nichtigkeiten. Aber auch wegen Verrats, denn die Anführer aller irischen Revolutionen endeten hier. Man muss schlucken, wenn man die Geschichte von der Ermordung Oliver Plunketts, eines der Anführer des Osteraufstands 1916, im Exekutionshof des Gefängnisses hört. Wenige Stunden zuvor hatte er noch seine Verlobte Grace Gifford im Gefängnis geheiratet. Wer genug hat vom düsteren Gefängnis, dessen Schlangenrelief am Eingang die Höllenbrut symbolisiert, kann sich nur wenige Meter entfernt im Irish Museum of Modern Art angenehmere Inspiration holen.
Kilmainham Gaol. *Inchicore Road, Dublin, kilmainhamgaolmuseum.ie*

---

war Dekan in St. Patrick's zwischen 1713 und 1745 und rettete die Kirche, die Oliver Cromwell ein Jahrhundert zuvor noch als Stall für seine Pferde missbraucht hatte, vor dem Zerfall. Eine gute halbe Stunde Fußmarsch von St. Patrick's entfernt liegt das andere Ende der früheren Liberties, das **St. James' Gate**. Hier gründete **Arthur Guinness** 1759 seine Brauerei, die heute weltbekannt ist.

Guinness Storehouse. Ein Besuch im sogenannten Storehouse, dem firmeneigenen Museum, ist ein Muss. St. James's Gate, Dublin 8, www.guinness-storehouse.com

Dublin Castle

Auf dem Streifzug zurück Richtung Innenstadt vom St. James' Gate aus sollte man einen Stopp im **Dublin Castle** an der Lord Edward Street unbedingt einplanen. Es liegt hinter der heutigen City Hall, in deren beeindruckender Rotunde die Dubliner Stadtgeschichte bildlich dargestellt ist und kostenlos angeschaut werden kann. Das Castle selbst ist mehr ein Schloss als eine Burg und einer der wichtigsten Plätze der irischen Geschichte. Seit 1585 war **Dublin Castle** Sitz der englischen Gouverneure und Vizekönige, das Machtzentrum der verhassten Krone. Nach dem irischen Unabhängigkeitskrieg zwischen 1916 und 1922 übergaben die Engländer das Castle

Im **Chez Max €€** am Eingang zum Dublin Castle können Sie Muscheln, Zwiebelsuppe und Käseplatte in französischem Ambiente zu Piaf-Klängen genießen. 1 Palace Street, Dublin 2, www.chezmax.ie

↑ Das ehemalige Gefängnis Kilmainham Goal
↗ Irlands größte Touristenattraktion (oben)
↗ Park hinter Dublin Castle

an den Freiheitskämpfer Michael Collins, der hier seine provisorische Regierung einrichtete. Er sei sieben Minuten zu spät, schalt der damalige Vizekönig Fitzalan bei der Übergabe der Regierungsgewalt Collins, doch der Ire war schlagfertig: »Wir haben 700 Jahre auf unsere Freiheit gewartet, da dürften sieben Minuten wenig ausmachen.« Hinter dem Schlossgelände liegt der Dubh Linn Garden, der frühere Schlosspark und ehemalige Hafen der Wikinger bei ihrer Besiedelung der Stadt. Rund um den Park liegen auch das Revenue-Museum, das sich den Steuern widmet, sowie die Chester Beatty Library, auf deren Dach ein Zen-Garten zu besinnlichen Minuten einlädt.

INFO

Failte Ireland. Das Hauptquartier der irischen Fremdenverkehrsbehörde. 88–95 Amiens Street, Dublin 1, www.failteireland.ie

26

NORTHSIDE

Im Herzen der Revolution

Das Beste, ...

WEIL sich gerade in der O'Connell-Street irische Geschichte und modernes Shopping super verbinden lassen

FÜR Shopaholics genauso wie für Besucher, die gerne durch die Stadt schlendern

IM Frühjahr und Herbst, wenn vor allem Einheimische vor Ort sind

DIE 3 MUST DOS:
- Irish Emigration Museum
- Phoenix Park
- O'Connell Street

In jeder Stadt gibt es Viertel, die sich gegenseitig necken. In Dublin markiert der Liffey die Grenze zwischen reichem Süden mit dem Regierungsviertel, georgianischen Häuserzeilen und dem Park St. Stephen's Green, und dem Norden, wo der Bürgerkrieg tobte, die Arbeiter wohnten und wohnen und der erst in den vergangenen Jahren rund um die O'Connell Street zur Ausgeh- und Shoppingmeile wurde.

Straße mit Geschichte

Wo kann man sich im Herzen der irischen Revolution umschauen und trotzdem schick einkaufen und essen gehen? Genau, das geht nur in der **O'Connell Street**, von der Dubliner Touristenwerbung gerne als breitester Boulevard Europas bezeichnet. Es ist wohl eher die breiteste Straße Irlands, immerhin bis zu 49 Meter. Aber auch die wohl geschichtsträchtigste, auf die man sich unbedingt einlassen sollte, wenn man den jahrhundertelangen Kampf der Iren um ihre Unabhängigkeit verstehen will. Der **Spire**, die 120 Meter hohe und vier Millionen Euro teure Stahlnadel in der Mitte des Boulevards, spielt dabei keine Rolle. Sie wurde Anfang des 21. Jahrhunderts gebaut, bis 1966 stand dort ein Denkmal für den britischen Seehelden Lord Nelson. Das sprengte die Irish Republican Army aber bei einem Anschlag während des Bürgerkriegs.

Grand Central Bar €. Gründerzeit-Gebäude, modernes Inneres, gutes Bar Food und leckere Cocktails – und das direkt an der O'Connell Street. 10–11 O'Connell Street, Dublin 1

Düstere Geschichte

Womit man sich schon mitten in der gewalttätigen Geschichte der O'Connell Street befindet. Sie ist mit Anschlägen, Bomben, Tod und Leid gepflastert. Auf halbem Weg zwischen der O'Connell-Brücke und dem Spire steht auf der linken Seite das **General Post Office**. Ein durchaus beeindruckendes Gebäude mit Tempelfassade, das man aber unbeachtet lässt, wenn man seine Geschichte nicht kennt. Auf den Stufen des Hauses proklamierte am Ostermontag 1916 **Patrick Pearse** die irische Unabhängigkeit von England. Es folgte eine der schlimmsten Wochen der irischen Geschichte, denn die englische Krone ließ den Aufstand blutig niederschlagen, große Teile der Gegend um die O'Connell Street wurden bombardiert, es gab weit über 100 Tote. Die Anführer des Aufstandes wurden verhaftet, 14 von ihnen im **Kilmainham Gaol** hingerichtet, Sympathisanten der Freiheitsbewegungen im Gefängnis gefoltert – ein historischer Fehler, denn die Stimmung im Volk drehte sich radikal. Es folgte ein sechs Jahre dauernder Bürgerkrieg zwischen Unionisten und Freiheits-

TIPP

PHOENIX PARK

Sieben Quadratkilometer groß ist die grüne Lunge Dublins. Als Papst Johannes Paul II. 1979 nach Irland kam, feierte er mit einer Million Iren hier einen Gottesdienst. Ursprünglich gehörte der Park zum Karmeliterkloster in Kilmainham, war ein komplett mit einer Mauer eingegrenztes Jagdrevier der englischen Gouverneure. Am besten mietet man sich am Haupteingang ein Fahrrad und erkundet das weitläufige Gelände, das allerhand zu bieten hat: eine wilde Hirschherde, die mehr die Autos als die Jäger zu fürchten hat, die aus dem 18. Jahrhundert stammenden Residenzen des irischen Präsidenten und des amerikanischen Botschafters, den Dubliner Zoo und jede Menge lauschige Plätze, wo man sich bei schönem Wetter einen netten Tag machen kann – in einer grünen Oase inmitten des hektischen Dubliner Stadtlebens. **Phoenix Park Visitor Center.** *Phoenix Park, phoenixpark.ie*

kämpfern, der erst 1923 endgültig beendet wurde und in dem mehr als 4000 Menschen ihr Leben ließen sowie unzählige mehr verletzt wurden. Am Ende des Bürgerkriegs wurde die **Provinz Ulster** als Nordirland Teil Großbritanniens. Der Rest Irlands löste sich von der jahrhundertelangen Bevormundung durch England und gründete die Republic of Ireland.

Am O'Connell Monument

Die Wunden sind in der irischen Gesellschaft vernarbt, verheilt wohl eher noch nicht. Das sieht man symbolisch auch am **O'Connell Monument**, das dem irischen Freiheitskämpfer **Daniel O'Connell** gewidmet ist. Er war ab 1841 der erste katholische Bürgermeister Dublins und kämpfte gemeinsam mit Charles Stewart Parnell unter dem Motto »Irisches Land für die Iren« für die Selbstverwaltung. Unter anderem gründete er die **Gaelic Athletic Association** mit, die auch heute noch weit mehr ist als eine der größten Amateursport-Vereinigungen der Welt. Es lässt einen schaudern, wenn man die unterhalb der Bronzestatue von O'Connell aufgestellten Bronze-Engel genau anschaut und in ihnen zahllose Einschusslöcher sieht. Die stammen aus dem Jahr 1916 und wurden bis heute nie ausgebessert.

Von den Docklands ...

Die Northside hat natürlich noch viel mehr zu bieten als die Einkaufspaläste rund um die O'Connell Street. Allerdings sollte man gut zu Fuß sein, um die weitläufige Gegend zu erkunden. Einen Streifzug wert sind

↑ Die grüne Lunge Dublins: der Phoenix Park

↓ Die O'Connell-Statue ehrt den Freiheitskämpfer.

↘ Samuel-Beckett-Brücke in den Docklands

sicher die **Docklands** im Osten Richtung Meer. Dort zeigt sich Dublin als mondäne Großstadt, mit vielen glänzenden Bürofassaden und dem neuen Kongresszentrum neben der markanten **Samuel-Beckett-Brücke**. Die ist dem großen Dubliner Schriftsteller und Nobelpreisträger gewidmet und wegen ihrer Harfenform ein beliebtes Postkartenmotiv.

In der Nähe der Samuel-Becket-Brücke gibt es auch eine neue Attraktion, für die man sich Zeit nehmen sollte: Das **Irish Emigration Museum**, EPIC Ireland genannt, am Custom House Quay. Irische Museen sind ohnehin mit die modernsten der Welt, und dieses 2016 eröffnete Haus toppt das noch: Multimedial aufbereitet kann man hier in die Geschichte der Auswanderung eintauchen, die zu Irland gehört wie Schafe und Guinness. Direkt vor dem Museum steht einer der bedrückenden Gründe für die Emigration: Das **Famine-Denkmal**, das an die schlimmen Hungersnöte in der Mitte des 19. Jahrhunderts erinnert.

... bis zum Nationalmuseum

Einen Besuch wert auf dem Streifzug Richtung Westen ist das **National Museum of Decorative Arts & History**, das nur wenige hundert Meter von der **St. Michan's Church** in der früheren Kaserne Collins Barracks untergebracht ist, die am Rand des ehemaligen Marktviertels Smithfield liegt. 226 Jahre wurde die Kaserne ununterbrochen militärisch genutzt, bevor sie 1997 zum weitläufigen Museumskomplex umgebaut

Hier wird jeder zum Whiskey-Kenner:
die Jameson-Destillerie in Dublin.

Das Famine-Denkmal in Dublin erinnert an die Hungersnot im 19. Jahrhundert.

wurde. Die kostenlos zugänglichen Sammlungen zeigen Kunst, Kunsthandwerk, Porzellan, Schmuck sowie die wichtigsten archäologischen Funde der grünen Insel.

National Museum of Decorative Arts & History. Hier finden Sie die wohl beste Ausstellung im ganzen Land zum Thema irische Unabhängigkeit unter dem Thema »The Irish at war«. Collins Barracks, Benburb Street, Dublin 7, www.museum.ie

Auf dem Weg zurück Richtung O'Connell Street lohnt es sich, durch das Arbeiterviertel rund um die ehemalige **Jameson's-Destillerie** zu streifen. **Whiskey** wird in Dublin schon lange nicht mehr gebrannt, der Ursprung der größten irischen Destillerie, die seit Mitte des 19. Jahrhunderts in Midleton in der Grafschaft **Cork** produziert, liegt aber in Dublin. Vielleicht ist ein kleiner Schluck in Gedenken an die irischen Freiheitskämpfer am Ende des Tages gar nicht so schlecht, wenn man mit offenen Augen die O'Connell Street entlanggegangen ist.

Old Jameson's Distillery. Ein Muss für alle Whiskey-Fans: ein geschichtlicher Rundgang mit abschließender Whiskey-Probe. Bow Street, Smithfield Village, Dublin 7, www.jamesonwhiskey.com

INFO

Dublin Visitor Center. O'Connell Street (gegenüber der Brücke), Dublin 1, www.visitdublin.com

27

SOUTHSIDE UND TEMPLE BAR

Vom Mittelalter zur Spaßgesellschaft

Das Beste, ...

WEIL man in Dublin sehr viel Spaß haben kann und viele nette, redselige Iren trifft

FÜR alle, die auf quirliges Stadtleben stehen und gerne abends auf der Suche nach Musik, Party und Pubs sind

IM Sommer, wenn in der Stadt alle nach draußen gehen

DIE 3 MUST DOS:

- Christ Church Cathedral
- Dublinia Museum
- Pub-Besuch im Temple Bar District

Wo im Mittelalter reges Markttreiben herrschte und heute stolz die Geschichte der irischen Rockband U2 erzählt wird, liegt das Herz Dublins. Der Temple Bar District zieht Touristen in Scharen an, die zahlreichen Galerien sind gefüllt mit Kunstinteressierten und rund um die Christ-Church-Kathedrale kommen alle Geschichtsfans auf ihre Kosten. Ganz so, wie man sich Stadtleben in einer Großstadt vorstellt.

Temple Bar

Zumindest das Kopfsteinpflaster lässt darauf schließen, dass man sich hier in einem der ältesten Teile Dublins befindet. Das Gewusel und das meist junge Spaßpublikum vor allem am Wochenende lassen jedenfalls nicht erahnen, dass Temple Bar jahrhundertealte Wurzeln hat und einst der Kern Dublins war, aus dem sich die größte Stadt der irischen Insel entwickelte. Im 17. Jahrhundert begann das Wachstum Dublins über seine ursprünglichen Grenzen nahe der **Christ-Church-Kathedrale** hinaus. Im heutigen **Temple Bar District**, beginnend am Liffey bis zur Dame Street, wohnten früher Handwerker und Händler. Als der Parlamentssitz nach dem Zweiten Weltkrieg schließlich verlegt wurde weg vom Dublin Castle, entwickelte sich das Viertel zunächst in Richtung Rotlichtmeile. **Sir William Temple**, ab 1609 als Dekan des Trinity Colleges Namensgeber des Viertels, hätte sich im Grab umgedreht, wenn er dies noch erlebt hätte. Und sein Haus mit Garten sofort verkauft.

Ein Viertel voller Kunst & Musik

Das heruntergekommene Viertel sollte in den 1960er-Jahren zu einem Busbahnhof umgebaut werden. Zum Glück wurde dieser Kahlschlag für die Stadtarchitektur gestoppt, sodass sich heute ein quirliges Viertel entwickelt hat, in dem nicht nur der abendliche, überbordende **Pub-Betrieb** heraussticht, sondern vor allem die vielen Kunstgalerien und -zentren, die tagsüber intellektuelles Publikum anziehen. Rund um den **Meeting House Square** im Herzen von Temple Bar gibt es mit dem National Photographic Archive oder den Temple Bar Gallery & Studios jede Menge Inspiration. Dazu ist die Gegend für Musikfans ein Eldorado. An der Ecke Meeting House Square und Essex Street muss man nur den Kopf ein wenig heben, um an der roten Backsteinwand des Gebäudes eine ungewöhnliche Entdeckung zu machen: In etwa drei Metern Höhe hängt eine Kopie der berühmten Stratocaster-

The Norseman €€. Künstler und solche, die glauben, Künstler zu sein, treffen sich hier, im Sommer gerne auch draußen vor dem Pub. 28E Essex Street, Dublin 2, norseman.ie

Gitarre, auf der einst der begnadete irische Blues-Musiker **Rory Gallagher** (1948–1995) spielte. Nur wenige Meter weiter auf der rechten Seite sinken Fans von Bono und The Edge auf die Knie – die Chefs der irischen Rockband **U2** besitzen das noble Clarence Hotel und sind hier auch des Öfteren anzutreffen.

Eintauchen ins Mittelalter

Westlich vom Clarence Hotel, ein wenig den Berg hinauf, steht ein Dreigestirn, das nicht nur für Geschichtsinteressierte ein Muss ist. **Dublinia**, **Christ-Church-Kathedrale** und **St. Audeon's Church**. Beginnen sollte man das Mittelalter-Abenteuer in St. Audeon's. Nicht verwirren lassen, dass es zwei St.-Audeon's-Kirchen gibt. Aufgrund der lutherischen Kirchenspaltung sind die beiden nebeneinanderliegenden Kirchen beide dem normannischen Heiligen aus Rouen gewidmet.

Die ältere und kleinere St.-Audeon's-Kirche direkt an der High Street ist die einzige erhaltene Pfarrkirche der Stadt aus dem 12. Jahrhundert. Sie gehört der irisch-anglikanischen Kirche, während die gleich danebenstehende größere St. Audeon's Church aus dem Jahr 1847 ein katholisches Gotteshaus ist.

Dublinia

Im **Museum im Dublinia-Gebäude**, das über einen Treppengang mit der Kathedrale verbunden ist, wird die Zeitreise ins Mittelalter perfekt orchestriert. Die Wikinger, das Marktleben, ein Stadtmodell von früher

↓ Im Inneren der Christ Church Cathedral
↘ Dublin im Mittelalter erfahren im Dublinia

TIPP

TOM UND JERRY IN DER ORGEL

Die Krypta der Christ-Church-Kathedrale ist aus mehreren Gründen ein Muss: Ihrer atemberaubenden Architektur wegen, schließlich tragen die Rundbögen aus dem 12. Jahrhundert heute noch die Last der Kirche über sich. Dazu der umfangreiche Kirchenschatz und ein Schaukasten mit einer mumifizierten Katze und einer Ratte, die lokale Berühmtheiten wurden: Tom und Jerry. In den 1860er-Jahren wurden die Mumien bei der Renovierung der Orgel in einer der größeren Pfeifen steckend gefunden. Die Legende besagt, dass die Katze die Ratte jagte, sich diese in der Orgelpfeife versteckte, die Katze hinterhersauste und damit das Todesurteil für beide fällte. Dass die Orgelpfeife viele Jahre nicht funktionierte, fiel erst bei der Renovierung auf. Und nachdem die Dubliner mit Spitznamen schnell bei der Hand sind, wurden die beiden Unglücks-Mumien im 20. Jahrhundert zu Tom und Jerry, wie in der gleichnamigen Zeichentrickserie. Und natürlich ausgestellt.
Christ Church Cathedral. *Christ Church Place, Dublin, christchurchcathedral.ie*

– und Kinder dürfen alles ausprobieren. Die Christ Church ließ Normannenführer **Richard Strongbow** 1172 im romanisch-gotischen Übergangsstil auf den Resten einer hölzernen Wikingerkirche bauen. Die anglikanische Kirche mit den schönen Bodenfliesen steht auch symbolisch für den Griff Englands nach Irland. **Henry VIII.** ließ in der ersten Hälfte des 16. Jahrhunderts den Bischofsstab von St. Patrick öffentlich verbrennen, die wichtigste Reliquie der damals katholischen Kirche. Im Keller wartet die nächste Überraschung: eine wunderbare Krypta, zu Zeiten Cromwells ein überdachter Markt mit Läden, heute die sehenswerte Ausstellung des Kirchenschatzes. Mittendrin ein stylishes Café – Mittelalter und moderne Spaßgesellschaft, das passt zusammen.

Dublinia. Museum zur mittelalterlichen Geschichte Dublins in der ehemaligen Synodenhalle der Christ-Church-Kathedrale. St. Michael's Hill, Christ Church, Dublin 8, www.dublinia.ie

INFO

Dublin Visitor Center. O'Connell Street (gegenüber der Brücke), Dublin 1, www.visitdublin.com

28

TRINITY COLLEGE

Kunstgenuss und Shopping-Hits

Das Beste, ...

WEIL St. Stephens's Green ein wunderbarer Park ist, umgeben vom georgianischen Erbe

FÜR Kulturinteressierte: vom Museum für moderne Kunst bis zum jahrhundertealten Book of Kells

IM Frühjahr und Herbst

DIE 3 MUST DOS:
- St. Stephen's Green
- Book of Kells im Trinity College
- National Gallery

Regieren und studieren, flanieren und shoppen. Das georgianische Dublin bietet dieses ungleiche Duett rund um das Trinity College und den Stadtpark St. Stephen's Green par excellence. Hier bieten sich lange Bummel geradezu an, um das Leben in der pulsierenden irischen Metropole so richtig zu genießen und aufzusaugen. Vor allem in der Einkaufsstraße Grafton Street gibt es praktisch nichts, was es nicht gibt. Und auch Nachteulen kommen auf ihre Kosten.

Georgianisches Erbe

Die irische Revolution Anfang des 20. Jahrhunderts hat tiefe Spuren am georgianischen Erbe in der Stadt hinterlassen, viele Häuser wurden zerstört. Erst Mitte der 1990er-Jahre besann sich die Dubliner Stadtregierung darauf, dass das historische Erbe auch touristisch vermarktbar ist und schützte die letzten verbliebenen Häuser. Vor allem rund um **St. Stephen's Green**, jenem wunderbaren, neun Hektar großen Stadtpark, den es schon seit 1635 gibt, sieht man einige glanzvolle Beispiele georgianischer Architektur.

St. Stephen's Green

Ebenso entscheidend für die positive Entwicklung der Stadt wie das georgianische Erbe dürfte auch die Entscheidung von **Arthur Edward Guinness** im Jahr 1880 gewesen sein, den Park frisch bepflanzen und gestalten zu lassen und wieder dauerhaft der Bevölkerung zur Erholung zu öffnen. Heute ist er ein Treffpunkt für Jung und Alt, für Hippies wie Yuppies, für Geschäftsleute wie Rentner, für junge Familien und Studenten. Der Haupteingang, der von dem dem Titusbogen in Rom nachempfundenen **Fusilier's Arch** überspannt wird, liegt direkt an der **Grafton Street** Dublins Einkaufsmeile Nummer eins. Nicht zu übersehen ist das **St. Stephen's Green Shopping Center**, das schon allein wegen seiner einem viktorianischen Bahnhof ähnlichen Stahlkonstruktion im Inneren einen Besuch wert ist.

Stephen's Green Shopping Center. Bei ihrer Eröffnung 1988 Irlands größte Mall mit über 100 Geschäften, besonders beeindruckend das viktorianische Innere. St. Stephen's Green West, Dublin 2, www.stephensgreen.com

Den Literaturschatz nicht verpassen

Gerade im Sommer ist Irlands größte Universität, deren zwei Quadratkilometer großer Campus mitten in der Stadt liegt, ein Kleinod. Ein Besuch in der Ausstellung zum **Book of Kells**, einmal Schlendern über den historischen Campus, den Elizabeth I. 1592 einweihte, oder einfach

Kostenlos und interessant ist die Nationalgalerie in der Nassau Street.

RUNDGANG

Die Innenstadt von Dublin

Die Innenstadt von Dublin ist schnell zu Fuß erkundbar, alle wichtigen Sehenswürdigkeiten liegen nahe beieinander.

A **Bank of Ireland** – Der Rundgang durch die Innenstadt beginnt am besten am Haupteingang des Trinity Colleges. Ihm gegenüber liegt ein klassizistischer Prunkbau, die heutige Bank of Ireland. Der Rundbau wurde 1729 bis 1739 von Edward Pearce als Parlament der irisch-anglikanischen Landlords gebaut. Damals wurde eine Steuer auf Fenster erhoben, weswegen das Gebäude außen komplett fensterlos ist und über das Dach Tageslicht bekommt. Von dort schlendert man über den Campus des Trinity College in Richtung Berkeley Library, wo der Ausgang zur Nassau Street liegt.

B **National Gallery** – An der Nassau Street über Leinster Street South bis Merrion Square. Davor lohnt sich ein Abstecher in die kostenlose

Nationalgalerie, die vom großzügigen Nachlass des irischen Nobelpreisträgers George Bernard Shaw profitiert.

C **Merrion Square** – Wenige Meter von der Nationalgalerie entfernt liegt ein unterschätzter Park. Rund um den Merrion Square finden sich noch zahlreiche schöne Beispiele georgianischer Architektur, im Park steht eine Statue von Oscar Wilde, die die Guinness-Familie errichten ließ. Am Parkausgang im Westen hält man sich links entlang der Merrion Street Upper bis zur Kreuzung mit der Merrion Row.

D **Hugenotten-Friedhof** – Nur 50 Meter auf der rechten Seite, und man steht vor dem Gitter eines der ältesten Friedhöfe der Stadt, auf dem von 1693 bis 1901 französische Hugenotten, die nach Irland ausgewandert waren, beerdigt wurden.

E **St. Stephen's Green** – Auf dem Weg Richtung Grafton Street lohnt es sich, durch den Park zu schlendern. Am Eingang gegenüber dem Hugenotten-Friedhof befindet sich das Wolfe-Tone-Memorial. Den Park verlässt man durch den Haupteingang an der Grafton Street.

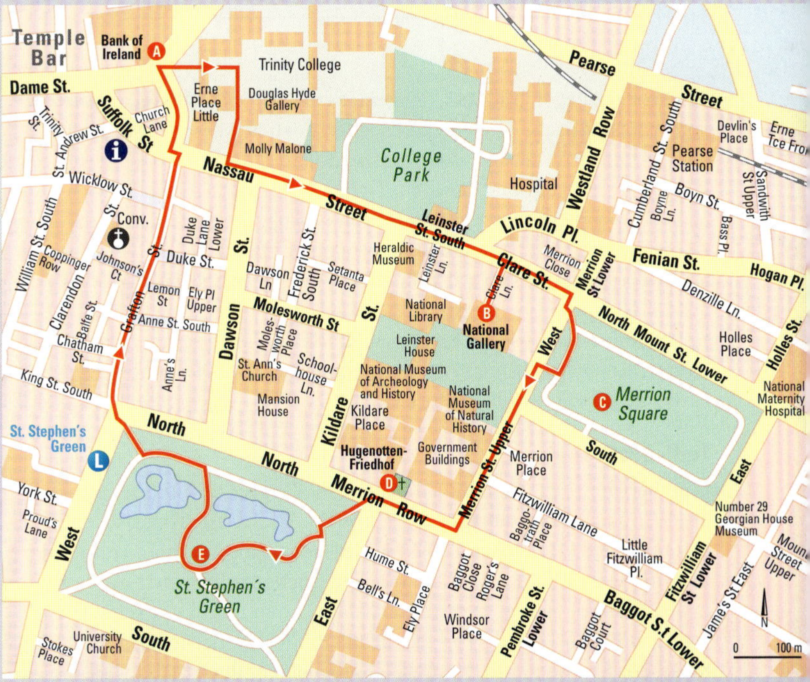

TIPP

SHELBOURNE HOTEL MUSEUM

So wie das Plaza am Central Park in New York City, steht das Shelbourne Hotel in Dublin gegenüber von St. Stephen's Green seit 200 Jahren für Eleganz und Glamour. Gewöhnliche Mitbürger werden sich einen Aufenthalt im Hotel, in dem die irischen Staatsgäste ebenso übernachten wie früher die großen Stars, von Charlie Chaplin bis zu den Rolling Stones, nicht leisten können. Aber vielleicht einen Lunch, einen Tee oder ein Dinner im Restaurant. Denn das lohnt sich nicht nur wegen des leckeren Essens und schönen Ambientes, so kommt man auch in ein kleines Museum der Zeitgeschichte, in welchem die Hotelleitung ihr altes Gästeregister ebenso präsentiert wie Briefe von Gästen an das Hotel. Erst im Jahr 2014 ging das irische Fernsehen mit seiner neuen Serie The Shelbourne auf Sendung, in der hinter die Kulissen des Nobelschuppens geblickt wird.
The Shelbourne, Autograph Collection. *27 St. Stephen's Green North, Dublin 2, www.theshelbourne.com*

---

nur im Park liegen und den Tag genießen – **Trinity College**, das bis 1793 nur protestantische Studenten besuchen durften, verschließt sich heute nicht elitär, es öffnet sich der Bevölkerung und den Touristen. Es ist eine kleine Zeitreise entlang der historischen Gebäude wie dem 30 Meter hohen Campanile gegenüber dem Haupteingang, durch dessen Durchgang kein echter Student laufen würde, weil das Unglück für die Prüfungen brächte. Man kann sich gut vorstellen, wie es war, als **Oscar Wilde** Ende des 19. Jahrhunderts hier studierte, wie Bram Stoker über Graf Dracula sinnierte oder der irische Popsänger **Chris de Burgh** seine Lieder schrieb. Die Reihe der berühmten Absolventen der heute 17 000 Studenten großen Universität ließe sich lange fortsetzen.

Jedi-Bibliothek

Eine Berühmtheit des Filmgenres machte die größte Touristenattraktion des Trinity Colleges übrigens unsterblich. Als der amerikanische Filmregisseur **Steven Spielberg** den 65 Meter langen sogenannten **Long Room**, in dem die 250 000 wichtigsten irischen Bücher aufbewahrt werden, zum ersten Mal sah, war er so begeistert, dass er den Raum mit seinen gewaltigen Holzbögen als Vorlage für die Bibliothek der Jedi-Ritter im Epos **Krieg der Sterne** nahm. Natürlich hat Spielberg den kostbarsten Schatz des Colleges ehrfürchtig betrachtet, das einzigartige, über 1200 Jahre alte **Book of Kells**. Mehr als 500 000 Besucher kommen jedes Jahr, um die herrlich farbenfroh illustrierte Handschrift aus dem 9. Jahrhundert zu bewundern, die eines der ältesten Bücher der Welt ist und wahrscheinlich von Mönchen auf der Insel Iona vor der Westküste Schottlands gefertigt wurde. Diese flohen wegen Wikingerüberfällen 806 von Schottland nach Kells in der irischen Grafschaft **Meath** und nahmen ihr wertvollstes Gut natürlich mit. In Kells wurde es imposante 850 Jahre lang sorgsam aufbewahrt und ist seit Mitte des 17. Jahrhunderts dem Trinity College übereignet. Das Book of Kells enthält die vier Evangelien des Neuen Testaments nach der lateinischen Bibelübersetzung des Hieronymus aus dem vierten Jahrhundert. Da das Buch so wertvoll ist, wird jeden Monat nur eine Seite neu aufgeschlagen.

Old Library und Book of Kells. Die berühmteste und wichtigste Ausstellung auf dem Gelände des Trinity College. Trinity College, College Green, Dublin, www.tcd.ie

INFO

Dublin Visitor Center. O'Connell Street (gegenüber der Brücke), Dublin 1, www.visitdublin.com

Amaldo Pomodoros Kunstwerk im Trinity College in Dublin

29

HOWTH UND DIE KÜSTE

Steilküste und endloser Meerblick

Das Beste, ...

WEIL Dublin am Meer liegt und man hier Stadtleben und Naturerlebnis verbinden kann

FÜR Naturliebhaber, die auf den Wanderwegen entlang der Steilküste mit spektakulären Blicken verwöhnt werden

IM Sommer, wenn das irische Wetter am besten ist

DIE 3 MUST DOS:
- Cliff Walks in Howth
- Schmetterlingshaus im Malahide Castle
- Howth Castle

Dublin, die Großstadt am Meer. Wenn man sich im Zentrum befindet voll quirligem Stadtleben kann man es kaum glauben, dass nicht mal eine halbe Stunde mit öffentlichen Verkehrsmitteln entfernt Sandstrände, steile Klippen, wunderbare Wanderungen und grandiose Ausblicke auf den Atlantik warten: **Howth** und **Malahide**, zwei Schätze an der Küste Dublins, die bei jedem längeren Aufenthalt in der Stadt ein Muss sind.

Museen für Radios und Automobile

Etwa 8000 Einwohner hat Howth im Osten Dublins auf einer Halbinsel direkt am Meer gelegen. Es ist eine der Endstationen der Dubliner Straßenbahn, ein pittoreskes kleines Fischerdorf, in dessen Hafen sich die vorzüglichen Fischlokale nur so stapeln. Howth hat viel zu bieten, auch Skurriles wie zwei Museen, deren Besuch ein Eintauchen in unbekannte Welten ist: Pat Herbert hat in einem der markanten sogenannten Martello-Towers in der Stadt das **Ye Olde Hurdy-Gurdy Museum of Vintage Radio** eingerichtet. Zu sehen sind Hunderte alte Radios, Fernseher, Bücher, Musikboxen und Fotos, die die irische Telekommunikationsgeschichte ab 1840 illustrieren. Fans der irischen und britischen Automobilgeschichte werden vom **National Transport Museum of Ireland** begeistert sein, wo Fahrzeuge vom Auto bis zum Bus – das älteste aus dem Jahr 1883 – gezeigt werden. Übrigens die einzigen derartigen Museen in ganz Irland.

Wanderungen entlang der Steilküste

Doch nach Howth kommt man nicht nur wegen der Museen, hierher kommt man vor allem zum Wandern. Eingebettet in den **Dublin Coastal Trail** entlang der Balscadden Bay sind vier verschiedene Wanderungen ab der Innenstadt Howths ausgewiesen: der Cliff Path Loop mit sechs Kilometern Länge, der Tramline Loop mit sieben Kilometern, der Black Linn Loop mit acht und der längste, der Bog of Frogs Loop mit zwölf Kilometern. Im **»Moor der Frösche«**, einer für geübte Wanderer etwa dreistündigen Tour, gibt es am meisten zu sehen. Alle Routen sind gut ausgeschildert und beginnen im Hafen, zunächst steil hinauf auf das Plateau Richtung The Summit, den Gipfel, dann immer entlang der Steilküste mit atemberaubenden Panoramablicken, unter anderem auf das Baily Lighthouse. Bei gutem Wetter sieht man die gesamte Küstenlinie bis zum Wicklow Head, rund 65 Kilometer entfernt.

Mit öffentlichen Verkehrsmitteln gut eine Stunde, mit dem Auto eine halbe, ist von Howth der Dubliner Vorort **Malahide** entfernt, geprägt von kilometerlangen Sandstränden, gepflegten Golfplätzen und einem sehenswerten, 100 Hektar großen Parkgelände, dem **Malahide Castle**.

TIPP

GEZEITEN ERLEBEN AM SANDYMOUNT BEACH

Rund um Dublin gibt es viele, meist kilometerlange Strände wie entlang der gesamten Küste im Osten Irlands. Einer, an dem man vor allem Einheimische trifft, ist der Sandymount Beach unterhalb des Dubliner Hafens. Erreichbar sowohl mit öffentlichen Verkehrsmitteln als auch mit dem Auto, gibt es hier Natur und Weitblick pur. Die Gezeiten sind stark ausgeprägt, sodass man bei Ebbe weit auf den Sandbänken hinauslaufen kann. Aber aufgepasst, dass man sich nicht mit dem Blick auf die Halbinsel Howth, das Baily Lighthouse und das Meer verliert, bevor die Flut wiederkommt. In Richtung Süden vom Sandymount Beach aus lohnt sich ein Ausflug ebenso, liegen hier doch sehenswerte Kleinstädte wie Dun Laoghaire (Dun Leary gesprochen) oder Dalkey, wo unter anderem U2-Sänger Bono ein Haus mit Meeresblick hat.

Butterfly House. Schmetterlingsparadies und tropische Pflanzen in den Malahide Gardens. www.malahidecastleandgardens.ie

Malahide Fairy Trail. Perfekt für Familien mit Kindern: Auf rund 1,8 km Länge mit vielen Stationen, bei denen Kids in rund einer Stunde mit einem interaktiven Booklet Rätsel lösen können. www.malahidecastleandgardens.ie

Dort bietet es sich im Sommer an, ein Picknick mitzubringen und den weitläufigen Park mit seiner vielfältigen Flora und Fauna und Hunderte Jahre alten Bäumen zu genießen. Das Schloss baute und bewohnte die Talbot-Familie zwischen 1185 und 1973 erstaunliche 788 Jahre lang, danach ging es in Staatsbesitz über und kann heute besichtigt werden. Zum Großteil erhalten ist noch die ursprüngliche Inneneinrichtung der Talbots. Auf dem Gelände ebenso einen Besuch wert ist Irlands einziges Schmetterlingshaus, das **Butterfly House** auf dem Gelände des Malahide Castle Park. Dort gibt es mehr als 20 Arten zu sehen, mehrere hundert Schmetterlinge in prächtigen Farben schwirren durch die Luft oder sitzen auf den Blättern der Pflanzen und laben sich an Zuckerwasser.

Am besten kennenlernen kann man Malahide und seine Strände mit dem roten **Road Train**, der vom Park durch den Ort am Hafen entlang zum Strand und wieder zurück in den Park fährt. Apropos Eisenbahn: Nicht nur das Schmetterlingshaus ist etwas für Familien, auch das **Casino Model Railway Museum** im Casino Cottage auf dem Malahide-Castle-Gelände. Hier sind über 300 Modelleisenbahnen zu sehen, teilweise verlaufen die Schienen über den Köpfen der Besucher.

↑ Bronzeskulptur einer Meerjungfrau in Malahide
↗ Beliebter Treffpunkt der Dubliner: Sandymount Beach (oben)
↗ Beliebte Führung in den Innenräumen von Malahide Castle

Kängurus auf Lambay Island

Dublin wäre nicht Dublin, gäbe es nicht auch in den Vororten Erstaunliches: Kängurus auf der grünen Insel im Land der Schafe? Das ist kein Witz, eine Tour auf der Privatinsel **Lambay Island** vier Kilometer vor Malahide im Meer gelegen, lohnt sich wahrlich. Dort leben rund 100 Kängurus, die ersten brachte ein gewisser Rupert Baring Anfang der 1950er-Jahre nach Irland und zog sie groß. Es geht ihnen allem Augenschein nach prächtig, da das Klima dem ihrer Heimat Tasmanien ähnelt. Kängurus zusammen mit Hasen, Rehen, Seevögeln und Seehunden am Strand – ein Bild, das man nicht so schnell vergisst.

INFO

Howth Tourist Information Centre. The Old Courthouse, Harbour Road, www.visithowth.ie

Und wenn noch Zeit ist …

(30) Dublin Writers

Es ist schon erstaunlich, wie eine Stadt von der Größe Dublins mit gerade einmal 500 000 Einwohnern gleich vier **Literaturnobelpreisträger** hervorbringen konnte, dazu noch viele Schriftsteller mehr, aus deren Federn Weltliteratur floss. Die Dublin Writers sind allgegenwärtig – bei Führungen, im Museum oder im **James Joyce Center** sowie am 16. Juni, dem **»Bloom's Day«**. Gekleidet wie Anfang des 20. Jahrhunderts finden sich Tausende James-Joyce-Enthusiasten jedes Jahr am 16. Juni in Dublin ein, um auf den Spuren **Leopold Blooms** (der Hauptfigur in James Joyces Roman *Ulysses*) durch die Stadt zu ziehen. Gerade mit *Ulysses* revolutionierte Joyce die Romankunst des beginnenden 20. Jahrhunderts, indem er die literarischen Techniken Bewusstseinsstrom und innerer Monolog erstmals konsequent anwandte. Nicht nur für Joycianer ist der Besuch des **James Joyce Center** sowie des **Museum of Literature** eine echte Bereicherung.

James Joyce Center. 35 N Great George's Street, https://jamesjoyce.ie

Museum of Literature Ireland (MoLI). 86 St. Stephen's Green, www.moli.ie

(31) Gaelic Sports im Croke Park

Zu den wirklich wunderlichen Dingen in Irland gehören die gälischen Sportarten ganz sicher dazu: **Gaelic Football** und **Hurling** gibt es nur auf der Grünen Insel, es pilgern Zehntausende zu den Spielen. Ein magischer Ort für alle Fans ist das **Croke-Park-Stadion** im Norden Dublins. Dort schlägt das Herz des gälischen Sports, und im **GAA-Museum** versteht man, warum Sport und Politik untrennbar miteinander verbunden sind.

Wer Irland verstehen will, kommt an den gälischen Sportarten nicht vorbei. Sie sind der Schlüssel zum Verständnis der irischen Seele. Gaelic Football und Hurling gibt es seit Jahrhunderten, es sind Mischungen aus Fußball, Handball und Hockey – hart, aber fair, wie die Iren. Organisiert werden die Sportarten, die 300 000 Spieler in Irland und Nordirland als reine Amateure betreiben, von der **Gaelic Athletic Association**, einem der größten Amateursportverbände der Welt. Mitte des 19. Jahrhunderts verstärkte sich der Wunsch der Iren nach Unabhängigkeit von England. Damit einher ging eine Rückbesinnung

Donegal gewinnt das Gaelic-Football-Finale in Dublin, die Fans sind glücklich.

auf das Irische, darunter die alten gälischen Sportarten, die die Engländer verboten hatten. Seit 1998 gibt es dort das GAA-Museum, das eine Schatztruhe für Sportfans ist, die auch für Politik einen Blick haben. Vor allem die Interaktivität des Museums, in dem sich auch Kinder wohlfühlen, beeindruckt.

Croke Park Stadium und GAA-Museum. Interessante Stadiontour, auch auf dem Dach möglich. www.crokepark.ie

32 Die Plakette für Father Pat Noise

Das Erfinden von Geschichten hat in Dublin Tradition, kein Wunder bei vier Literaturnobelpreisträgern. Doch die Geschichte der Plakette von Father Pat Noise übertrifft alles. Auf der **O'Connell-Brücke**, in Richtung Northside links, ist in die Brüstung eine bronzene **Plakette** eingelassen. In Gedenken an den Priester Pat Noise, der hier angeblich 1916 während des Osteraufstands unter verdächtigen Umständen sein Leben im Kampf um die irische Unabhängigkeit ließ. Die Geschichte ist erstunken und erlogen, aber extrem witzig: 2004 wurde die Plakette heimlich angebracht, von der Stadtverwaltung aber erst 2006 bemerkt, als eine Zeitung berichtete. Bis zur Jahrtausendwende war hier die Steuerung der Milleniums-Uhr angebracht. Man wollte sie entfernen, es gab Proteste der deutlich humorvolleren Bürger, und die Plakette blieb.

Plakette von Father Pat Noise. O'Connell Bridge, Laufrichtung Norden, links an der Brüstung, Dublin

ESSEN, TRINKEN, ÜBERNACHTEN & CO.

St. James' Gate

The Brazen Head €€. Offiziell Irlands ältester Pub, in dem erst in den 1980er-Jahren Elektrizität verlegt wurde. Ein uriges Ambiente mit gediegenem Bar-Food, dem obligatorischen Guinness und Livemusik. 20 Lower Bridge Street, Dublin 8, www.brazenhead.com

The Patriots Inn €€. In Kilmainham nahe dem Gefängnis und dem Irish Museum of Modern Art, gute Sandwiches. 760 South Circular Road, Dublin 8, www.patriotsinn.com

Avalon House €. Früher ein Krankenhaus, seit 1992 ein 280-Betten-Hostel mit interessanter Architektur und gutem Service sowie günstigen Preisen. 55 Aungier Street, Dublin 2, avalon-house-hostel-dublin.at-hotels.com

Radisson Blu Royal Hotel €€€. Anspruchsvolle Zimmer, hervorragende Bar, klare Linien im Design. Golden Lane, Dublin 8, www.radissonhotels.com

Irish Museum of Modern Art. Military Road, Nähe Heuston Station, Eintritt frei, www.imma.ie

St. Patrick's Cathedral. St. Patrick's Close, Dublin 8, www.stpatrickscathedral.ie

Northside

The Church €€. In der ehemaligen Kirche heiratete im 18. Jahrhundert Arthur Guinness, heute ist sie eine der beliebtesten Dubliner Party-Locations mit Bar, Restaurant und Club. Mary Street/Jervis Street, Dublin 1, www.thechurch.ie

Ashling Hotel €€€. Vier-Sterne-Haus in Bahnhofsnähe, moderne Zimmer, sehr gutes Preis-Leistungs-Verhältnis. 10–13 Parkgate Street, Dublin 8, www.ashlinghotel.ie

The Gresham €€€. Zentraler geht's nicht, direkt an der O'Connell Street im Herzen der Stadt, modernes Vier-Sterne-Haus in historischem Ambiente. 23 O'Connell Street, Dublin 1, www.gresham-hotels-dublin.com

Southside und Temple Bar

Fitzsimons Hotel und Bar €€. Nur eine Ecke vom Temple-Bar-Trubel entfernt, gediegenes Essen, mit Zimmern in den oberen Etagen. 21–22 Wellington Quay, Dublin 2, www.fitzsimonshotel.com, www.fitzsimonsbar.ie

The Stag's Head. Ein wenig außerhalb des Temple-Bar-Trubels, 1770 gebaut, 1895 umgebaut, seither so belassen, urtümliches und echtes Pub-Erlebnis. 1 Dame Court, Dublin 2, stagshead.ie

Abigail's Hostel €. Für den knappen Geldbeutel, ein schönes, sonniges Hostel, in dem jeder sein eigenes Bad hat. 7–9 Aston Quay, Dublin 2, www.abigailshostel.com

Clarence Hotel €€€. Fünf-Sterne-Haus der Oberklasse mit Glamourfaktor: Es gehört der Band U2, deswegen trifft man auch öfters Prominente. 6–8 Wellington Quay, Dublin 2, www.theclarence.ie

Sandemans New Dublin Tour. Interessante Touren durch die Stadt mit lokalen Führern, denen man grundsätzlich nur das zahlt, was einem die Tour wert war. Treffpunkt City Hall, Dame Street, Dublin 2, www.neweuropetours.eu

Trinity College

Bewley's €€. Ein Muss in der Grafton Street ist Irlands größtes Kaffeehaus mit den schönen Glasfenstern, im Oriental Room im Obergeschoss gibt es Kleintheater und Comedy. 78–79 Grafton Street, Dublin 2, www.bewleys.com

Café en Seine €€. Mit Paris hat das Bistro in der Dawson Street nichts zu tun, dafür gibt es in dem Jahrhundertwendebau Kaffee,

Essen & Trinken · Übernachten · Aktivitäten u. Ä.

Kuchen und warme Gerichte und am Abend auch mal Livemusik. 40 Dawson Street, Dublin 2, www.cafeenseine.ie

The Fitzwilliam Hotel €€€. Vier-Sterne-plus-Haus direkt neben St. Stephen's Green in bester Lage im Herzen der Stadt. St Stephen's Green, Dublin 2, www.fitzwilliamhoteldublin.com

Number 31 €€€. Der Architekt Sam Stephenson hat Dublin nicht immer zum Positiven verändert, doch sein Privathaus im Stil der 1960er-Jahre ist ein extravagantes Kleinod mit 21 Zimmern und einem preisgekrönten Frühstück. 31 Leeson Close, Dublin 2, www.number31.ie

Gaelic Sports

The Croke Park Hotel €€€. Ein schönes, modernes Vier-Sterne-Haus, direkt neben dem Stadion mit Blick darauf, im Innenhof stylisher Biergarten mit Sideline Bistro. Jones' Road, Dublin 3, www.doylecollection.com

Dublin Writers

Chapter One €€€. Edelrestaurant im Keller des Dublin Writers Museum mit Michelin-Stern für den gehobenen Anspruch. 18–19 North Parnell Square, Dublin 1, www.chapteronerestaurant.com

Maldron Hotel €€. Modernes Boutique-Hotel im Herzen der Innenstadt mit akzeptablen Preisen. Parnell Square West, Dublin 1, www.maldronhotels.com

Garden of Remembrance. Gegenüber dem Writers Museum erinnert das 1966 eingeweihte Denkmal an alle Opfer der irischen Revolution von 1916. Parnell Square East, Dublin 1, heritageireland.ie

James Joyce Center. 35 North Great George's Street, Dublin 1, www.jamesjoyce.ie

The Church zieht Touristen und Einheimische an.

Idyllische Ruhe neben dem Wallfahrtsort: der Upper Lake bei Glendalough

DER OSTEN

Steinzeitliche Funde, ehrwürdige Klöster und leere Sandstrände

ZUR ORIENTIERUNG

DER OSTEN

In Irlands Osten warten zwischen grünen Hügeln steinzeitliche Funde, die über 5000 Jahre alt sind, ehrwürdige Klöster und menschenleere Sandstrände im Südosten um Wexford.

Unbedingt anschauen …

33 WICKLOW MOUNTAINS

Eben noch ist es schattig, die Aussicht begrenzt, ein paar Schritte weiter blickt man über endlose Hochmoore. Dazu Bachläufe und ein paar Wasserfälle – fertig ist der Garten für Dublins Großstadtbewohner.

34 GARTENLANDSCHAFTEN IM SÜDOSTEN

Erkunden Sie die vielfältigen Gartenlandschaften: natürliche Landschaftsgärten, von Springbrunnen und Beeten gezeichnete viktorianische Parks oder geometrische Barockanlagen.

35 NEWGRANGE

Das Tal, durch das der Fluss Boyne träge mäandert, ist ein einzigartiges Kulturerbe: Über 50 prähistorische Monumente reihen sich auf engstem Raum aneinander. Unbestrittene Stars sind die Grabanlagen von Newgrange und Knowth. Im Sommer sollte man früh am Shuttlebus sein.

36 KILKENNY

Kilkenny ist das Rothenburg ob der Tauber Irlands: eine romantisch-kitschige Touristenhochburg – aber mit einem Geist, der bis

heute im Kilkenny Castle spuken soll. Das süffige rotbraune Bier gleichen Namens heißt in Kilkenny selbst aber Smithwick's.

37 TAL VON GLENDALOUGH

Das Tal der zwei Seen ist das Naherholungsgebiet der Region und Standort eines einmaligen Ensembles aus der Zeit der Christianisierung Irlands. Besuchen Sie unbedingt die Überreste der im 6. Jahrhundert gegründeten Klosteranlage.

Wenn noch Zeit ist …

38 Wexford

39 White Gap

40 Trim Castle

41 Hill of Tara

42 Slane Hill

Der perfekte Tag

Wo sich die unverfälschte und die kunstvoll gestaltete Natur begegnen

9 Uhr – Nach einem ausgiebigen Frühstück in der Cafeteria der Powerscourt Gardens ist dessen im italienischen Stil angelegte, weitläufige Anlage mit überraschenden asiatischen Akzenten der Ausgangspunkt für eine Naturtour der besonderen Art.

12 Uhr – Ein Kontrastprogramm liefern die Mount Usher Gardens bei Ashford. Deutlich weniger mathematisch-akkurat, dafür romantisch-verwunschen wurden hier die Stauden- und Sträucherensembles entlang des Flusslaufs drapiert, der in sanften Kaskaden die Anlage durchzieht. Hie und da noch ein Pavillon oder ein Brückchen – die Illusion einer perfekten Natur.

13 Uhr – Von Ashford aus führt eine kleine Straße über Roundawood ins Landesinnere. Sie zweigt in die R759 ab, die sich zur einsamen Passhöhe Sally Gap windet. Hier oben kann's bei Nebel leicht gruselig werden, bei Sonne hat man einen tollen Ausblick über die Wicklow Mountains.

15 Uhr – Ein Stückchen des Weges zurück finden sich zwei kleine Parkplätze. Von dort aus verläuft – in nördlicher Richtung – das schönste Stück des Wicklow Way. So weit es der Zeitplan zulässt lohnt sich eine Wanderung über die durch die wilde Natur führenden Holzstege, für Geübte geht es hinauf zum 727 Meter hohen Djouce.

17 Uhr – Südlich in Richtung Kilkenny zweigt das Tal von Glendalough ab. Schon von der Straße aus sichtbar ist der 30 Meter hohe Rundturm der Pilgerstätte. Die Wanderung zu den Seen und der ehemaligen Behausung des heiligen Kevin ist traumhaft, Gläubige finden die Kirche und den Friedhof vielleicht spannender.

19 Uhr – Genug Natur, auf nach Kilkenny und noch einen Blick auf das irische Rothenburg erhaschen: Herrlich kitschig präsentieren sich die Natursteinfassaden und die engen Gassen. In der Left Bank, einer ehemaligen Bank, gibt's liebevoll angerichtetes Bar Food zur Stärkung.

20 Uhr – Noch einen Absacker? Dann aber stilecht in Kyteler's Inn, einer schummrigen Kaschemme, die ihren Ursprung im 13. Jahrhundert hat.

↖ Kleiner Wasserfall in den Mount Usher Gardens
↓ Tipps fürs heimische Gemüsebeet gibt's in den Woodstock Gardens.
↘ Das Land der Feen: verwunschener Brunnen in den Well's Gardens.

33

WICKLOW MOUNTAINS

Mit den Schafen auf den Zuckerhut

Das Beste, ...

WEIL sich hier Gebirgsseen und Meer, Bäche und Wasserfälle abwechseln

FÜR Wanderfans, Wasserratten und alle, die Schafe lieben

VON Juni bis August, wenn das Wetter am stabilsten ist

DIE 3 MUST DOS:
- Wicklow Way
- Sugarloaf Mountain
- Powerscourt Waterfall

Almhütten und Gondelbahnen gibt's keine in den irischen Bergen. Auch keine Täfelchen, die alle paar Kilometer anzeigen, wie weit es denn noch ist. Ganz zu schweigen von durchschnittlichen Laufzeiten. Wer in Irland wandert, der wandert spartanisch. Der einzige Luxus ist die Natur. Und ganz ehrlich: Wo in den Alpen eine Felswand irgendwann der anderen zu ähneln beginnt, erwartet den Wanderer im irischen Hügelland beinahe hinter jeder Kurve eine angenehme Überraschung.

Wechselhaft – Wetter wie Landschaft

Ja, dafür kann freilich auch das Wetter sorgen, ganz besonders in den **Wicklow Mountains**: Wo eben noch die Gipfel einen Nebelhut tragen, glänzen sie eine halbe Stunde später schon in der strahlenden Sonne – bis der nächste Schauer kommt. Aber so rasch wie das Wetter, wechselt in den Bergen des Südostens auch das Panorama: Gerade noch links ein Gebirgssee, taucht fünf Minuten später in der Ferne schon das Meer auf. Für die Überraschungsmomente ist auch eine Besonderheit auf der Grünen Insel verantwortlich: Nirgendwo in Irland gibt es nämlich so viel Wald wie in den Wicklows. So wird es auch mal schattig, der Blick ist begrenzt, ehe er ein paar Schritte weiter plötzlich wieder über endlose Hochmoore schweift. Dazu Bachläufe und ein paar Wasserfälle, fertig ist der Garten für Dublins Großstadtbewohner. Aber keine Angst, überfüllt ist es nirgends wirklich in der Bergkette zwischen Dublin und **Clonegal**, den beiden Enden des 132 Kilometer langen **»Wicklow Way«**.

»Wicklow Way«

Ambitionierte Wanderer mögen sich gerne die komplette Strecke vornehmen. Der Weg passiert immer wieder kleine Ansiedlungen wie Knockree oder Aghavannagh, in denen es sich prima und vor allem preiswert übernachten lässt. Doch sollte dann schon eine ganze Woche veranschlagt werden. Zum einen halten Zwischenstopps wie der traumhafte **Powerscourt-Garten** bei **Enniskerry** oder die weitläufige **Klosteranlage von Glendalough** locker einen halben Tag auf. Zum anderen sind die Berge hier nicht zu unterschätzen. Auch wenn der südlich von Glendalough gelegene **Mullaghmor**, in dessen Nähe auch der hübsche **Glenmalure-Wasserfall** zu Tal plätschert, mit gerade 663 Metern die höchste Erhebung des gesamten Wicklow Way ist, die Anstiege aus den mitunter tief einschneidenden Gletschertälern haben es in sich, sind schon mal ganz schön knackig und erfordern einen sicheren Tritt.

Summerhill House Hotel €€. Trotz der von außen kaum erkennbaren Größe ist das Vier-Sterne-Haus familiär und heimelig. Enniskerry, www.summerhillhousehotel.com

Pechschwarze Gletscherseen

Entstanden sind die Wicklows vor 400 Millionen Jahren, die höchsten Gipfel des Granitgebirges liegen bei knapp 1000 Metern. Mancherorts, zum Beispiel auch im Tal von **Glendalough**, finden sich größere Mengen Schiefer. Beeindruckende Reste der letzten Eiszeit sind Gletscherseen wie der **Lough Dan** und der **Lough Tay**, die von den Anhöhen herab wie unendlich tiefe, pechschwarze, unheimliche Löcher wirken – und aus der Nähe mit ihren saftigen Picknickwiesen doch so lieblich sind. Auch wenn es abseits gelegene kleine Wanderparadiese gibt, wie im Süden das **Imaal-Tal**, empfehlen sich auch für einzelne Tagestouren immer wieder Abschnitte des Wicklow Way. Erstens ist er am besten ausgeschildert, zweitens gibt's dafür eine sehr detaillierte Wanderkarte.

Auf Holzplanken durch Moor und Heide

Überall dort, wo die Moor- und Heidelandschaft, insbesondere nach stärkerem Regen, arg sumpfig werden kann, hält sich die Gefahr des Verlaufens ohnehin in Grenzen: Der Fernwanderweg ist nämlich über weite Strecken professionell ausgebaut und führt mehrere Kilometer auf dicken, unverwüstlichen Holzplanken, die gegen die Rutschgefahr mit

TIPP

IN WELCHEM STEIN STECKT EXCALIBUR?

1981 drehte John Boorman den Artus-Monumentalfilm *Excalibur* und wählte für seine Landschaftsaufnahmen die Wälder und Heiden der Wicklow Mountains zwischen Enniskerry und Roundwood. Fürwahr: Die Hochebenen und engen Gletschertäler sind hier spektakulär. Von der R 755 zweigt die schmale R 759 in Richtung des ob seiner Einöde beinahe gruseligen Passes Sally Gap (Abstecher mit dem Auto lohnt!) ab. Nach gut drei Kilometern gibt es rechter Hand zwei kleine Parkplätze. Und von da erstreckt sich nordwärts das wohl anmutigste Stück des Wicklow Way. Auf Holzplanken geht's zum 727 Meter hohen Djouce, von dort weiter über schmale, in relativ steil abfallende Hänge getretene Pfade. Und immer sind mal mehr, mal weniger scheue Schafe blökende Wegbegleiter. Bis zum Glencree River und zurück sind's knapp 25 Kilometer. Das sagenhafte Schwert »Excalibur« steckte aber in keinem der Steine am Wegesrand.

Wicklow Tourist Office. *Rialto House, Fitzwilliam Square, Wicklow Town, www.visitwicklow.ie*

↑ Der Powerscourt-Wasserfall, Irlands höchster
↗ Klassische Mountain Lodge in den Wicklows (oben)
↗ Schafe in den Wicklow Mountains

einem Drahtnetz bespannt sind. Außerhalb der Hauptrouten wird es ohne ortskundigen Führer vor allem in der annähernd hochgebirgsähnlichen Region zwischen den Blessington Lakes und dem Wicklow Way knifflig: Auf den **Mullacleevaun** (850 m) oder den **Tonelagee** (819 m) beispielsweise sollte man allein besser nicht stapfen, sei die Aussicht auch noch so verlockend. Die gibt's wesentlich ungefährlicher vom **Great Sugarloaf Mountain**: Ein drolliger Name und er schaut mit seiner strikten Kegelform spektakulär aus.

Sugarloaf Mountain. Der gut 500 Meter hohe »Zuckerhut« fünf Kilometer südlich von Enniskerry lässt sich von Süden aus bequem besteigen und liefert oben ein bombastisches 360-Grad-Panorama.

INFO

Wicklow Town Tourist Office. Fitzwilliam Square, Wicklow Town, www.visitwicklow.ie

34

GARTENLANDSCHAFTEN IM SÜDOSTEN

Die Illusion der perfekten Natur

Das Beste, …

WEIL man hier sieht, wie der Garten zu Hause aussehen könnte

FÜR Fans üppiger Blütenpracht, mächtiger Bäume und verwunschener Urwaldpfade

IM Mai, wenn alles blüht, oder im Sommer zur Abkühlung

DIE 3 MUST DOS:

- Powerscourt Gardens
- Kilmokea Gardens
- Woodstock Gardens

Im Südosten haben sie den Grünen Daumen. Enorm groß ist die Dichte an kultivierten Gartenlandschaften, überragend die Vielfalt in der Ausgestaltung: Englische Landschaftsgärten nach dem Prinzip der Natürlichkeit finden sich genauso wie von Springbrunnen und geordneten Beeten gezeichnete viktorianische Gärten. Oder noch strenger strukturierte, klassisch-französische Barockanlagen mit geometrischer Anordnung und Formschnitt. Und natürlich auch schlichte, wild-romantische Nutz- und Erholungsgärten.

Powerscourt-Garten

Die Königin der irischen Gärten ist der **Powerscourt-Garten**. Schon nach dem ersten Schritt heraus aus dem Powerscourt House verschlägt es einem die Sprache ob der Anmut des 1840 von Stararchitekt **Daniel Robertson** angelegten italienischen Gartens. Die **Wicklow Mountains** am Horizont stehen in famosem Kontrast zu den formalen Blumenbeeten, die sich dem kreisrunden, von zwei geflügelten Pferden bewachten See entgegenstrecken. Mitte des 19. Jahrhunderts waren 100 Arbeiter zwölf Jahre lang mit der Umsetzung beschäftigt. Aufgelöst wird das harmonische Ensemble durch den weitläufigen Wald, in dem sich weitere Gärten verstecken. So linker Hand der japanische mit zahlreichen Brückchen und einer Grotte, und rechter Hand der Walled Garden, der hinter seinen Mauern Rosen und Nutzpflanzen beheimatet. Und unterhalb des Delfin-Brunnens findet sich noch ein Tierfriedhof, der einzige Irlands.

Powerscourt Estate. Der prachtvollste Garten Irlands mit einer 800-jährigen Geschichte. National Geographic wählte die 190 000 Quadratmeter große Anlage 20 Kilometer südlich von Dublin zur drittschönsten weltweit. Enniskerry, www.powerscourt.com

Prachtbau wird ein Raub der Flammen

Weniger schön als der Traumgarten ist die Geschichte des Hauses, das hinter seiner herrschaftlichen Fassade nur noch Bruchteile der einstigen Räumlichkeiten beherbergt. Im 13. Jahrhundert wurde es als Burg errichtet, Anfang des 18. Jahrhunderts schließlich zum Schloss umgebaut. Nach einer gründlichen Sanierung 1974 durch die neue Eigentümerfamilie **Slazenger** wurde das Schloss samt Park für die Öffentlichkeit freigegeben. Noch im selben Jahr wurde der Prachtbau durch einen Brand komplett zerstört. 1996 erst wurde ein Teil erneut restauriert, heute sind wenigstens einige Räume nutzbar, darunter für Veranstaltungen der in früherer Zeit so prachtvolle Tanzsaal.

Natur als Illusion

Robertsons Vorstellung des idealen Gartens machte im 19. Jahrhundert Schule: die Basis romantisch-verwunschen, nahe an der Natur, das Ganze dann aber konterkariert durch dekorative Brückchen, künstliche Wasserläufe und exotische Gewächse, auf dem Reißbrett bis ins Detail ausgeklügelt. Die Natur als Illusion! Ein weiteres perfektes Beispiel dafür sind die **Mount Usher Gardens** in Ashford, fünf Kilometer nordwestlich von Wicklow. Ähnlich ging Daniel Robertson auch in der Gartenlandschaft des **Wells House** bei Ballyedmond vor. Um 1835 herum gestaltete er die weitläufigen, von der Eigentümerfamilie Doyne bis dato wenig kultivierten Grünflächen des herrschaftlichen Sitzes. **Robert Doyne** wollte als Erster wirklich im Wells House leben und das möglichst in schöner Umgebung. Die Landbesitzer der Gegend lehrte er die Viehzucht, seinen eigenen Garten ließ er prächtig designen. Und so kam es auch hier zu der powerscourtschen Mischung. Nur ist heute nicht mehr viel davon übrig. Erst als der nach Irland emigrierte deutsche Textilfabrikant **Gerhard Rosler** das Anwesen kaufte, wurde begonnen, die Gärten zu rekonstruieren. Die nächste Generation, Uli und Sabine Rosler, ist dabei, den viktorianischen Terrassengarten hinter dem Haus, das sie auch bewohnen, fertigzustellen.

Ganz persönliche Gartenträume

Die Pracht im Detail findet sich dagegen im **Kilmokea-Garten**. Einst hatte auch hier Meister Robertson hinter dem 1794 erbauten Herrenhaus ein viktorianisches Gärtchen nebst Urwald-Illusion hingezaubert. Doch verwahrloste das Anwesen später. Und seither hat an die sieben Hektar kein Landschaftsarchitekt mehr Hand angelegt. Und dann kam **David Price**, der im Jahr 1947 Kilmokea House kaufte und begann, seine grünen Träume in einem vertrackten Puzzlespiel zu verwirklichen. Rosengarten, Kräuter- und Gemüsebeet, ein paar Figuren, ein kleiner Teich, ein Brünnchen – und das ursprüngliche Bild war schnell rekonstruiert. Und ließ Platz für die eigenen Ideen: ein See samt Bootshäuschen, üppige Rhododendronhaine, ein Hochsitz, ein Picknick-Haus, eine italienische Loggia, eine asiatische Ecke und eine Reihe seltener Bäume. Eine Linie hat der **Kilmokea-Garten** nicht wirklich, dafür aberwitzig durchs Dickicht mäandernde Pfade, die ein

> **Kilmokea Gardens.** So versteckt die schattige Anlage liegt, so idyllisch ist sie auch. Der verwunschene Garten liegt im Süden von New Ross am Ufer des Barrow, versteckt in einem üppig grünen Dschungel. Great Island, Campile, www.kilmokea.com

↑ Romantisch verwunschen: die Mount Usher Gardens
↓ Asiatische Ecke in den riesigen Powerscourt Gardens
→ Mediterrane Linien wechseln in den Kilmokea Gardens mit Urwald.
↘ Sanfte Wasserterrassen in den Mount Usher Gardens

Kilmokea House €€€. Bruchsteinvilla am Eingang der Kilmokea-Gartenanlage. Individuell und sehr liebevoll eingerichtete Zimmer, zum Teil mit Himmelbett und frei stehender Badewanne. Kleiner Wellnessbereich. Campile, www.kilmokea.com

bisschen Orientierungssinn erfordern. Zwei Stunden gedankenversunken herumstreifen? Ist hier kein Problem. In dieser Oase liebevoller Träumereien bleiben die Uhren ohnehin stehen.

»Think big« heißt's indes im Woodstock-Garten

Im Süden Kilkennys haben zwar nie Hippies Cocker oder Hendrix gelauscht, dafür die feinen Herrschaften des 19. Jahrhunderts die sagenhafte Aussicht hinunter auf das Städtchen **Thomastown** und die **Nore-Auen** genossen. Schatten spendet nicht landestypisches Laubgehölz, sondern ein Sammelsurium seltener Gehölze wie die Libanon-Zeder oder der über 40 Meter hohe Mammutbaum. Natürlich ist auch das irische Woodstock ein Architektengarten, der aufgrund seiner Weitläufigkeit jedoch außerhalb des Walled Gardens kaum die Menschenhand erkennen lässt. Selbst der fein ziselierte Wintergarten-Pavillon, in dem regelmäßig kleine Abendkonzerte oder Lesungen stattfinden, fügt sich harmonisch in die grüne Pflanzenwelt ein.

Woodstock Gardens & Arboretum. Etwa auf halber Strecke zwischen Kilkenny und Waterford thront über dem Städtchen Thomastown eine riesige und enorm vielfältige Gartenanlage rund um die Ruine des einstigen Herrschaftshauses. Thomastown, www.woodstock.ie

Irischer Landsitz mit deutschen Bewohnern: Familie Rosler pflegt Wells Garden.

TIPP

FEENSPAZIERGANG IM WELLS GARDEN

Man kann sie nicht hören, man kann sie nicht sehen? Quatsch. Uli und Sabine Rosler stehen auf Du und Du mit den bezaubernden kleinen Wesen: den Feen. Und die beiden deutschstämmigen Eigentümer von Wells House & Garden wollen ihren Gästen die Märchenwelt ein Stück näher bringen. Im bewaldeten Teil des 6000 Hektar großen Anwesens haben sie einen lauschigen Spazierweg angelegt. Und wer aufmerksam ist, dem entgehen die bunten Türchen am Fuß einiger versteckter Baumstämme nicht. Hinter jeder dieser kleinen Pforten schlummert eine Fee. Aber bitte nicht klopfen, die zauberhaften Geschöpfe wollen tagsüber schlafen und sind obendrein sehr scheu. Für Kinder und Junggebliebene ist der gut einstündige, hinter dem Südflügel des Hauses etwas versteckte Rundgang ein Heidenspaß und eine nette Abwechslung zum streng angelegten viktorianischen Terrassengarten. Für Geburtstagskinder gibt's sogar eine zweistündige Feenparty mit Verpflegung.
Wells House & Gardens. *Ballyedmond, www.wellshouse.ie*

Und selbst das Herrenhaus, 1745 für **Sir William Fownes** errichtet, hält sich dezent am Rand des Areals. Heute ist ohnehin nicht viel übrig von dem Landsitz, der 1922, als britische »Black and Tan«-Truppen darin stationiert waren, im Zuge des irischen Unabhängigkeitskriegs niedergebrannt wurde. Mitte des 19. Jahrhunderts erst wurden die Gärten nach und nach angelegt. Schottlands Landschaftsarchitekt Nummer eins, **Charles McDonald**, schuf ein pittoreskes Paradies im Umfeld des Hauses, von dem inzwischen nur noch die abgesenkten, terrassierten »Becken« zeugen. Mit jedem Meter weg vom Gebäude wird der Garten wundersamer: eine kühle Grotte, eine kaskadenartig abfallende Allee, die zirkulierenden Blumenbeete des Terrassengärtchens – und dazwischen weite Flächen, die den Gedanken Raum lassen. Ein Spaziergang im Woodstock-Garten gleicht einem Tagtraum. Ein Traum, den sich **Sir William Tighe** und seine Frau Louisa zwischen 1840 und 1870 an diesem magischen Ort verwirklicht haben.

INFO

National Garden Exhibition Center. Kilquade, www.arboretum.ie/arboretum-kilquade

35

NEWGRANGE

Besuch in der Steinzeit

Das Beste, ...

WEIL hier die Megalithkunst plastisch wird

FÜR Fred und Wilma Feuerstein sowie Hobbyarchäologen und Mystiker

AM 21. Dezember, weil dann die Wintersonne das Grabmal Newgrange erleuchtet

DIE 3 MUST DOS:
- Boyne Valley
- Knowth
- Hill of Slane

Das Tal, durch das der Fluss Boyne mit stoischer Ruhe mäandert, ist ein einzigartiges Weltkulturerbe: Über 50 prähistorische Monumente reihen sich auf engstem Raum aneinander. Unbestrittene Stars sind die Grabanlagen von Newgrange und Knowth. Kaum eine Sehenswürdigkeit in Irland erfährt so einen Zuspruch: Da die Besichtigung ausnahmslos über Shuttlebusse vom Besucherzentrum aus möglich ist, empfiehlt es sich in den Sommermonaten, früh aufzustehen, um in die Geschichte der Steinzeit einzutauchen.

Wintersonnenwende

Gar einer Verlosung bedarf es, um in der Zeit zwischen dem 14. und 28. Dezember nach **Newgrange** zu dürfen, um 19 Meter vorzudringen ins Innere der im Querschnitt 90 Meter messenden Steinkuppel. Zur **Wintersonnenwende** nämlich trifft der Strahl der aufgehenden Sonne exakt die von **Professor Michael J. O'Kelly** entdeckte Steinbox am Eingang der 5200 Jahre alten Kultstätte und taucht den schmalen, niedrigen und leicht ansteigenden Gang und die dahinter auf gleicher Höhe wie die Öffnung liegende Grabkammer bis zu 17 Minuten in ein mystisches, orangefarbenes Licht – eine einzigartige Erfahrung. Die den Rest des Jahres durch die Führer imitiert wird, indem sie sämtliche künstliche Beleuchtung ausschalten und nur einen vergleichbaren Lichtstrahl einschalten. Auch dann kommen die für die megalithische Kultur typischen geritzten **Wandzeichnungen** wie Spiralen und Wellenlinien entsprechend zur Geltung. Über deren Bedeutung ist sich die Wissenschaft immer noch nicht im Klaren, sicher ist nur: Die gut 600 Bildsteine im **Boyne-Tal** stellen in etwa ein Viertel der gesamten europäischen **Megalithkunst**.

Geschichte der Megalithen

Wem diente diese gigantische Stätte? Wie gelang es den Menschen 3200 v. Chr., solch ein Bauwerk zu konstruieren? Wie schafften sie Tausende Tonnen schneeweißes Quarzgestein aus den über 60 Kilometer entfernten Wicklow Mountains für die auffällige Einfassung herbei? Fragen, die lange unbeantwortet blieben und den Kultcharakter von Newgrange stärkten. Erst 1699 entdeckte der Grundbesitzer **Charles Campbell**, dass sich unter dem längst erodierten, von Gras und Sträuchern bewachsenen Hügel etwas nicht Alltägliches versteckte. Aber mehr als einige Aufzeichnungen kamen in den nächsten drei Jahrhunderten nicht heraus, ehe 1962 unter der Leitung des Dubliner Archäologen O'Kelly die ersten systematischen Ausgrabungen begannen. Der Versuch, das **Ganggrab von Newgrange** möglichst bis in kleinste Detail zu rekonstruieren, ist heute

Newgrange ist das größte der rund 50 Ganggräber in der Schleife des Flusses Boyne und das einzige, das von innen besichtigt werden kann. www.newgrange.com

umstritten; das 1970 beendete Gesamtwerk wirkt nämlich von außen so, als sei es gestern erst gebaut worden. Doch mitnichten: Die Tausende Tonnen schwere, 13 Meter hohe Kuppel hält, im Kern im Originalzustand, auch nach über 5000 Jahren die Grabkammer absolut wasserdicht. Das Alter des Bauwerkes konnte mit der sogenannten **Radiokarbonmethode** weitgehend sicher datiert werden, aber nicht die ursprüngliche Nutzung. Aufgrund gefundener Asche und Gebeine gelten Bestattungen zwar als Fakt, doch könnten sie auch einige Jahrhunderte später vorgenommen worden sein. Andere Theorien sprechen von frühsteinzeitlichen Tempeln.

Von verkohlten Zahnbürsten und Göttergaben

Die verschiedenen Interpretationen sind im **Brú na Bóinne Center** mittels Illustrationen, nachgebauten Szenen und eines sehenswerten Films eindrucksvoll veranschaulicht. Von da starten, straff organisiert, auch die Kleinbusse, welche die Touristen wahlweise nur zu Newgrange, Knowth (je eineinhalb Stunden) oder beiden Grabstätten (zweieinhalb Stunden) befördern. Eine individuelle Besichtigung ist nicht möglich, die Zahl der Besucher ist auf 650 täglich limitiert. Dass es dadurch zu Wartezeiten kommt, ist kaum zu vermeiden, doch das Besucherzentrum hilft, die Pausen kurzweilig zu überbrücken. Beispielsweise erfährt man einiges über die Lebensgewohnheiten der Menschen seinerzeit, dass sie unter Arthritis zu leiden hatten und sich die Zähne mit verkohlten Stäbchen reinigten, sie in stark hierarchisch organisierten Gesellschaftsstrukturen lebten, was so komplizierte Bauarbeiten wie an Newgrange erst ermöglichte. Auch für die bei den Ausgrabungen gefundenen römischen Münzen gibt es eine Erklärung: Möglicherweise waren Römer in die Kultstätte vorgedrungen und hinterließen das Geld als Gabe an die Götter.

Megalithanlage Knowth

Hinterlassen haben die Menschen der Frühsteinzeit an anderer Stelle deutlich weniger Fragezeichen: in **Knowth**. Die ebenfalls von einem mächtigen Hügel umgebenen Gänge dienten anhand der gefundenen und zeitlich eindeutig einzuordnenden Gebeine unmissverständlich als Gräber für die führenden Köpfe. Drumherum lebte eine Sippe von geschätzt 1500 Mitgliedern, denen offenbar die im Umfeld angeordneten 19 Satellitengräber als Ruhestätte dienten. Knowth ist von außen nicht so bombastisch, dafür mit seinem naturnah freigelegten Monument noch

↑ Über eine kleine Holzbrücke geht's in den Grabgang.
↓ Das Grab beleuchtet von der Wintersonne
→ Prähistorische Exponate im Museum
↘ Nur zur Wintersonnenwende dringt Licht herein.

TIPP

WENN DAS SCHAF MIT DEM TEDDYBÄR

»Old Billy had a farm« – so ähnlich ließe sich ein Liedchen pfeifen beim Passieren des Gatters. Willkommen auf einem Erlebnisbauernhof der besonderen Sorte. Denn auf der Newgrange Farm, nur wenige hundert Meter neben dem berühmten Hügelgrab, gibt's für die ganze Familie nicht nur Traktoren und die übliche Palette an Tieren, hier findet an jedem Sonntagnachmittag ganz sicher das ungewöhnlichste Rennen der Welt statt: An den Start gehen Schafe, die als Reiter einen Teddybären auf den Rücken gepackt bekommen und dann um die Wette flitzen, dass es eine wahre Pracht ist. Und selbstverständlich kein Rennen ohne Wetten: Kinder bekommen als Pate ein Schaf zugeordnet, die Papis sollen dabei nicht nur Daumen drücken – über die Höhe der Einsätze schweigen die Gentlemen.

Newgrange Farm. *Newgrange, www.newgrangefarm.com*

---

eine Spur authentischer als Newgrange. Hier finden sich die meisten Ritzmalereien, bisweilen sogar beidseitig an den Steinen angebracht. Vermutlich sollten die Symbole von außen mögliche Grabschänder abhalten, die Totenruhe zu stören, andererseits die Seelen der Verstorbenen warnen, ihre letzte Behausung zu verlassen – ein komplizierter und von Ängsten geprägter Totenkult.

Wikinger ohne Respekt vor den Toten

Außerdem kann der Hügel des zentralen Grabes bestiegen werden, der Blick auf das gesamte Areal ist fantastisch, auf dem mit **Dowth** noch eine dritte große Grabanlage liegt. Die Ausgrabungen Mitte des 19. Jahrhun-

↓ Ausstellung im Newgrange Visitor Center

↘ Rätselhafte Zeichnungen in den Grabgängen

↑ Nach der Führung werden die Marken der Touren gesammelt.
↗ Das Nationalmonument Hill of Slane

derts förderten jedoch zutage, dass hier die Wikinger bar jeden Respekts vor den Toten tüchtig geplündert haben. Auffälligstes Merkmal des kostenfrei zu besichtigenden, aber nicht von innen zugänglichen Monuments, zu dem es auch keine Führungen gibt, sind die zum Teil mit aufwendigen Ornamenten verzierten 97 Randsteine.

Ausflug nach Slane

Nach einem derart intensiven Ausflug in die frühe Steinzeit fällt die Rückkehr in die Gegenwart gar nicht so leicht. In der Nähe liegt mit **Slane** jedoch ein nicht uninteressantes 1000-Einwohner-Städtchen. Insbesondere für Musikliebhaber lohnt sich der Abstecher zum neogotischen **Slane Castle** aus dem späten 18. Jahrhundert: Über 80 000 Fans strömen jedes Jahr zu den seit 1981 im August stattfindenden Open-Air-Konzerten. Die internationale Rock- und Popprominenz gibt sich dabei die Klinke in die Hand: Ob Madonna, Rolling Stones, Red Hot Chili Peppers, Santana, Coldplay oder U2 – alle waren sie schon auf der Schlossparkwiese zu Gast. Die Nähe zu Newgrange sorgt dabei für zusätzliche Gänsehaut.

Hill of Slane. Vom Hügel inmitten der Ruinen eines alten Klosters lässt sich wunderbar der Blick über die kleine Stadt genießen. Siehe Wenn noch Zeit ist, S. 174

INFO

Drogheda Tourist Office. The Tholsel, West Street, Drogheda, www.drogheda.ie

36

KILKENNY

Das irische Rothenburg

Das Beste, …

WEIL die Gassen einfach so herrlich kitschig sind und es statt Kilkenny Smithwick's zu trinken gibt

FÜR Sportliche sowie trink- und bibelfeste Besucher

IM September, wenn der Sommerandrang abebbt

DIE 3 MUST DOS:

- Hurling-Kurs
- Kyteler's Inn
- St. Chanice's Cathedral

Wer die US-amerikanische Zeichentrickserie South Park kennt, kennt auch den Running Gag: »Sie haben Kenny getötet«. Kill Kenny – das Wortspiel hat die Filmemacher mutmaßlich über dieses süffige rotbraune Bier gleichen Namens erreicht – das in Kilkenny selbst Smithwick's heißt. Nun, wer in der 22 000-Einwohner-Stadt auf den Namen Kenny hört, muss den Kalauer sicher einige Male in seinem Leben ertragen. Er wird es verschmerzen können, zählt seine Heimat doch zu den schönsten der größeren Ansiedlungen Irlands.

Spuk in der Stadt

Das liegt auch am stilsicheren Händchen der Städteplaner. Die sanfte Industrialisierung hat Kilkenny nicht geschadet, das historische Gefüge ist unverschandelt stehen geblieben. Und wo der Zahn der Zeit genagt hat, da wurde aufwendig restauriert. **Kilkenny** ist den Iren, was Rothenburg den Süddeutschen: eine romantisch-kitschige Touristen-Hochburg. In der es mächtig spukt. Im Jahre 1324 nämlich war die arme Magd **Petronella** anstelle der reichen, jedoch der Hexerei bezichtigten und schließlich flüchtigen Alice Kyteler auf dem Scheiterhaufen gelandet – ihr Geist huscht bis heute durch das **Kilkenny Castle** und auch der zwischenzeitliche Einsturz des Kathedralendaches 1332 soll auf ihr Konto gehen.

Kyteler's Inn €€. Das älteste Gasthaus in Kilkenny geht auf das 13. Jahrhundert zurück. Im Hinterhof lockt ein lauschiger Biergarten, vor allem in den Sommermonaten. St Kieran's Street, Kilkenny, www.kytelersinn.com

↖ St. Canice's Cathedral aus dem 13. Jahrhundert
↓ Diese Plastik in Kilkenny huldigt dem Nationalsport Hurling.
↘ Im Kyteler's Inn aus dem 13. Jahrhundert gibt's deftige Kost.

STADTRUNDGANG

Kilkenny

In Kilkenny liegen die Highlights nah beieinander. Vom Schloss zur St. Canice's Cathedral sind's zu Fuß 20 Minuten. Dazwischen liegen die Medieval Mile mit den Parallelstraßen St. Kieran Street und High Street und jede Menge mittelalterliches Flair. Beim Kilkenny Castle beginnend empfiehlt sich in Richtung Altstadt zunächst der Gang durch die High Street.

A **Kilkenny Castle** – Das aufwendig restaurierte Schloss aus dem 12. Jahrhundert liegt inmitten eines riesigen Parks und beinhaltet in der nach der langjährigen Eigentümerfamilie benannten Butler Gallery eine beachtliche Gemäldesammlung und bietet auch regelmäßig wechselnden Ausstellungen Raum.

B **Town Hall** – In der ehemaligen Küche für die Angestellten ist heute ein Restaurant mit angenehmer Atmosphäre untergebracht. Das 1761 erbaute Rathaus diente der Stadt früher auch schon als Zollhaus und ragt deutlich abgesetzt von der restlichen Häuserzeile auf den Gehweg. Signifikant ist der hohe Arkadengang auf der Frontseite.

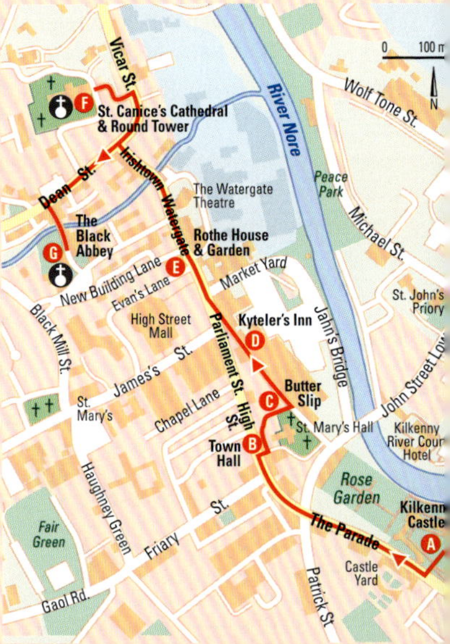

C **Butter Slip** – Gleich hinter dem Rathaus öffnet sich in der Fassade des Nachbarhauses ein schmaler Durchgang, der einst Standort der Milchhändler war. Keine hundert, leicht abschüssige Meter weiter mündet das Gässchen in die St. Kieran Street.

D **Kyteler's Inn** – Im ältesten Gasthaus, wo den Besuchern ein fantastischer Irish Coffee aufgetischt wird, lohnt sich ein Abstecher, auch ohne etwas zu verzehren. Neben allerhand Fundstücken des von einer intensiven Sammelleidenschaft geplagten

Inmitten eines Parks gelegen: das Kilkenny Castle aus dem 12. Jahrhundert

Besitzers findet sich in dem verwinkelten Gemäuer auch noch eine mittelalterliche Schlachtbank.

E **Rothe House & Garden** – Um 1600 herum von John Rothe errichtet, ist das Natursteingemäuer in der Parliament Street eines der am besten erhaltenen Kaufmannshäuser dieser Zeit. Darin findet sich das Stadtmuseum, in dem neben archäologischen Funden vor allem Dokumente aus jener Zeit ausgestellt sind, als das Parlament noch in Kilkenny tagte. Hinter dem imposanten Gebäude öffnet sich ein liebevoll angelegter Garten.

F **St. Canice's Cathedral** – In den Jahren von 1202 bis 1285 wurde an Irlands zweitgrößter Kathedrale gewerkelt. In der hochgotischen Kirche fallen vor allem die farbenprächtigen Glasarbeiten an den Fenstern ins Auge. Und der vergoldete Sargdeckel auf dem Grab von John Butler, dessen Familie über Jahrhunderte – nicht immer sehr sorgsam – die Geschicke Kilkennys bestimmt hatte.

G **The Black Abbey** – Gerne übersehen im Schatten der großen Kathedrale liegt diese kleine Dominikanerabtei, deren Besuch keinen Eintritt kostet und deren riesige gotische Fenster, insbesondere das hinter dem Altar, mindestens genauso feingliedrig und atemberaubend bemalt sind.

In der windschiefen Gasse Butterslip waren früher die Milchhändler zu Hause.

St. Canice's Cathedral

Dauerhaft konnte Petronella der gewaltigen, ursprünglich anglo-normannischen **St. Canice's Cathedral** nichts anhaben. Die mit 64,5 Metern Länge zweitgrößte Kathedrale Irlands ist trotz ihrer knapp 800-jährigen Geschichte bestens erhalten und heute noch ein aktives Gotteshaus – ein protestantisches. Dessen Aushängeschild sind die prächtig bemalten Glasfenster, auf denen Kreuzigung und Auferstehung Jesu Christi dargestellt sind. Freilich sind das längst Neuanfertigungen, denn die Originale waren im 17. Jahrhundert Cromwells Truppen zum Opfer gefallen. Der eindrucksvolle Marmorboden im Altarraum überstand den Angriff derweil: Die vier verschiedenen Marmorarten repräsentieren die vier Provinzen Irlands: **Connaught** (grüner Marmor aus Connemara), **Leinster** (schwarzer aus Kilkenny), **Munster** (roter aus Cork) und **Ulster** (grauer aus Armagh). Im südlichen Querhaus stehen mehrere Sarkophage der **Familie Butler**, deren letzter männlicher Erbe 1997 verstarb und die mit überwiegend harter Hand die Geschicke der Stadt geleitet hatte. Ein bisschen aus dem Rahmen fiel Richard Butler, dessen Grabmal der erste Renaissance-Sarkophag in der Kathedrale ist. Während die Butlers

St. Canice's Cathedral. Die im 13. Jahrhundert erbaute gotische Kathedrale ist die zweitlängste Irlands. Coach Road, Kilkenny, www.stcanicescathedral.ie

TIPP

HURLING SPIELEN WIE DER MEISTER

Mit einem kleinen Ball auf Fußballtore spielen, dazu einen Schläger benutzen, der wie ein überdimensionierter Kochlöffel aussieht – so einen Unfug können nur die Iren als Nationalsport haben. Unfug? Nein, das ist eine bierernste, nationale Angelegenheit, eine körperlich beinharte obendrein. Und wie das ganz genau geht, können in Kilkenny jetzt auch die Touristen lernen: »The Kilkenny Way Hurling Experience« – so heißt die zweistündige Tour. Sieht lustig aus, wie die Hurling-Novizen die Kugel auf dem »Löffel« balancieren und wackelig über den heiligen Rasen des Nowlan Park stolpern. Wer einen richtigen Schlag zustande bringt, vielleicht sogar ins Tor, bekommt vom Trainer hinterher ein Smithwick's in der Legend's Hurling Bar ausgegeben.
Hurling-Kurs. *29 Rose Inn Street, Kilkenny, www.thekilkennyway.com*

loyal zur englischen Krone standen, agierte dieser Adelige auf Seiten der katholischen Rebellen – und verlor mit seinen Mannen 1642 bei der **Schlacht von Kilrush** gegen seinen eigenen Großneffen.

Mittelalterliche Bauten

Innerhalb der Einfriedung der Kathedrale, einer von nur noch zwei erhaltenen mittelalterlichen Einfriedungen dieser Art in Irland, steht noch der **Bischofspalast**, den im 14. Jahrhundert mit Richard Ledrede just jener Bischof erbauen ließ, der für Petronellas Flammentod verantwortlich war. Direkt neben der Kirche ragt ein Rundturm rund 30 Meter gen Himmel. Im Gegensatz zu vielen anderen dieser mittelalterlichen Zufluchtsmöglichkeiten ist dieser zu besteigen. Auf der anderen Seite der Altstadt thront inmitten einer riesigen Parkanlage das **Kilkenny Castle**. Der normannische Ritter Richard **»Strongbow«** de Clare ließ Mitte des 12. Jahrhunderts diese Schlossburg errichten, sein Schwiegersohn baute sie Anfang des 13. Jahrhunderts zur Festung aus.

Kilkenny Castle. Restaurierte Burganlage aus dem 12. Jahrhundert mit weitläufigem Park. The Parade, Kilkenny, kilkennycastle.ie

INFO

Tourist Information. 79A High St, Kilkenny, www.discoveryireland.ie/kilkenny

37

TAL VON GLENDALOUGH

Das Tal der zwei Seen

Das Beste, ...

WEIL Glendalough ein spiritueller Ort ist, an dem man herrlich die Seele baumeln lassen kann

FÜR Naturfreunde, Christen, Neugierige, Malerinnen und Maler

IM Herbst – und definitiv nicht am 3. Juni, wenn riesige Pilgerscharen eintreffen

DIE 3 MUST DOS:
- Friedhof und Rundturm
- Reefert-Kirche
- Wanderung am Upper Lake

Der alpin gezeichnete Einschnitt in die Wicklow Mountains ist nicht nur Naherholungsgebiet Nummer eins in der Region, sondern auch Standort eines einmaligen Ensembles aus der Zeit der Christianisierung Irlands. Die im 6. Jahrhundert gegründete Klosteranlage gehörte Jahrhunderte zu den bedeutendsten Pilgerstätten des Landes.

Der Abt von Glendalough

Im biblischen Alter von 120 Jahren sei der **heilige Kevin von Glendalough** gestorben. Heißt es. 618 ist er verstorben, das gilt als sicher. Etwas weniger gewiss sind sich die Historiker beim Geburtsjahr 498. Sagen wir einfach: Alt wurde er, der Adelige aus Dublin, der früh seine Berufung zum Mönch erfahren und Mitte des 6. Jahrhunderts an den Seen von Glendalough eine Abtei gegründet hatte. Nach seinem Ableben entwickelte sich die Abtei zu einer Klosterstadt, deren Bauwerke zwischen dem 10. und 12. Jahrhundert entstanden und deren gut erhaltene Ruinen heute inmitten eines in den **Glendassan-Auen** angelegten Friedhofes eine der Top-Attraktionen Irlands sind.

Leben im hohlen Baum

Der junge **Cóemhgein**, so sein gälischer Name, der übersetzt »der Hochgeborene« bedeutet, studierte zunächst bei drei Eremiten in Glendalough die christlichen Lehren, lebte dabei in einem ausgehöhlten Baum und kehrte nach einer Romreise zurück, um das **Kloster** zu gründen.
Im Jahr 1111 wurde Glendalough zum **Bischofssitz der Provinz Leinster**. Mit Kevins Geist gefühlt haben, dürfte am ehesten noch **Abt St. Laurence O'Toole**, der im 12. Jahrhundert selbst nach seiner Ernennung zum Erz-

↖ Das Tal von Glendalough mit dem markanten Rundturm
↓ Nur noch Ruinen: die Behausung des heiligen Kevin
↘ Den Weg durch das Tal von Glendalough säumt ein Bachlauf.

RUNDGANG

Auf den Spuren der Christianisierung

Auf den ersten Blick ist da außer einem Rundturm und einer verfallenen Kirche nicht viel. Das ganze Ausmaß der Klosterstadt Glendalough wird erst aus der Vogelperspektive deutlich. Ein Spaziergang um den Lower Lake, den unteren der beiden Seen, bringt einem die Geschichte der weit verstreuten Bauwerke jedoch auch näher.

- A **Kathedrale** – Sie ist das größte Gebäude der Klosterstadt, wurde im 9. Jahrhundert begonnen und im 12./13. Jahrhundert erweitert. Ostfenster und Chorbogen waren einst mit kostbaren Steinen, die heute fehlen, verziert, unter dem Südfenster befand sich die Schatzkammer. Ein paar Meter südlich der Kirche steht das drei Meter hohe und aus einem einzigen Granitblock gehauene St.-Kevin-Kreuz.
- B **Rundturm** – Der aus Granit und Glimmerschiefer gebaute, 30 Meter hohe Zufluchtsort der Mönche erhielt 1876 im Zuge einer grundlegenden Renovierung aus Originalsteinen sein Dach zurück.
- C **Priesterhaus** – Im 18. Jahrhundert aus Originalsteinen rekonstruiert, diente das Gebäude einige Zeit der Bestattung von Geistlichen. Möglicherweise liegt der heilige Kevin auch an dieser Stelle begraben. Die Figuren auf dem Eingangsrelief geben wenig Aufschluss, sie sind inzwischen völlig verwittert.
- D **Kirche von St. Kevin** – Das Kirchlein aus dem 11. Jahrhundert trägt den Beinamen »Kevins Küche« wegen des kaminähnlichen Turmbaus. Abgesehen vom renovierten Rundturm ist dieses Gotteshaus das einzige historische Gebäude in Glendalough, das noch sein Dach trägt.
- E **Kirche von St. Kieran** – Von der mit 6 x 4,5 Metern wohl kleinsten Kirche ihrer Zeit (10. Jahrhundert) stehen nur noch Fragmente.
- F **Reefert-Kirche** – Um 1100 wurde diese schlichte Kirche auf einer kleinen Waldlichtung errichtet. Dort soll St. Kevin begraben sein – behaupten zumindest jene Historiker, die sich der Priesterhaus-Variante nicht anschließen wollen. Die Legende sagt, dass der Heilige an dieser Stelle derart ins Gebet versunken gewesen sei, dass ein Vogel ein Ei in seine Hände gelegt habe. Kevin habe daraufhin so lange regungslos verharrt, bis der Piepmatz geschlüpft sei.
- G **St. Kevins Zelle** – Heute existiert nur noch ein Fundament, einst dürfte hier eine der bienenstockartigen Kragstein-Hütten der Mönche, wie sie

Majestätisch wacht der 30 Meter hohe Rundturm über das Tal von Glendalough.

auf den Skelligs zu sehen sind, gestanden haben, St. Kevins Zuhause. Einige Meter weiter hinten im Tal findet sich noch Kevins Bett, eine im Fels liegende Höhle, die ihm als Zuflucht diente.

TIPP

OBEN AM SCHWEIGENDEN SEE

Es ist zweifellos ein netter, aber keinesfalls einsamer Spaziergang von der Klosteranlage entlang des Lower Lake hinauf zum Upper Lake und der einstigen Wohnstatt des heiligen Kevin. Eine richtig schöne Wanderung wird daraus, wenn man sich zwischen beiden Seen ausklinkt aus dem Besucherstrom, hinaufstapft zum Poulanass-Wasserfall und dann einbiegt in den weiß markierten Weg. Himmlisch ruhig wird's dann plötzlich. Schweigend schmiegt sich der See ans bewaldete Ufer. Nach knapp fünf Kilometern auf dem schmalen Weg oberhalb der Klippen geht es über ein Brückchen auf die andere Seite des Bachlaufes. Und dort, vorbei an verfallenen Bergarbeiter-Behausungen zurück zum Upper Lake und direkt an dessen flacher Uferseite entlang, ehe der Pfad wieder einbiegt in die Jedermann-Route. Es sind neun Kilometer mehr, aber es sind neun unvergessliche.

Rundturm, Kathedrale, Kirche des heiligen Kevin. Der 30 Meter hohe Rundturm stammt wie die anderen heute noch stehenden Gebäude der Klosteranlage aus dem 10./11. Jahrhundert, die Kathedrale wurde bis ins 13. Jahrhundert erweitert. www.glendalough.ie

bischof noch gelegentlich zurück in das liebliche Tal kam, um in St. Kevins Zelle die innere Einkehr zu genießen. 1398 schließlich wurde die Klosterstadt durch englische Truppen zerstört. Doch selbst die Reste der Kirche behielten bis ins 19. Jahrhundert den Status als Pilgerstätte – insbesondere am 3. Juni, dem **Festtag des heiligen Kevin**. Dass aus tausenden Gläubigen zigtausend Touristen geworden sind, mag auch am Reiseführer *Tal der zwei Seen* liegen, den vor gut 170 Jahren die Eheleute Hall verfasst haben. In den höchsten Tönen schwärmten sie vom Liebreiz dieses Landstrichs. Mit einem Liebreiz ganz anderer Art hatte St. Kevin zu kämpfen. Von Prinzessin Kathleen in Versuchung geführt, soll der Heilige das wunderschöne Mädchen in seiner Verzweiflung in den Upper Lake geworfen haben, wo sie ertrank. Selbstverständlich soll er anschließend Buße getan haben.

INFO

Glendalough Visitor Center. Derrybawn, www.glendalough.ie

↑ Die Klosteranlagen: ein schönes Motiv für Hobbymaler
↓ Klassische Keltenkreuze zieren die gut erhaltenen Grabsteine.
→ Vom Ufer des Upper Lake schweift der Blick in die Talenge.
↘ Miniaturübersicht der Klosteranlage im Besucherzentrum

Und wenn noch Zeit ist …

(38) Opernstadt Wexford

Unterm Jahr, wenn die bunten Festival-Fähnchen nicht wehen, ist er kaum auszumachen, der heimliche Stolz von Wexford, das auf den ersten Blick kaum mehr zu bieten hat als bunte Fischkutter im Hafen und die Ruine der Selskar Abbey. Kaum zu glauben, dass sich hinter der schlichten Fassade in der High Street und der noch schlichteren Eingangstüre ein prachtvolles **Opernhaus** versteckt. Doch die steile Hanglage macht's möglich: Unter dem nach unten hin dann doch gewaltigen, aber keinesfalls schmucken Beton-Kupfer-Klotz schlummert ein edler **Konzertsaal**. An den Wänden kanadisches Walnussholz, auf den Sitzen blaues Leder – Wexfords Oper gehört mit knapp 800 Plätzen nicht zu den großen, aber definitiv zu den besonders schönen dieser Welt. Jedes Jahr im Oktober lockt die Stadt mit ihrem renommierten **Opernfestival** die Fans klassischer Musikaufführungen in die Stadt. Das Festival erlangte weltweite Bedeutung, brachte Talente hervor wie den späteren Weltstar **Juan Diego Floréz** und lockte schließlich auch die Schwergewichte der Branche. Zum Festival kommen seither jährlich 20 000 Musikfreunde, die Karten sind sechs, sieben Monate vorher vergriffen.

Überhaupt haben sie in Wexford ein Faible für den großen Wurf. Warum nicht gleich die 9000-jährige Geschichte des gesamten Landes vor den Toren der Stadt auf einem riesigen Gelände präsentieren? Für die Betreiber des **Irish National Heritage Park** ein Kinderspiel. Einem Erlebnispark nicht unähnlich wird dem Besucher auf 16 Etappen das nationale

↓ Seit 1951 gibt es ein Opernfestival in Wexford.

↘ Die Selskar Abbey wacht über Wexford.

Brauchtum und die Entwicklung Irlands näher gebracht. Es ist eine spannende Zeitreise. **Mesolithische** (7000 v. Chr) und **neolithische** (4000 v. Chr.) **Funde** wurden rekonstruiert, zeigen anschaulich, wie die Menschen nach der letzten Eiszeit lebten. Steingräber, Wallburgen, erste Klöster – alles wurde detailgetreu aufgebaut, sodass der Spaziergang ein Spaß für die ganze Familie wird. Vor allem die Siedlungen zur Zeit der Christianisierung Irlands werden zum lehrreichen Abenteuerspielplatz.

Tourist Information. Quay Front, Wexford, www.discoverireland.ie/wexford

Irish National Heritage Park. Ferrycarrig, www.inhp.com

39 White Gap – das Paradies in den Dünen

Irlands Schönheit liegt zu einem guten Stück in seinen unendlich vielen Steilküsten. Doch neben den atemberaubenden Klippen finden sich auch einige traumhaft schöne Sandstrände. Ganz zweifelsfrei der herausragendste versteckt sich hinter dem wenig hübschen Dörfchen **Curracloe** zehn Kilometer nördlich von Wexford. Im Ort am Schild »White Gap« nach rechts, dann einen Kilometer die R 743 entlang, und schon erheben sich rechter Hand stattliche, grasbewachsene **Dünen**. Dahinter erstreckt sich beidseitig ein nicht enden wollender **Strand** der Marke Karibik: Kein Steinchen, kein Treibgut, nichts trübt den strahlend weißen Sand. Wasserratten sprinten sofort ins seichte Meer, Genießer wählen den ausgiebigen Strandspaziergang, und Faulenzer legen sich in die vielen kuscheligen Kuhlen der Dünenlandschaft. Und draußen am Parkplatz gibt's am Imbiss eine kleine Stärkung und im Sommer selbstverständlich Softeis.

40 Trim Castle – Kulisse für Braveheart

Mitte des 12. Jahrhunderts waren sie da, die Normannen. Einer von ihnen war **Hugh de Lacy**, der sich bei der Eroberung Irlands durch König Henry II. derart hervorgetan hatte, dass ihm dieser die Provinz Meath als Lehen gab. Das Städtchen **Trim**, das geschäftiger daherkommt, als es seine nur 1500 Einwohner vermuten lassen, ist heute ob des Treibens des wohlhabenden Eindringlings nicht undankbar: Die unter seiner Herrschaft angefangene Burg hat Trim weltberühmt gemacht, hat **Hollywood** durch die Stadttore geführt. 1995 diente der monumentale Bau als Filmkulisse für den Mel-Gibson-Klassiker *Braveheart*. **Trim Castle** wurde 1647 von den Katholiken erobert, zwei Jahre später jedoch wieder von Cromwells Truppen gestürmt und zerstört. Die Außenmauern sind noch sehr gut erhalten.

Trim Visitor Center. 6 Castle Street, Trim, www.heritageireland.ie

(41) Hill of Tara – ein Hügel mit Geschichte

Weitaus weniger ist übrig vom einstmals heiligsten Platz der Iren: **Tara**. Bereits in der Jungsteinzeit wurden hier Ganggräber errichtet, im 3. Jahrhundert residierten auf dem sanften Hügel östlich von Trim die irischen Hochkönige. Der erste Priesterfürst war **Cormac MacArt** (227–266 n. Chr.), der als Vorbild für die Artussage in Frage kommt, so feudal hielt er Hof. In seinem gigantischen **Bankettsaal**, der 240 x 30 Meter gemessen haben dürfte, waren nicht selten 1000 Ritter zu Gast. Einer seiner Nachfolger, König **Laoghaire**, besser bekannt als Shakespeares King Lear, empfing im 5. Jahrhundert, als die heidnischen Priester auf dem Höhepunkt ihrer Macht waren, sogar **St. Patrick**. Doch bis ins 12. Jahrhundert hinein blieb das Gelände um den phallusartigen Schicksalsstein »Lia Fáil« eine heidnische Kultstätte. Erst dann verblasste deren Bedeutung rapide. Was die Iren nicht davon abhielt, an den längst vom Erdreich geschluckten Ruinen Zusammenkünfte einzuberufen.

(42) Wunderbare Aussicht vom Hill of Slane

Newgrange und/oder Knowth zu besichtigen ist so interessant wie anstrengend. Was kommt da gelegener als ein bisschen Ruhe am Ende eines langen Tages? Gar nicht weit von den Grabstätten entfernt schmiegt sich sanft ans Boyne-Ufer das schmucke Städtchen **Slane**. Droben auf dem Hügel stehen inmitten des Friedhofes die Ruinen eines um 1512 erbauten **Franziskanerklosters**. Einfach hinsetzen, den Blick über das Boyne-Tal schweifen lassen und dann ruhig auch mal die Augen schließen und die Heiligkeit dieses magischen Ortes auf sich wirken lassen: Im Jahr 433 soll **St. Patrick** hier im Frühjahr ein gewaltiges Leuchtfeuer entzündet haben. Dieses erste christliche Osterfeuer war im erweiterten Dunstkreis der heidnischen Kultstätte Tara natürlich ein Affront gegenüber König **Laoghaire** – doch der soll sich so beeindruckt von St. Patrick gezeigt haben, dass er sich dem neuen Glauben öffnete. Heute ist der **Hill of Slane** von den Touristenströmen weitgehend unberührt und ein sagenhaft idyllischer Platz für eine innere Einkehr.

↑ 1995 war Trim Castle Kulisse für den Kino-Klassiker »Braveheart«.
↓ Besucher versetzen sich in die Sagenwelt von Tara.
→ Schwindelfrei sollte man in den obersten Etagen von Trim Castle sein.
↘ White Gap heißt der lange Strand nördlich von Wexford.

ESSEN, TRINKEN, ÜBERNACHTEN & CO.

Wicklow Mountains

Mickey Finn's Pub & Restaurant €€. Der gute Mickey hat schon den nationalen Touristen-Preis für Pubs gewonnen. Und fürwahr: Seine gute Stube ist urgemütlich, das Essen herzhaft und lecker. Main Street, Redcross, wicklowbrewery.ie

Summerhill House Hotel €€. Trotz der von außen kaum erkennbaren Größe ist das Vier-Sterne-Haus familiär und heimelig. Enniskerry Demesne, Enniskerry, www.summerhillhousehotel.com

Wicklow's Historic Gaol. Das 1702 erbaute Gefängnis ist heute ein imposantes Museum, in dem interaktive Gruseltouren für die ganze Familie angeboten werden. 1 Kilmantin Hill, Wicklow Town, www.wicklowshistoricgaol.com

Brennanstown Riding School. In die Wicklows hoch zu Ross? Auch für Laien kein Problem, denn die Reitschule bietet nicht nur Unterricht, sondern auch geführte Ausritte an. An der N 11, Ausfahrt Bray/Enniskerry, www.brennanstownrs.ie

Gartenlandschaften im Südosten

Riverbank House Hotel €€. Gediegenes Vier-Sterne-Hotel am Rand von Wexford, das wegen seiner Lage am nördlichen Ufer der Slaney-Mündung idealer Ausgangspunkt zu den Gartenanlagen dieser Region ist. The Bridge, Wexford, www.riverbankhousehotel.com

Powerscourt Day Spa »ESPA«. Baden in einem mit Swarovski-Steinen besetzten Swimmingpool? Im großzügig dimensionierten Wellnessbereich des Powerscourt-Hotels ist das jederzeit möglich. Auch Gästen, die hier nicht nächtigen stehen der Pool und die 20 Räume für Schönheitspflege und Massagen offen. Enniskerry, www.powerscourthotel.com

Newgrange

Brabazon €€€. Extravagantes Restaurant im schicken Tankardstown Hotel nordwestlich von Slane: antike Möbel drinnen, mediterrane Korbsessel-Lounge-Atmosphäre auf der Terrasse. Rathkenny, Slane, www.tankardstown.ie

Relish Café €€. Die Terrassenplätze in erster Reihe zum Meer, unmittelbar am weitläufigen Sandstrand vor den Toren Droghedas, sind unbezahlbar. Erschwinglich dagegen ist die leichte, internationale Küche in dem schnuckeligen Restaurant. Coast Road, Bettystown, www.relishcafe.ie

Boyne Valley Hotel & Country Club €€. Idyllisch auf einer Anhöhe gelegenes, großzügiges Anwesen mit efeuumranktem Haupthaus und pittoreskem Wintergarten. Dublin Road, Drogheda, www.boynevalleyhotel.ie

Powerscourt Hotel €€€. Im Hochsommer versammelt sich der internationale Geldadel. Bloß nicht abschrecken lassen, spätestens im Oktober werden die Zimmer erschwinglich, dann ist die beste Wanderzeit und der benachbarte Powerscourt-Garten lockt immer noch mit unglaublicher Farbenpracht. Enniskerry, www.powerscourthotel.com

Kilkenny

Left Bank €€. Bar-Food und Cocktails in den altehrwürdigen Mauern einer ehemaligen Bank – in schummrigem Licht auf dunklen, edlen Hölzern. The Parade 1, Kilkenny, www.leftbank.ie

Hotel Kilkenny €€. Geräumiges Hotel in Stadtlage mit stylisher Pure-Bar und elegantem »Active Health & Fitness Club«. College Road, Kilkenny, www.hotelkilkenny.ie

Hibernian Hotel €€. Boutique-Hotel mit vier Sternen und jeder Menge Preisen in der Vitrine. 1 Ormonde Street, Kilkenny, www.kilkennyhibernianhotel.com

Essen & Trinken · Übernachten · Aktivitäten u. Ä.

Kilkenny City by Road Train. Abfahrt am Castle, www.kilkennycitytours.ie

Jerpont Abbey. Ruine einer Zisterzienserabtei aus dem 12. Jahrhundert am Ufer des Little Arrige im Süden Kilkennys. Thomastown (an der R 703), visitkilkenny.ie

Rothe House. Kaufmannsvilla aus dem 17. Jahrhundert mit prächtigem Garten. 16 Parliament Street, Kilkenny, www.rothe house.com

Tal von Glendalough

The Wicklow Heather €€. Das ist die irische Küche; unbedingt das Rinderfilet an Pilzsoße probieren. Im Sommer sehr romantisch ist die lauschige Terrasse, ansonsten drinnen edles Ambiente in dunklem Holz. Glendalough Road, Laragh, www. wicklowheather.ie

Glendalough Hotel €€. Die Lage macht's: Näher an der Klosteranlage geht nicht, was unter der Woche und abseits der Wallfahrtszeit Anfang Juni ein unschlagbarer Vorteil ist. Und wo sonst rinnt schon ein Fluss unter dem Speisesaal durch? Derrybawn, Glendalough, www.glendalough hotel.com

Riverside B&B €€. Etwas außerhalb des Örtchens Laragh gelegen und damit auch weg vom Trubel, der rund um Glendalough bisweilen unvermeidlich ist. Laragh, www.riversidelaragh.com

Wexford

Cream Café €. In dem putzigen Café mit seinen kleinen Tischchen gibt es morgens üppiges Frühstück, nachmittags dann lecker Selbstgebackenes und kleine Snacks. 20 Henrietta Street, Wexford, www.facebook. com/Creamcafewex

Green Acres €€€. Weinhandlung mit Probiermöglichkeit, Feinschmeckertheke, Bäckerei, Galerie und bio-angehauchtes Restaurant – alles unter einem Dach. Selskar, Wexford, www.greenacres.ie

Simon Lambert & Sons €. Gemütliche Sportsbar im hinteren Teil, vorne studentisch-alternativer Pub mit urigen Sitzecken. Tagsüber Kleinigkeiten zum Essen, abends wird bevorzugt getrunken. 37 South Main Street, simonlambertand sons.ie

National Opera House. Holzvertäfeltes Opernhaus mit 771 bzw. 176 Sitzplätzen, in dem jedes Jahr im Oktober ein eineinhalbwöchiges Opernfestival von internationalem Rang stattfindet. High Street, Wexford, www. nationaloperahouse.ie, www. wexfordopera.com

Trim Castle & Hill of Tara

Maguire's €. Schnuckeliges Café unmittelbar an der prähistorischen Stätte, unauffällig integriert in die Zeile der Andenkenläden. Weit mehr als eine Sehenswürdigkeiten-Kantine. Tagsüber prima Sandwiches, abends essen hier auch die Einheimischen gerne. Nette Bierauswahl. Hill of Tara, www. taracafe.ie

Stock House €€. Stylishes Restaurant über zwei Etagen und dennoch, vor allem unten, durch zahlreiche Nischen sehr gemütlich gestaltet. Tipp: Unbedingt den hausgemachten Rindfleisch-Kebab am Holzspießchen probieren. 1 Finnegan's Way, Trim, www.stockhouseres taurant.ie

Hill of Tara. Der einstige Sitz der irischen Hochkönige war in der vorchristlichen Zeit das bedeutendste Machtzentrum – politisch wie religiös. Heute noch ist Tara einer der »heiligsten« Orte der Iren. Freifläche ganzjährig frei und kostenlos zugänglich. www.heritage ireland.ie

River Walk entlang der Trim. An der Burg vorbei führt eine kleine Brücke hinüber zur St. Mary's Abbey, und noch bevor der Hauptweg dort hinaufführt, zweigt rechts ein versteckter Pfad entlang des Flusses ab. Eine halbe Stunde später schieben sich die Ruinen der ehemals Neuen Stadt ins Blickfeld. Die Mauern der Peter & Paul-Kathedrale ergeben mit dem Friedhof ein nicht minder bezauberndes Ensemble. Grüne Wiesen, ein Fluss und ein zerfallenes Gemäuer – das ist Irland aus dem Hochglanzprospekt.

Ein beeindruckendes steinernes Zeugnis ist der Paulnabrone-Dolmen auf dem Burren.

DER WESTEN

Atemberaubende Steil-
klippen, Pullover, Moore,
Seen und ein be-
kannter Sohn

ZUR ORIENTIERUNG

DER WESTEN

Mit den Cliffs of Moher findet man hier Irlands bekanntestes Naturdenkmal. Aber auch Connemaras einsame Moorlandschaften oder die Midlands mit ihrer Seenlandschaft sind ein Traum.

Unbedingt anschauen ...

43 LIMERICK

Limerick war bis in die 1990er-Jahre eine Arbeiterstadt – geprägt von Armut und Arbeitslosigkeit. Spazieren Sie zu den Romanschauplätzen des Sohns der Stadt Frank McCourt.

44 ARAN ISLANDS

Ob Inishmore, Inishman oder Inisheer – egal auf welcher der drei Inseln, eilig hat's hier keiner: Auf den Arans, wo noch vorwiegend Gälisch gesprochen wird, ist Termindruck ein Fremdwort. Und hier kommen die typisch irischen Pullover her.

45 CLIFFS OF MOHER

Die atemberaubenden Steilklippen sind Irlands Naturdenkmal Nummer eins. 230 Meter sind es vom O'Brien's Tower, dem 1835 errichteten Leucht- und Aussichtsturm und höchsten Punkt, hinunter ins tosende Meer.

46 GALWAY

Galway pulsiert. Kein Wunder: Hier stehen zwei Universitäten, ein Drittel der Einwohner sind Studenten. Außer dem Dubliner Temple-Bar-Bezirk gibt es nirgends in Irland so eine hohe Pub- und Bardichte.

47 CONNEMARA

Connemara ist Natur pur – und hat mit der Benediktinerinnenabtei Kylemore Abbey auch ein richtiges Märchenschloss zu bieten.

48 SHANNON-KREUZFAHRT

Erkunden Sie doch die Midlands mit einem Hausboot auf der Seenplatte die vom Shannon und seinen Nebenarmen verbunden wird. Das geht auch ohne Führerschein.

Wenn noch Zeit ist …

- 49 Achill Island
- 50 Ennis
- 51 Clonmacnoise
- 52 Westport und Croagh Patrick
- 53 The Burren
- 54 Bunratty Castle
- 55 Dún Dúchathair
- 56 Ashford Castle
- 57 Auf der Sky Road
- 58 Lecarrow Harbour
- 59 Der Welttenor von Athlone

Der perfekte Tag

Atemlos über die Klippen und danach durch die Nacht

9 Uhr – Ennis sehen und gehen? Nein. Es braucht keinen ganzen Tag in dem Städtchen nördlich der Shannon-Mündung. Aber der River Walk entlang des Fergus ist der perfekt Start in den Tag.

12 Uhr – Die Cliffs of Moher sehen und sterben? Auch nein. Das Risiko gehen allenfalls die Waghalsigen ein, die sich an den Rand der über 200 Meter hohen, gewaltigen Klippen legen, um hinunter in den Atlantik zu blicken.

13 Uhr – Weitaus weniger gefährlich und dennoch atemberaubend: ein Spaziergang entlang des Klippenrandes in Richtung des südlich gelegenen Hag's Head.

15 Uhr – Connemara sehen und sich verlieben? Ja. Die Fahrtstrecke von den Cliffs of Moher zur Kylemore Abbey, der nächsten Top-Sehenswürdigkeit des Landes, gleicht landschaftlich einem Road Trip durch Kanada und Schweden. Der Weg ist das Ziel.

17 Uhr – Was für ein Schloss! Oder doch eine Abtei? Kylemore Abbey ist das Neuschwanstein Irlands. Pittoresker kann sich ein Prachtbau kaum zwischen See und Berg schmiegen.

19 Uhr – Auf der nachmittäglichen Traumroute nur kurz passiert, gilt abends die ganze Aufmerksamkeit der pulsierenden Studentenstadt Galway. Wird's später eher Bar Food im Pub, lohnt noch ein Abendspaziergang am Corrib River. Wird etwas edler gespeist, dann unbedingt im Oscar's fangfrischen Fisch oder einen Teller Austern genießen.

20 Uhr – Und jetzt? Party! Galway ist nicht Malle, entsprechend anspruchsvoller ist die Musik in den Pubs rund um die Quay Street. Hier wird bei gutem Wetter auch im Freien gefeiert.

↖ Abergläubisch? Jedes Tuch an einem Wishing Tree erfüllt einen Wunsch.
↓ Ginster taucht die Küste Connemaras in Gelb und Orange.
↘ Ein Paradies für Seevögel: die spektakulären Cliffs of Moher

43

LIMERICK

Im Wandel der Zeit

Das Beste, ...

WEIL Limerick das Tor zum Westen ist und idealer Standort für Shannon-Kreuzfahrten wie Touren Richtung Steilküste

FÜR Naturliebhaber genauso wie für Familien, gerade im Bunratty Castle

IM Mai und Juni

DIE 3 MUST DOS:
- King John's Castle
- Limerick Walking Tour
- Bunratty Castle und Folk Park

An den Gezeiten sieht man gleich, woran man ist. Die schroffen Felsen bei Ebbe im Shannon zeigen Limerick rau und unwirtlich. So, wie die Vorurteile über die sechstgrößte Stadt Irlands glauben machen. Doch die Flut überspült alles, das Wasser glitzert in der Sonne, der Shannon und die Uferpromenade werden zum Postkartenidyll. Limerick ist im Wandel von der Arbeitermetropole zum kulturinteressierten Tor zur Shannon-Region.

Ein Kleinod mit problematischer Vergangenheit

Es gibt zwei Dinge, mit denen man Bürger aus Limerick so richtig auf die Palme bringt: einen Limerick zitieren, jene meist dümmlichen Fünfzeiler, die vor allem durch den Engländer **Edward Lear** in seinem 1843 erschienenen *Book of Nonsense* bekannt wurden. Oder über die Drogenkriminalität schwadronieren. Beides hat natürlich einen wahren Kern, doch das Limerick, das 2014 Irlands Kulturhauptstadt war, hat heutzutage nur wenig mit den Klischees zu tun, die ihm allgemein angeheftet werden. Die 57 000-Einwohner-Stadt an der Mündung des mit rund 360 Kilometern längsten irischen Flusses **Shannon** ist längst ein Kleinod, das bei einem Besuch im Westen von Irland auf jeden Fall einen festen Platz im Reiseplan haben sollte. Bis in die 1990er-Jahre war die Arbeiterstadt geprägt von Armut, Arbeitslosigkeit, heruntergekommenen Industrieruinen und einem Drogenkrieg zweier rivalisierender Banden. Limerick war so, wie es der Pulitzer-Preisträger **Frank McCourt** (1930–2009) in seinem Roman *Die Asche meiner Mutter* aus dem Jahr 1996 beschrieb. Für die autobiografische Schilderung seiner ärmlichen Jugend wurde er vor Ort kritisiert, im Ausland aber gefeiert. Doch heute haben die Bürger von Limerick ihren Frieden mit Frank McCourt geschlossen, mittlerweile gibt es einen Spaziergang zu den Schauplätzen aus dem Roman und ein eigenes Frank-McCourt-Museum.

Von der Uferpromenade in die Innenstadt

Limericks wechselvolle Geschichte reicht bis ins 9. Jahrhundert. Die Wende zum Besseren in der Neuzeit war die Gründung der **Universität** 1972. In den vergangenen Jahrzehnten – vor allem seit 2000 – begann ein millionenschwerer Sanierungsschub, nach dem auch Frank McCourt seine Stadt kaum wiedererkennen würde. Die **Uferpromenade** wurde vom Seaman's Memorial an der Shannon Bridge bis zur Thomond Bridge nahe dem King John's Castle saniert. Jetzt ist es eine Flaniermeile mit Parks und Sitzbänken zum Verweilen, um die Seele mit Blick über den Fluss baumeln zu lassen – nicht nur rund um den Zusammenfluss von Abbey River und Shannon am **Arthur's Quay Park**, wo die Touristen-Informa-

TIPP

LIMERICK WALKING TOURS

Wie lernt man eine Stadt am besten kennen? Zu Fuß, besonders in Limerick, das mittelalterliche und georgianische Spuren hat wie kaum eine andere Stadt in Irland. Drei Touren kann man in der Touristen-Info am Arthur's Quay Park buchen: The Georgian Quarter, The Medieval Quarter und Frank McCourt's Tour. Alle drei bieten erfrischende Einblicke durch lokale Führer, die ihr Handwerk verstehen. Nicht nur literaturinteressierten Besuchern gefällt die Frank McCourt's Tour. Der 2009 verstorbene Autor wuchs in Limerick auf, beschreibt in seinem autobiografischen Roman *Die Asche meiner Mutter* sein ärmliches Leben in einer konservativen, katholischen irischen Stadt nach dem Zweiten Weltkrieg. Auf den Spuren der McCourt-Kinder sieht man den Wandel Limericks und welch positive Entwicklung die Stadt in den vergangenen Jahrzehnten genommen hat.
Limerick City Walking Tours. *20 O'Connell St, Limerick, de.limerickcitywalkingtours.com*

---

tion angesiedelt ist. Auch in der Innenstadt hat man sich sichtlich Mühe gegeben: Der **Milk Market** an der Corn Market Row ist am Wochenende ein bunter, quirliger Treffpunkt für Jung und Alt mit Musik, Markttreiben und Flohmarktständen. Im bereits 1877 eröffneten **People's Park** am Südende der Innenstadt tummeln sich im Sommer die Familien zum Picknick und das Einkaufserlebnis kommt in der O'Connell und der Denmark Street auch nicht zu kurz.

Weithin sichtbar: die mittelalterliche Burg am Shannon

Und dann gibt es nördlich des Zentrums die Touristenattraktion: das **King John's Castle**, das der englische König John I. in Auftrag gab, der 1210 mit dem Bau der Burg begann, die Fertigstellung aber nicht erlebte, da er 1216 starb. Zu Beginn des 20. Jahrhunderts verfiel die Burg, bis in die 1990er-Jahre standen im riesigen Innenhof tatsächlich noch 22 Wohnhäuser, die man aufgrund der Wohnungsnot nach dem Zweiten Weltkrieg in der verlassenen Ruine gebaut hatte. Dann begann der Abriss der Häuser, es folgten Ausgrabungen, Renovierung und Mu-

Im Hof der Burg gibt es im Sommer ein **Mittelalterdorf**, in dem Schauspieler erzählen, wie das Leben damals war – natürlich mit entsprechenden Accessoires und blutigen Details, die einem Schauer über den Rücken laufen lassen. www.shannonheritage.com

seumsbau für 5,7 Millionen Euro. Nicht nur die oftmals unwürdige Rolle der Engländer im Laufe der Jahrhunderte wird in der topmodernen, multimedialen, detailverliebten und vor allem für Familien mit Kindern schön gemachten **Ausstellung** anschaulich aufgerollt, sondern auch die Frage, wie die Menschen im Mittelalter auf dieser Burg lebten. Und die unterirdischen Gänge, die bei der vorletzten Belagerung 1691 aus der Burg heraus und in die Burg hinein gebuddelt wurden, gibt es als Sahnehäubchen noch obendrauf.

Der Blick von den trutzigen **Burgtürmen** auf die Stadt ist atemberaubend, man sieht den Wandel durch die vielen Neubauten, man sieht die alten Problemviertel, man sieht die liebliche Shannon-Landschaft Richtung Norden. Und man erkennt schnell, warum King John's Castle symbolisch für Limerick steht, diese Stadt, die frei nach Virgil gut geschult in der Kunst des Krieges ist. Man könnte fast sagen: So eine irische Burg hatte – wie die Iren selbst – im Lauf der Jahrhunderte einiges auszuhalten, alleine fünfmal wurde sie monatelang belagert. Auf der gegenüberliegenden Flussseite liegt heute der sogenannte **Treaty Stone**, auf dem 1691 der Vertrag zwischen William von Oranien und König James II. unterzeichnet wurde, der die Belagerung Limericks beendete und eigentlich die Rechte der irischen Katholiken bewahren sollte.

↓ Bunratty Castle im County Clare
→ Am Treaty Stone trafen sich William von Oranien und James II.
↘ Panoramablick auf den Shannon

Bunratty Castle & Folk Park

In der Grafschaft Clare Richtung Shannon Airport liegt eine der irischen Top-Touristenattraktionen: **Bunratty Castle & Folk Park**. Im Sommer vor allem von amerikanischen Touristen frequentiert ist es trotzdem lohnenswert, denn es ist eine der besterhaltenen normannischen Burgen Irlands. Und in jedem Fall nicht nur für Geschichtsinteressierte eine Reise wert. Das interessante **Freilichtmuseum** zeigt ein irisches Dorf aus dem 19. Jahrhundert mit Gebäuden, die in allen Landesteilen abgebaut, vor dem Verfall gerettet und in Bunratty wieder aufgebaut wurden. Für die Touristen wird im Sommer getöpfert, gebacken und geräuchert. Dazu gibt es die sehenswerte Burg, die nach einer jahrhundertelangen wechselvollen Geschichte eine Ruine war, bevor sie 1953 Standish Vereker, 7. Viscount Lord Gort (1888–1975), für 1000 irische Pfund kaufte und im ursprünglichen normannischen Stil restaurierte. Inklusive Einrichtung, von der Holztruhe über den Wandteppich bis zum historischen Gemälde. Lord und Lady Gort war Bunratty Castle so wichtig, dass sie 1957 eine Einladung der englischen Königin Elizabeth II. zum Mittagessen ausschlugen und lieber mit 400 Gästen die lange geplante Einweihung feierten. Eine Entscheidung, die ihm zu Hause viel Respekt eingebracht hat.

Bunratty Castle & Folk Park. Normannische Burg mit Freilichtmuseum rund 20 Kilometer nördlich von Limerick. www.shannonheritage.com

Touristen streifen durch den Bankettsaal in Bunratty Castle.

Adare Manor mit seiner großen Park- und Gartenanlage

Das Dorf Adare und Adare Manor

Zwölf Kilometer südwestlich von Limerick an der N 21 liegt das Dorf **Adare**, das der Earl of Dunraven im 19. Jahrhundert als eine Art Musterdorf baute. Er war ein Protestant, der zum Katholizismus konvertierte. Gerade im Sommer wimmelt es vor Touristen, angezogen von den reetgedeckten Häusern sowie dem Park des Landsitzes **Adare Manor**, wo sich ein mondänes Fünf-Sterne-Hotel befindet sowie ein spektakulärer Golfplatz, bei dem man mit Blick auf mittelalterliche Kirchenruinen abschlagen und einlochen darf.

1826. Reetgedecktes Dach, weiß gekalkte Wände, kleiner Garten davor und Drei-Gänge-Menüs der gehobenen Küche drinnen. Wade Murphy und seine Frau Elaine verstehen es, zu vernünftigen Preisen mit hochwertiger Küche zu überzeugen. Main Street, Adare, www.1826adare.ie

INFO

Tourist Information Office. 20 O'Connell Street, Limerick, www.discoverireland.ie

44

ARAN ISLANDS

Die Inseln der Ruhe

Das Beste, …

WEIL es hier keine Autos gibt, stattdessen die schroffsten Klippen Irlands

FÜR Radfahrer sowie alle, die gerne spektakulär baden wollen und Muscheln in Guinness-Soße mögen

IM Sommer, wenn die Sonne eine Chance gegen Wind und Regen hat

DIE 3 MUST DOS:
- Dun Aenghus
- The Worm Hole
- Aran-Pullover erwerben

Bags of time, sagt der Ire. Jede Menge Zeit haben. Fürwahr: Ob Inishmore, Inishman oder Inisheer – egal auf welcher der drei Inseln, eilig hat's hier wahrscheinlich keiner. Warum auch? Auf den Arans, wo noch vorwiegend **Gälisch** gesprochen wird, ist Termindruck eher ein Fremdwort. Pünktlich ist hier nur die **Fähre** – ab und zu. Landwirtschaft und Fischerei sorgen immerhin für ein bisschen Bevölkerung. Der Rest der kargen und doch faszinierenden Landschaft gehört den Wanderern und Radlern – nicht den sportlich ambitionierten Kilometerfressern, nein, den stillen Genießern. Mit viel Zeit für kleine Details am Wegesrand.

Fährverbindungen. Fähren zu den drei Inseln gehen ab Doolin (nahe den Cliffs of Moher) oder – auf Inishmore die bessere Variante – ab Rossaveel (25 Kilometer westlich von Galway). Durchschnittlich dreimal tgl., www.aranislandsferries.com

Unübersehbar sind sie, von den Cliffs of Moher aus, von Galway oder dem Südwesten Connemaras: diese drei Felsplateaus im Atlantik, eine Dreiviertel-Bootsstunde vom Festland entfernt, egal ob nun vom Hafen in Doolin oder Rossaveel. Allen gemein ist die dünne Besiedlung, das raue Klima und die wilde, kratzige Landschaft, die geologisch eine Fortsetzung des Burren ist. Die beiden kleineren Inselchen sind eher etwas für individualistische Besucher.

Muscheln und Guinness in Kilronan

Muscheln müssen schwimmen. Nein, nicht in Knoblauchsoße. Natürlich in Guinness, diesem Gebräu, von dem die Iren träumen, dass es ihre ganze Insel umspülen möge.

Im **Ti Joe Watty's**, einer musikbeseelten, rustikalen Kneipe in **Kilronan** gibt's exzellente Muscheln – Guinness sowieso. Und auf den massiven Bänken des kleinen Biergartens schmeckt's noch besser. Die maritimen Leckereien und die leichte Brise tun richtig gut nach dem Tag auf dem Mountainbike. Wäre eines mit Elektrounterstützung vielleicht doch besser gewesen? Ach wo. Wer auf die Aran Islands kommt, hat Zeit – Zeit für das Beste. Selbst **Inishmore**, mit gut 3000 Hektar und rund 850 überwiegend in Kilronan lebenden Einwohnern die Hauptinsel des Archipels, lässt sich auch auf einem herkömmlichen Drahtesel ohne Hudelei in einem Tag erforschen.

Joe Watty's Bar €€. Freundliches, weiß getünchtes Häuschen, dessen gemütliche Holzbänke davor auf ein Guinness im Freien einladen. Drinnen gibt es in klassischem Pub-Ambiente deftiges Bar Food. Inishmore, Kilronan, www.joewattys.ie

Inisheer, die Insel im Osten

Inisheer ist gerade mal vier Kilometer lang und zweieinhalb breit. Der zehn Kilometer lange **Rundweg**, überwiegend entlang der Küste, ist hübsch angelegt und führt vorbei an einem Bilderbuch-Sandstrand mit dutzenden traditionellen Fischerbooten, einer **Burgruine** aus dem 16. Jahrhundert, dem Wrack eines bei einer Sturmflut 1960 auf die Klippen gespülten Frachters und an der um 1200 erbauten **St.-Cavan's-Kirche** (Gälisch: Teampall Chaomháin). Dieser, dem heiligen Kevin von Glendalough geweihte Ort wird Jahr für Jahr vom Sand halb zugeschüttet und muss immer wieder freigeschaufelt werden für den Wallfahrtstag am 13. Juni. Kevin von Glendalough ist ein bekannter irischer Heiliger und wurde 120 Jahre alt. Er ist der Patron der Amseln und der Hauptstadt Dublin, wo er 498 geboren wurde.

Inishmaan, die mittlere Insel

Ein wenig größer, aber mit nur 150 Einwohnern nahezu menschenleer ist **Inishmaan**. Die bietet vor allem Ruhe, Ruhe und nochmals Ruhe. Auch hier geht es kleinen schwarzen Täfelchen mit gelben Pfeilen nach auf einen rund zweistündigen **Rundwanderweg**. Zu sehen gibt es außer ein paar eher unbedeutenden frühchristlichen und prähistorischen Fundstücken deutlich weniger, mit dem über 2000 Jahre alten Steinfort **Dún Chonchúir** aber ein imposantes, in drei Wälle eingebettetes elliptisches Bauwerk droben

Halbes Fort: Der Rest von Dun Aenghus auf Inishmore scheint ins Meer gestürzt zu sein.

RUNDFAHRT

Lockere Radtour zum halben Steinfort

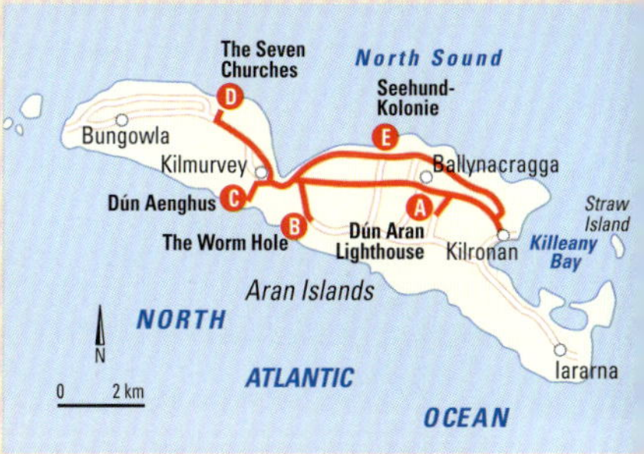

Gleich im Hafen von Kilronan auf Inishmore finden sich ausreichend Verleihstationen. Auf die Radler warten allenfalls seichte Anstiege auf der Route durchs Landesinnere. Ratsam ist eine Tour (etwa zwei Stunden reine Fahrzeit) im Uhrzeigersinn, damit es auf dem Rückweg sanft dahingeht.

A **Dún Eochla/Dún Aran Lighthouse** – Wo soll ein Leuchtturm auch anders stehen, als am höchsten Punkt der Insel? Gleich daneben liegt die Eochla-Festung, ein schlichtes Steinfort (etwa 1000 bis 1500 v. Chr.).

B **The Worm Hole** – Beim Weiler Gort na gCapall zweigt ein schmaler, unbefestigter Pfad nach links ab zum Wurmloch. Zehn Minuten mit dem Rad führen an die Steilküste, an deren Fuß ein rechteckig aus dem Gestein gewaschener Pool liegt. Bei Ebbe ist es möglich, über die glatten Felsen bis zu dieser natürlichen Badewanne zu laufen. Ein schönes Schauspiel liefert die einsetzende Flut, wenn das Meer ins Becken schwemmt.

C **Dún Aenghus** – Allein seine Lage macht das Dún Aonghasa, so die gälische Schreibweise, zu der Top-Attraktion auf den Aran Islands. Ebenfalls auf etwa 900 bis 1500 v. Chr. datiert, liegt die Besonderheit des Steinforts in seiner halbkreisförmigen Anordnung unmittelbar am Rand einer 50 Meter hohen, senkrechten Klippe. Umgeben ist die Festung von Überbleibseln Tausender sogenannter Spanischer Reiter – einem der Abwehr von Feinden dienenden Feld messerscharfer Steine. Innerhalb der beiden bis zu fünf Meter hohen Wälle liegt eine natürliche Steinplattform, die möglicherweise den Menschen in der Bronzezeit als Opferaltar diente. Vorsicht bei der Besichtigung: Trotz der unvermittelt in die Tiefe abfallenden Felsen wird auf Geländer verzichtet. Der letzte Kilometer zum Fort muss zu Fuß zurückgelegt werden, die Räder bleiben bei der Tourist-Info.

D **The Seven Churches** – Nahe dem Örtchen Kilmurvey liegen die Reste einiger sakraler Gebäude aus dem 15. Jahrhundert. Auf dem angeschlossenen Friedhof steht ein Gedenkstein an sieben römische Heilige.

E **Seehundkolonie** – In der kleinen Bucht unterhalb des Fleckens Ballynacragga stehen die Chancen gut, Seehunde beobachten zu können.

↑ Seehunde auf der Nordseite von Inishmore
↗ Der Aran-Pullover Mark in Kilronan

Teach Ósta. Im einzigen Pub auf Inishman setzt der ehemalige Leuchturmwärter Patrick O'Flaherty mit seiner Frau Meg auf Gemütlichkeit: Da ist der Irish Coffee am Kanonenofen an einem Nieseltag Pflicht. Am Wochenende Livemusik. Tel. 099/730 03

auf der Klippe. Einer, der die Ruhe auf Inishmaan zu schätzen wusste, war der Schriftsteller **John Millington Synge** (1871–1909, *The Aran Islands*, *Riders to the Sea*). Der Dubliner Dramatiker zog sich um die Jahrhundertwende mehrfach auf die Insel zurück, sein Haus (Synge's Cottage) ist heute Treffpunkt gälophiler Intellektueller. Der Rest trifft sich im **Teach Ósta**, dem einzigen Pub des verträumten Eilands.

Inishmore, die Hauptinsel

Wer sich nicht ein paar Tage mit den Aran Islands beschäftigen mag, ist freilich am besten auf **Inishmore** aufgehoben. Angekommen am kleinen Hafen in der malerischen Killeany-Bucht verträgt **Kilronan** mit seinen bunten Fischerhäuschen durchaus einen kleinen Spaziergang: hinüber zum Franzosenstrand, benannt nach einem hier mit Mann und Maus untergegangenen französischen Schiff; oder zum Denkmal für Chay Blythe und John Ridgeway und ihre irrwitzige Atlantiküberquerung per Ruderboot von 1966. Ein bisschen weiter ist es für die Fähren-Ankömmlinge auf die andere Längsseite, ans südliche Ende der Insel. Gut zwei Kilometer von Kilronan in Richtung der Flugzeuglandebahn liegt, auf dem Rücken einer Hügelkette, die ordentlich erhaltene Ruine einer höchst erstaunlichen Kirche: **Teampall Bheanain** (St. Benan). Die Einheimischen verkaufen sie dem Besucher gerne als die kleinste der Welt. Nun, einigen wir uns zumindest darauf: 3,7 x 1,8 Meter sind extrem winzig.

Die ganze Insel freilich ist mit gut 30 Quadratkilometern zu groß, um sie an einem Tag zu Fuß zu erkunden. Dafür hat's aber die landesüblichen

TIPP

DER ARAN-PULLOVER

Ob Raute oder Beere, Diamant oder Lebensbaum. Die Muster dieser naturfarbenen Fischerpullover sind schlicht und stehen auch gar nicht im Vordergrund. Den Aran-Pullover oder Aran Sweater macht die ungefärbte Wolle aus, aus der er gestrickt ist. Es ist eine junge Tradition, seit den 1930er-Jahren erst stricken die Frauen der Insel für eine größere Produktion. In die Welt getragen haben die rustikalen Pullis in den Sechzigern die Clancy Brothers, vier Iren, die es in den USA zu musikalischen Ehren gebracht hatten und stets im Aran Sweater auftraten. Als sie 1963 Präsident John F. Kennedy ein Lied singen durften, wollten danach in den Staaten alle diese groben Pullover. 60 bis 150 Euro kostet so ein Stück – mehr als längst existierende Imitate aus Fernost, aber dafür gibt's Qualität, die den Träger oder die Trägerin ein Leben lang begleitet. Und keine Angst: Die mollig warmen Pullis, die in jeder Boutique auf allen drei Inseln hängen, schauen kratzig aus, sind es aber nicht.
Aran Sweater Market. *Auf Inishmore, Kilronan, www.aransweatermarket.com*

»Jaunting Cars« (Pferdekutschen), kleine Busse oder Fahrräder. Lässt es das körperliche Befinden zu, empfiehlt sich eine **Radtour**. Inishmore ist hügelig, aber nicht bergig. Neben dem Hauptort lässt sich keine zweite größere Siedlung ausmachen. Die übers Land verstreuten kleinen Häuschen der Fischer und Bauern liegen eingebettet in endlos viele Karrees aus Trockenmauern, deren Zweck neben der Abgrenzung von schier endlosen Feldern auch dem Schutz vor Erosion durch den grimmig übers Felsplateau pfeifenden Wind dient. Es ist eine karge Landwirtschaft auf Inishmore: Roggen und Kartoffeln, viel mehr gedeiht nicht auf den nährstoffarmen Böden. Das macht für viele Haushalte **Schafe** (Wolle, Pullover) und **Ziegen** (Lebensmittel) unentbehrlich. Und auch die Fischer brauchen ein zweites Standbein: Sie nutzen die Strände, den kalkhaltigen Sand und den jodreichen Seetang als Dünger. Hauptabnehmer sind selbstverständlich die benachbarten Landwirte; auf den Aran Islands, wo die Welt eben doch noch etwas heiler ist als anderswo, wird Hand in Hand gearbeitet.

INFO

Tourist Office. Inishmore, Kilronan, am Pier, www.aranislands.ie

45

CLIFFS OF MOHER

Senkrecht in den Atlantik

Das Beste, …

WEIL man Irland einfach nicht verlassen kann, ohne diese Steilküste gesehen zu haben

FÜR Harry-Potter-Fans, Schwindelfreie und Vogelkundler

IM Oktober – oder noch später, dann ist der Weg am Klippenrand frei

DIE 3 MUST DOS:
- O'Brien's Tower
- Hag's Head
- Bootsfahrt ab Doolin

Hat die Grüne Insel klassische Stop-and-go-Sehenswürdigkeiten? Ja. Es sind diese atemberaubenden Steilklippen, die Cliffs of Moher, Irlands Naturdenkmal Nummer eins. Busse über Busse halten auf dem Parkplatz in der unscheinbaren Hügellandschaft am südwestlichen Rand des Burren, und sie spucken Tausende Rundreisetouristen aus. Kurz ein Foto geschossen und weiter – ein Fehler.

Auf acht Kilometern eine beinahe senkrechte Küste

Sie sind ein Wunder der Natur. 230 Meter sind es vom O'Brien's Tower, dem 1835 fertiggestellten Leucht- und Aussichtsturm und höchsten Punkt der Cliffs of Moher, hinunter ins tosende Meer. Über eine Gesamtlänge von acht Kilometern stürzt die Küste senkrecht ab. Unermüdlich hat der Atlantik bizarre Formen in die Sandstein- und Schieferschichten geschrubbt. In den Furchen nisten **Seevögel**, 30 000 sollen es sein: Papageientaucher, Dreizehenmöwen, Dohlen, Trottellummen, Eissturmvögel und sogar einige Falken gehen hier auf die Jagd. Ein kleines bisschen gefährlich ist das selbst für die flinken Tiere, denn immer wieder brechen größere Felsbrocken ins Meer. Frei von Risiko sind die Wege am Rand der Klippen, die schon Kulisse einiger Harry-Potter-Filme (u.a. *Harry Potter und der Halbblutprinz*) waren, auch für den Menschen nicht: Sei es auf einer ausgedehnten Wanderung oder auch nur bei einem kleinen Spaziergang vom **Visitor Center** aus. Zwar sind die Strecken mit einem hüfthohen Geländer gesichert, die ausgetretenen Trampelpfade jenseits der Balustrade, zum Teil schwindelerregend nahe am Abgrund, verraten aber die Neugier nach noch spektakuläreren Fotomotiven.

Die Klippen waren schon Kulisse einiger **Harry-Potter-Filme**, darunter *Harry Potter und der Halbblutprinz*.

Ein Viertelstündchen weiter nördlich, über einen befestigten Weg zu erreichen, ragt der **O'Brien's Tower** auf. 1835 wurde er von einem liberalen und etwas exzentrischen Politiker des County Clare in Auftrag gegeben. Cornelius O'Brien verdankten die Einwohner der Region so manche Ein-

↖ Cliffs of Moher – die bekanntesten Klippen der Insel
↓ Das Visitor Center mit 3D-Animation
↘ Der O'Brien's Tower

TIPP

ÜBERRASCHUNGSMENÜ IM BARRTRÁ SEAFOOD RESTAURANT

Das schnucklige Fischrestaurant mit kleinen Tischen und Wintergarten serviert ausschließlich lokale Meeresfrüchte, Steaks von irischen Rindern und Gemüse aus dem eigenen Garten. Besonders spannend: das »Surprise Menu«, ein einzigartiges Fünf-Gänge-Menü, dass Chefkoch Ruben jeden Abend aus den erlesensten Fängen neu kreiert. Dazu genießt man einen schönen Blick über die Bucht von Lahinch, südlich der Cliffs of Moher.
Barrtrá Seafood Restaurant. *Miltown Malbay Road, Lahinch, www.barrtra.com*

richtung, weshalb ihm schnell der Ruf anhing, ziemlich alles im Umkreis geschaffen zu haben mit Ausnahme der Klippen. Heute eignen sich die Mauern des Türmchens prima, um sich bei einer kleinen Rast anzulehnen.

Wanderung zum Hag's Head mit Abstieg zum Meer

Noch idyllischer ist es freilich an einem weiter südlich gelegenen Turm, dem in den Napoleonischen Kriegen errichteten **Moher Tower**, am Hag's Head, wo schon die Kelten ein Fort errichtet hatten. Moher O'Ruan sagten die Leute hier zu dessen Überbleibsel, Ruans zerfallenes Fort – so bekamen die Klippen ihren Namen. Nicht, dass das Gemäuer besonders hübsch wäre, es ist die wilde Landschaft, die fasziniert. Doch die eineinhalb Stunden wandern (einfach) zum **Hag's Head** scheuen die meisten. Und verpassen einen Pfad, auf dem einem immer wieder mal das Herz stehen bleibt. Allzu übermütige Wanderer, die bäuchlings zum Rand robben für das Bild ihres Lebens und selbiges dabei riskieren, vergessen, dass hier oben heftige Böen aufkommen können. Weniger verantwortungslos und dennoch nicht ohne: der **Abstieg am Hag's Head** an den Fuß der Klippen – festes Schuhwerk vorausgesetzt. Mindestens eine Windjacke sollte im Gepäck haben, wer sich die Cliffs of Moher von der Seeseite aus ansehen möchte. Ab Liscannor oder Doolin schaukeln mehrmals täglich **Boote** an der Küste entlang. Noch komfortabler: ein Rundflug über die Aran Islands mit einer kleinen Maschine vom Connemara Regional Airport aus.

INFO

Visitor Center. Vom direkt an der R 478 liegenden, kostenpflichtigen Parkplatz über die Straße und 100 Meter Richtung Klippen. www.cliffsofmoher.ie

↑ Trittsicherheit ist von Vorteil beim waghalsigen Cliff-Walk.
↓ Trotzt den Wellen: eine vorgelagerte Felsnadel.
→ Wanderweg an der Steilküste der Cliffs of Moher
↘ In den Ritzen der Felsen ist Platz für Pflanzen.

46

GALWAY

Nachts, wenn keiner schläft

Das Beste, ...

WEIL hier definitiv Irlands größte Party abgeht und man einen Moment glaubt, man sei in Italien

FÜR Nachteulen, Verliebte und Fans von Hunderennen

IM Juli oder August, wenn die Nächte auch in Irland lau sind

DIE 3 MUST DOS:
- Quay Street
- Corrib River Walk
- Claddagh-Ring erwerben

Galway ist Galway. Da gibt es in ganz Irland keine zweite Stadt, die mit dieser vergleichbar wäre. Galway pulsiert, Galway lebt. Kein Wunder: Hier stehen zwei **Universitäten** und knapp ein Drittel der 75 000 Einwohner sind Studenten. Aber keine Angst: Galway ist nicht El Arenal. Hier wird weder aus Eimern getrunken noch so viel, dass der abendliche Spaß aus dem Rahmen geraten würde.

Nur: Außer dem Dubliner Temple-Bar-Bezirk hat es nirgendwo sonst in Irland so eine hohe Dichte an **Pubs** und **Bars**. Zwischen der Hafenmole und dem Eyre Square, von der Quay Street bis hoch zur Shop und Middle Street steppt abends der Bär. Hier liegt, wenn es langsam dunkel wird, das Reich der **Buskers**, der Straßenmusikanten. Und wenn es mal heiß wird im irischen Sommer, dann zieht es die Jugend hinaus nach **Salthill** im Westen, wo hinter den seichten Sandstränden die übliche irisch-englische Seebadatmosphäre neben weiteren Kneipen auch etliche Spielhallen auf Lager hat.

Auch drinnen in den **Pubs** wird tüchtig musiziert: Selbstverständlich Irish Folk, wenngleich sich das internationale Flair der Stadt auch auf ihre Klänge niederschlägt.

Blütezeit, Zerstörung, Aufschwung

Aber selbstverständlich hat die Stadt mit ihren normannischen Wurzeln aus dem 13. Jahrhundert mehr zu bieten als das abendliche Halligalli und die sich im Sommer im Fluss Corrib tummelnden Lachse. Auch wenn die meisten Attraktionen jüngeren Datums sind. Die englandtreuen Kaufleute, denen Galway einst Reichtum verdankte, wurden nämlich Mitte des 17. Jahrhunderts vom britischen Republikaner-Anführer Oliver Cromwell vertrieben, vier Jahrzehnte später gab der englische König William von Oranien mit seinen Truppen der Stadt den Rest. Erst die Ansiedlung

↖ Galway ist berühmt für sein Nachtleben.
↓ In Galway relaxt man auch vor den Pubs.
↘ Im Kings Head gibt es jeden Abend Livemusik.

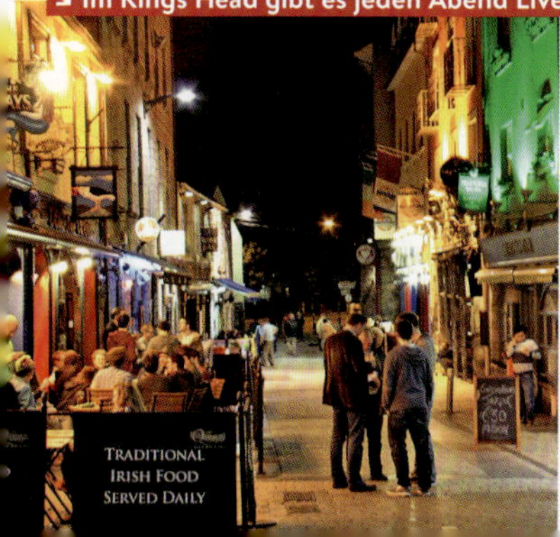

↑ Ihr Markenzeichen ist die gewaltige Kuppel: die Galway Cathedral (oben)
↑ Kleine Brücken laden ein, den Fluß Corrib immer mal wieder zu queren.
↗ Architektonisch zeigt sich der Corrib River Walk sehr abwechslungsreich.

zweier Universitäten machte Galway wieder zur Metropole des Westens. Von der ersten, mittelalterlichen Blütezeit zeugt der **Spanish Arch** mit seinen zwei mächtigen Bögen – ein beinahe martialisches Stadttor direkt am Pier. Oder das **Lynch's Castle** an der Ecke Shop Street/Abbeygate Street: Heute residiert hier eine Bank, früher war es die namensgebende Bürgermeisterfamilie. An so ziemlich alle einschneidenden Ereignisse der Stadtgeschichte erinnernde Denkmäler finden sich am **Eyre Square**, in dessen Mitte der einer Stadtoase gleiche Kennedy Park liegt. Der US-amerikanische Präsident John F. Kennedy hielt 1963 eine Rede an dieser Stelle und ist seither Ehrenbürger der Stadt.

TIPP

LIEBE IST ...WENN DIE SPITZE DES HERZENS ZUM KÖRPER ZEIGT

Zwei Hände halten ein gekröntes Herz: Das filigrane Schmuckstück stammt aus Claddagh, dem kleinen, heute zu Galway gehörenden Fischerdorf im Südwesten. Daher der Name Claddagh-Ring. Für Einheimische ist er ein klassisches Erbstück, für (idealerweise verliebte) Touristen ein nettes Mitbringsel. Seit Mitte des 16. Jahrhunderts gilt dieser Ring als ein Symbol für Liebe, Loyalität und Freundschaft und besteht aus drei markanten Elementen: Hände für die Freundschaft, das Herz für die Liebe und die Krone für die Loyalität. Königin Victoria hatte ebenso ein Exemplar getragen wie Julia Roberts oder Jennifer Aniston. Die schottische Rockband Simple Minds verwendete das Motiv mehrfach für die Cover ihrer Alben. Rechts getragen und mit der Herzspitze vom Körper wegzeigend, weist der Ring die Trägerin als eine Frau auf Partnersuche aus, an der gleichen Hand mit der Spitze zum Körper zeigend, zeugt er von einer bestehenden Liebesbeziehung. Links und zum Körper zeigend, ist er dagegen ein Trauring.

Kirchengeschichtlich ist Galway die mehrfache Eroberung durch englische Eindringlinge anzusehen. Die protestantische **St. Nicholas Church** mitten in der Stadt (Shop Street) hat durch allerlei Um- und Anbauten ihre normannische Struktur mit einem gestreckten Langhaus längst verloren. Und die moderne, erst 1965 fertiggestellte katholische **St.-Nicholas-Kathedrale** auf der anderen Seite des Flusses Corrib besticht eher durch Wucht denn filigrane Fassade. Immerhin: Drinnen trumpft das Bauwerk, dessen Kosten die Stadt Galway in eine ernste Finanzkrise gestürzt hatte, mit einem Fußboden aus grünschwarzem Connemara-Marmor auf. Aber es muss ja nicht immer die Hochkultur sein: Treffliche Unterhaltung bietet an den Wochenenden ein Abstecher ins **Galway Greyhound Stadium** am Lough Atalia – egal wer gewinnt, so ein Windhundrennen ist ein Spaß für die ganze Familie.

Galway Cathedral. Klassische Basilika mit dominanter Kuppel. University Road/Gaol Road, Galway, www.galwaycathedral.ie

INFO

Tourist Information. Galway City Museum, Spanish Parade, Galway, www.galwaycity.ie

47

CONNEMARA

Das Märchenschloss am See

Das Beste, ...

WEIL nach einer Fahrt durch diese Landschaft ein Urlaub in Kanada oder Schweden nicht mehr nötig sein wird

FÜR alle Fans von Kitsch, Kultur, Pferden, Gipfeltouren und alten Filmen

IM Mai und September, da ist es nicht zu warm zum Wandern

DIE 3 MUST DOS:
- Kylemore Abbey
- Diamond Hill
- Clifden

Einen Diamanten besteigen? Warum nicht. Freilich keinen Klunker, nein, den gleichnamigen Berg, den **Diamond Hill**. Von dort oben auf 442 Metern Höhe erschließt sich ein atemberaubendes 360-Grad-Panorama einer verwunschen wirkenden, amphibischen Landschaft, durchzogen von Hügeln und Wäldern, zerrissen von einem schier endlosen Geflecht kleiner Seen und Wasserarme – der **Connemara-Nationalpark**. Nun, der Nationalpark in seinem Kern umfasst 20 Quadratkilometer, die größtenteils sehr gut über Wanderwege erschlossen sind. Doch brauchen sich die Landstriche im Osten, hin zum Lough Corrib, sowie im Westen Richtung Küste und des pittoresken Städtchens **Clifden** nicht zu verstecken: Die einsame Gegend, die an Fläche größte Gaeltacht-Region Irlands, vereint die Weite schwedischer Seenlandschaften mit dem romantisch-rauen Charme kanadischer Wälder. Connemara ist Natur pur – und hat mit der heutigen Benediktinerinnenabtei **Kylemore Abbey** auch ein richtiges Märchenschloss zu bieten.

Von Galway über den Lough Corrib nach Cong

Das geschäftige Galway im Rücken öffnet sich auf der Fahrt gen Norden ein Bilderbogen landschaftlicher Vielfalt. Trotz der breit ausgebauten Straße entlang des **Lough Corrib** ist die Menge entgegenkommender Autos überschaubar. Willkommen am vielleicht einzigen Fleckchen Irlands, wo sich ein Cabrio wirklich lohnen würde. Der von zahllosen Inselchen gesprenkelte See ist flankiert von großzügig angelegten Parks und bildet mit seiner üppigen Ufervegetation einen spannenden Kontrast zu den Quarzitbergen der Westküste. An seiner nördlichen Spitze liegt ein wahres Kleinod, das 200-Seelen-Dorf **Cong** mit einigen bunten, windschiefen Fassaden, den Ruinen einer Augustinerabtei aus dem 12. Jahrhundert und einer weltberühmten Filmkulisse: Cong war ein Drehort des Klassikers *The Quiet Man (Der Sieger)* mit Maureen O'Hara und John Wayne aus dem Jahr 1952. Das **Quiet Man Cottage** ist freilich nur ein Nachbau, in dem darin befindlichen kleinen Museum finden Cineasten neben einer Originalrequisite (ein Pferdegeschirr) auch allerhand Wissenswertes zur Story über einen amerikanischen Boxer (Wayne), der sich in seiner irischen Heimat eine hübsche Frau (O'Hara) sucht und sie anschließend, sagen wir, eher rustikal behandelt – eine famose Charakterstudie. Cong hat den beiden Hauptdarstellern eine Bronzestatue gewidmet. Sie zeigt Wayne als Sean Thornton, wie er O'Hara als Mary Kate Danaher schwungvoll auf seinen Händen trägt.

Quiet Man Cottage. Museum zum John-Wayne-Film *Quiet Man*. Circular Road, Cong, Tel. 094/954 60 89

TIPP

REIF FÜR DIE INSEL

Das Inselchen Inishbofin vor der Westküste bei Clifden misst 3 x 5 Kilometer, hat nur 200 Einwohner und heißt aus dem Gälischen übersetzt »Insel der weißen Kuh«. Warum das so ist, weiß keiner mehr so genau. Weitaus sicherer ist die Überlieferung der ersten Besiedlung durch den hl. Colman, der sich im Streit mit der Kirche Mitte des 7. Jahrhunderts auf das Eiland begab und dort sein eigenes Kloster gründete. Unweit des Hafens stehen die Überreste. Doch lockt Inishbofin weniger mit Kultur als mit ganz viel Ruhe und dem wunderschönen Badestrand Rusheen Beach an der Ostseite. Die restlichen Strände sind wegen der Strömung nur für Spaziergänge geeignet. Hinüber geht es mit einer Fähre ab dem nördlich von Clifden liegenden Cleggan.
Inishbofin. *www.inishbofin.com*

Von Cong über die Maumturk Mountains zur Kylemore Abbey

Von Cong über Maam Cross, wo die Ortsbrücke ebenfalls diesem Film als Kulisse diente, führt der Weg über die N 59 westwärts durch die von Wanderern ob eines fehlenden Wegenetzes eher verschmähten **Maumturk Mountains** in Richtung des eigentlichen Nationalparks, wo die **Twelve Bens** (auch Twelve Pins genannt), eine Bergkette mit zwölf Gipfeln, indes ein wahres Trekking-Paradies sind. Menschen leben nur wenige an diesem beinahe unberührten Fleck, dafür begegnet dem Wanderer schon mal ein halbwildes **Connemara-Pony**, vor dem er sich freilich nicht zu fürchten braucht – schließlich misst es keine 150 Zentimeter. Lediglich an einer Ecke, selbstverständlich einer voller natürlicher landschaftlicher Süße, drängen sich die Touristen – und der Abstecher im Kreuzungsbereich der N 59 und R 334 nach rechts entschädigt für eine längere Fahrt ebenso wie für ein bisschen Gedränge in der Hochsaison.

Connemara Ponyshow. Jedes Jahr im August wird Clifden zum Schauplatz der größten Schau der sehr robusten Connemara-Ponys. Rund 400 Tiere stellen sich dabei dem Parcours und den Juroren. www.cpbs.ie

Das Neuschwanstein der Grünen Insel

Das zwischen Seeufer und dem bewaldeten Berg Duchruach eingebettete Märchenschloss **Kylemore Abbey** muss den Vergleich mit Schloss Neuschwanstein nicht gänzlich scheuen. 1860 bis 1867 ließ der Liverpooler Kaufmann und Politiker Mitchell Henry das prunkvolle Gebäude im viktorianischen Stil mit einer bunten Vielfalt an Zinnen und Türmchen erbauen, am **Pollacappul Lake**, von dessen idyllischer Lage seine Frau Margaret bei einer Ausfahrt acht Jahre zuvor hin und weg gewesen war. Parallel entstand der **viktorianische Mauergarten**, der heute noch zu den schönsten und größten dieser Art in ganz Irland zählt und linker Hand des Schlosses über einen 20-minütigen Fußmarsch oder per Shuttlebus zu erreichen ist. Alleinstellungsmerkmal der prächtigen Anlage: Es finden sich ausnahmslos Pflanzen, die vor 1900 in Irland existierten oder eingeführt wurden. Doch zurück zum Schloss: **Mitchell Henry**, der sich als Wohltäter für die ganze Region gerierte und den Lebensstandard ihrer Bewohner – mehrheitlich seine Angestellten – deutlich anhob, modernisierte ständig sein Schloss, 1893 gar mit einem eigenen Wasserkraftwerk mit Elektrizität. Die Einrichtung blieb indes stets zwischen Zweckdienlichkeit und Gediegenheit angesiedelt.

Im Sommer 1903 empfing der Schlossherr hohen Besuch: Englands König Edward VII. gastierte zum Nachmittagstee in dem Anwesen. Wenige Monate später veräußerte der verarmte Henry sein Schloss an einen befreundeten Herzog. 1920 landete der Prachtbau schließlich in der Obhut

Kylemore Abbey. Die Haupteingangshalle der Abtei und drei angrenzende Räume sind öffentlich zugänglich. www.kylemoreabbey.com

↓ Bunte Fenster in der Abtei

→ Hübsch möblierte Räume in Kylemore Abbey

↘ Welches ist das schönste Connemara-Pony?

↑ Farbenfroher Sommer um den Killary Harbour
↗ Stege führen über Rof zum Diamond Hill.

von **Benediktinernonnen**, die 1914 während des Ersten Weltkrieges aus Flandern als Flüchtlinge auf die Insel gekommen waren – die Geburtsstunde von Kylemore Abbey. Bis 2010 beherbergten die einst herrschaftlichen Mauern auch ein Mädchen-Pensionat. Ein paar hundert Meter weiter, am See entlang über einen schmalen Weg zu erreichen, sind heute noch die sterblichen Überreste der Henrys in einem kleinen Mausoleum zu sehen. Dieses liegt etwas versteckt hinter einer neogotischen **Kirche**, die Mitchell Henry nach dem frühen Tod seiner über alles geliebten Gattin im Osten des Schlosses zwischen 1877 und 1881 in Gedenken an sie hat erbauen lassen. Die inneren Säulen bestehen aus farbigem Marmor der vier Provinzen Connaught (grün), Munster (rosa), Leinster (schwarz) und Ulster (grau). Das gesamte, gut 6000 Hektar große Areal mit seinen beiden prächtigen Bauten darf mit Fug und Recht zu den schönsten Flecken Irlands gezählt werden.

Das für gotische Verhältnisse beinahe feminin-lieblich ausgekleidete **Kirchlein** ist ein Replikat der Kathedrale von Norwich und wurde erst 1995 nach aufwendiger Restaurierung wieder geöffnet.

Gratwanderung mit Panoramablick im Nationalpark

Entsprechend wuselig geht es dort an einem schönen Sommertag zu. Doch entlang der N 59 nur sechs Kilometer weiter westwärts warten bereits wieder Einsamkeit, Ruhe und Natur: Der 1980 auch Besuchern geöffnete **Connemara-Nationalpark** wurde 1976 eingerichtet, inmitten einer vor 10 000 Jahren in der letzten Eiszeit geformten Moor- und Heidelandschaft, in der sich kahle Hochebenen und saftig-grüne Täler abwechseln. Hinein geht es kurz vor Letterfrack linker Hand in einem Waldstück. Ein Parkplatz sowie das über Fauna und Flora der Region ausführlich informierende, idyllisch an einem Teich angelegte **Besucherzentrum** warten hier zunächst auf die Wanderer. Und selbstverständlich traumhafte Spazier- und Wanderwege, die vielleicht am saubersten angelegten ganz Irlands. Das macht den Aufstieg zum 450 Meter hohen **Diamond Hill** um einiges angenehmer.

Trotzdem sollte man es sich gut überlegen, welche der drei Routen es sein soll. Die mittlere, drei Kilometer lange, aber immer noch einfache **Lower Diamond Hill Walk** ist für Tagestouristen, die Kylemore Abbey schon hinter sich haben, vermutlich die beste Wahl. Den sportlich ambitionierten Wanderer zieht es freilich eher zum Gipfel. Der **Upper Diamond Hill Walk** ist nur einen knappen Kilometer länger, eine Stunde mehr sollte aber eingeplant werden: Zum einen ist die Gratwanderung etwas knifflig, zum anderen lädt das unglaubliche Panorama von dort oben zum Verweilen ein. Gen Westen öffnet sich die von unzähligen Inselchen und Wasserarmen zerfetzte, an dieser Stelle flache Atlantikküste. In der anderen Richtung senkt sich der Blick ins **Glanmore-Tal**, in das der Polldirk River eine leider nur schwer begehbare, da morastige Schlucht gefräst hat.

Killary Harbour – Irlands einziger Fjord

Im Norden, ebenfalls mit dem bloßen Auge zu erkennen, drängt das Meer mit mächtigem Arm ins Landesinnere, Richtung Leenaun. Der **Killary Harbour** ist eine 15 Kilometer lange und 600 Meter breite Bucht, in der in großem Stil die Muschelzucht betrieben wird. Das von Bergen gesäumte Gewässer (Killary-Fjord) ist der einzige echte Fjord Irlands und demnach aus einem talwärts Richtung Meer gewanderten und geschmolzenen Gletscher entstanden. Wer die N 59 nicht allzu rasant nach Norden flitzt, sich stattdessen an dem kleinen Parkplatz oberhalb **Leenauns** mit Blick auf den Fjord eine Pause gönnt, der sieht gar Wundersames: einen über und über mit kleinen Stofffetzen geschmückten Baum – den **Rag Tree**. Diese Lumpenbäume folgen einem keltischen Wasserkult.

Rag Tree. Wo einst wertvollere Gaben an bedeutsamen Wasserstellen niedergelegt wurden, haben heute diese textilen Gaben eher einen symbolischen Charakter, verknüpft mit einem Wunsch des Spenders. Ein skurriles Fotomotiv ist's allemal.

INFO

Besucherzentrum Nationalpark. Östlicher Ortsausgang von Letterfrack an der N 59, www.connemaranationalpark.ie
Tourist Information Clifden. Galway Road, Clifden, www.connemara.ie
Tourist Information Cong. Abbey Street, Cong, www.cong.mayo-ireland.ie

48

SHANNON-KREUZFAHRT

Im Takt des Dieselmotors

Das Beste, …

WEIL hier beeindruckende Landschaften im Kinoformat langsam zum Genießen an einem vorbeiziehen

FÜR Lanschaftsliebhaber, Erholungssuchende und Abenteurer

IM Mai bis August

DIE 3 MUST DOS:

- Clonmacnoise
- Lecarrow Harbour
- Athlone

Die meisten Irlandbesucher entdecken das Land entlang der Küste. Und vergessen dabei die Midlands. In Irlands sanft gewelltem Zentrum findet sich eine weitläufige **Seenplatte**, die sich bis in den Norden ausdehnt. Verbunden durch den Shannon und seine Nebenarme erstreckt sich dort Europas größtes Binnengewässer für Hobbykapitäne. Seit Jahren wächst hier die Flotte der **Hausboote**, die in den Sommermonaten Irlands längsten Fluss, den Shannon, unsicher machen. Einen Führerschein braucht es dazu nicht.

Eine Hausbootfahrt ist lustig …

Eine Hausbootfahrt ist schön, eine Hausbootfahrt kann aber auch ganz schön chaotisch geraten. Davon erzählen die bunten T-Shirts im Souvenirshop von **Banagher**. Auf denen sieht man kleine, bunte Menschen mit panischem Gesichtsausdruck von Bord springen und darüber den Spruch aufgedruckt: »I just survived a cruise on the Shannon!« (»Ich hab gerade eine Bootsfahrt auf dem Shannon überlebt.«) Ganz so schlimm ist es natürlich nicht. Für das Manövrieren der schwimmenden Ferienwohnung benötigen Hobbykapitäne in Irland keinen Führerschein. Vielmehr gute Nerven zu Beginn (bis das Handling klappt) und vor allem »bags of time« – Zeit. Eine Woche braucht es schon für die grandiose Landschaft, für die unzähligen kleinen Dörfer, Schleusen, Kirchen und Denkmäler, an denen man behäbig entlangschippert. Oder um einfach in einem der gemütlichen Pubs um **Portumna**, **Banagher** oder **Athlone** Lachsforellen vom Grill zu essen, dazu den Small Talk mit anderen gestandenen Flussbären beim »Pint of Guinness« zu suchen, während der Blick in der Abenddämmerung zum Boot am Fluss schweift.

Sean's Bar. €€ Laut Guinness-Buch der Rekorde der älteste Pub Europas. Urgemütliche dunkle Holztheke und im Sommer schöner Biergarten an der Flussmündung. 13 Main Street, Athlone, www.seansbar.ie

↖ In den Schleusen müssen Bootskapitäne aufpassen.
↓ J.J. Hough's Singing Pub in Banagher
↘ Hausboot auf der Zufahrt zu Lecarrow Harbour

Bester Startpunkt ist Banagher

Üblicherweise landen die Hausbootkapitäne am Flughafen Shannon, wo sie dann vom Bootsanbieter abgeholt werden oder man sich einen Leihwagen mietet und selbst zu den kleinen Starthäfen entlang des Shannon startet. Zu empfehlen ist die Route vom Süden in den Norden und zurück zu fahren, da so die Transferzeiten gering gehalten werden.

Die Marina, die dem Airport am nächsten liegt, ist bei **Portumna**, einem verschlafenen Nest am äußersten Nordende des **Lough Derg**. Dort hat auch der Marktführer für Hausboote in Irland, die Emerald Star mit ihren grün-weißen Booten eine ihrer Startpunkt-Marinas. Die zweite liegt 20 Stunden Fahrzeit mit dem Hausboot weiter im Norden bei **Carrick-on-Shannon**. Der beste Startpunkt allerdings liegt ungefähr zehn Kilometer weiter nördlich beim Flecken **Banagher**, wo mit Carrickcraft und Silverline Cruises gleich zwei Hausboot-Anbieter ihre Marinas haben. **Carrickcraft** hat im Jahr 2014 mit Waveline Cruisers fusioniert und bietet etwas in die Jahre gekommene Boote zu preiswerten Konditionen. Die Boote der **Silverline Cruises** sind etwas teurer, dafür moderner in der Ausstattung und mit behaglicher Einrichtung.

Die Regeln auf dem Fluss wollen gelernt sein

Die sehr ausführliche **Einführung** für Boots-Neulinge erfolgt auf einem hohen Standard. Nach der Begrüßung gibt es erst einmal eine Filmstunde. In dem atmosphärisch stimmungsvollen Beitrag werden nicht nur die landschaftlichen Schönheiten der Region angepriesen. Auch handfeste **Regeln** auf dem Boot werden Anfängern bildlich erklärt. Grundsätzlich gilt, dass der Skipper immer mit Navigationskarte fahren muss, in der Untiefen und Strömungen verzeichnet sind. Weiterhin, dass Fahren in der Nacht ebenso verboten ist wie unter Alkoholeinfluss. Begegnen sich zwei Boote auf dem Fluss, dann hat der Kapitän Vorfahrt, der flussabwärts mit der Strömung unterwegs ist. Ansonsten gilt es, den Kühlschrank auszuschalten, wenn man über Nacht vor Anker liegt. Batterie und Starter für den Dieselmotor werden es einem am nächsten Morgen danken. Danach geht es auf das Boot zur Praxiseinweisung und schnell wird klar, dass die eigentliche Herausforderung dieser Reise die An- und Ablegemanöver sind.

> Das Boot ist mit zehn **Fendern** außen herum gut gepolstert. Geht einer unterwegs verloren, kostet das allerdings happige 75 Euro.

In **Banagher** ist nichts los, die hohe Arbeitslosigkeit und die Wirtschaftskrise haben das Dörfchen ziemlich entvölkert. Gleich neben dem Hafeneingang verbreitet das halb zerfallene Shannon Harbour Hotel

FLUSSTOUR

Shannon-Kreuzfahrt

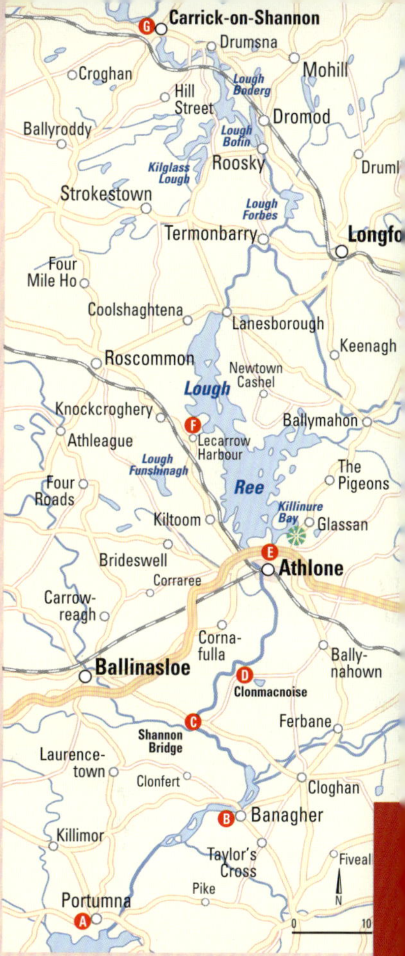

Eine Shannon-Kreuzfahrt braucht Zeit. Allein die Einführung und das Überwinden der Schleusen dauert seine Zeit. Eine Woche ist das Minimum.

- A **Portumna** – Das Städtchen am Nordzipfel des Lough Derg birgt eine Klosterruine aus dem 13. Jahrhundert und eine Burg aus dem 17. Jahrhundert direkt am Hafen.
- B **Banagher** – Idealer Startpunkt für eine Shannon-Kreuzfahrt. Wer am Abend dort ankert, findet auf der linken Straßenseite mit J. J. Hough's Singing Pub einen der schrägsten Pubs von ganz Irland.
- C **Shannon Bridge** – Unterhalb der Brücke herrscht starke Strömung, die das Anlegen nicht einfach macht. Erwähnenswert ist hier Kileens Pub.
- D **Clonmacnoise** – Historischer Höhepunkt einer Shannon-Kreuzfahrt. Im Besucherzentrum gibt es ein gemütliches Café. Eine Nacht vor Anker im kleinen Hafen ist wegen starker Strömung nicht empfehlenswert.
- E **Athlone** – Der Ort ist nicht nur Irlands Mitte, ein Ankerplatz im Hafen ist bei den Hausbootkapitänen heiß begehrt.
- F **Lecarrow Harbour** – Augen auf am nördlichen Ende des Lough Ree: In der Ferne, am westlichen Ufer versteckt, zeigen vier grün-rote Pfosten die Flussmündung zu einem malerischen Hafen an.
- G **Carrick-on-Shannon** – Die Stadt nennt sich »Cruising Capital of Ireland« und ist nach Portumna der zweite Heimathafen des Hausbootverleihers »Emerald Star«. Ansonsten gibt's einige schöne Pubs, Rundumversorgung für Boote und Hausbootkapitäne und im Sommer Volksfeststimmung.

↑ Abendstimmung am Shannon (oben)
↑ Klosteranlage Clonmacnoise vom Shannon aus
↗ Rundturm der Klosteranlage Clonmacnoise

Geisterstadt-Stimmung. Gottlob ist der moderne Supermarkt **Super Value** am Ortsende nicht nur bestens eingerichtet. Die Kassierer transportieren den ganzen Proviant für die Bootsfahrer auch direkt hinunter in den Hafen. Ist der ganze Kram an Bord verstaut, kann das Flussabenteuer starten. Gleich hinter Banagher tuckert das Boot an den Panoramen vorbei, die nun die Tage an Bord prägen werden. Sattgrüne Wiesen und sanfte Hügel, die bis ans Wasser heranreichen. Am Ufer grasen Kühe oder waten durch das Schilf. Die Ansammlungen von Schafen sind etwas

TIPP

RUSTIKAL, SCHRÄG, MITREISSEND

Ganz ehrlich, Pubs gibt es in Irland wie Sand am Meer, aber ganz sicher keines wie J.J. Hough's Singing Pub in Banagher. Normalerweise würde man an dem kleinen, roten, efeuumrankten Gebäude am Abend achtlos vorüber gehen, wären da nicht die irischen Folk-Töne, die aus Tür und Fenster auf die Straße dringen. Die Atmosphäre drinnen aber ist unglaublich. Die Gäste sitzen dicht gedrängt auf kleinen Holzhockern oder Fässern, das uralte Klavier rechts an der Wand klingt, wie es ausschaut – total verstimmt. Die alte Lady mit dem Dutt aus grauen Haaren auf dem Kopf singt so schräg, wie das Klavier klingt. Und trotzdem sucht die Stimmung in dem Pub ihresgleichen. Im Sommer treffen sich hier die Freizeitadmirale der Hausboote aus aller Welt, die Stimmung ist international, überbordend fröhlich, relaxed. Schickimicki geht anders. Im Winter treffen sich hier Iren aus dem ganzen Land, um am Abend traditionell Irish Folk vor dem offenen Kamin zu zelebrieren.
J.J. Hough's Singing Pub. *Main Street, Banagher, Tel. 057/915 18 93*

zurückhaltender und bleiben im Hintergrund. Dafür erschrecken sie sich schön beim Einsatz der quäkenden Schiffshupe und stieben in alle Windrichtungen auseinander, während die Rindviecher nur großäugig glotzen. Von Banagher geht die Tour über **Shannon Bridge** in Richtung Athlone, dem wirtschaftlichen Zentrum der Midlands.

Über Clonmacnoise ins Wirtschaftszentrum Athlone

Wie zwei riesige Skelettfinger ragen plötzlich zwei halbverfallene, steinerne Rundtürme zwischen den Wiesen in der Ferne auf, dann die Ruine einer Burg und eine Kapelle: **Clonmacnoise**. Der mystische Ort steht heute in der Hitliste der irischen Kulturdenkmäler ganz oben. Vorsicht beim Anlegen im kleinen Hafen, Strömung und Winde sind hier extrem stark. Vor Athlone gibt es dann die erste Bewährungsprobe für den Hobbykapitän. Das Hausboot muss in der Schleuse am **Wehr von Athlone** erst sieben Meter nach oben gehoben werden, bevor man in die kleine Stadt einschippern kann. Aber alles ganz relaxed, die Schleuser nehmen die Bootstaue mit Haken auf und winden sie oben um die Poller. In 15 Minuten ist die ganze Aktion vorbei und das Bötchen nach oben gehievt.

Der Legende nach soll auf dem verwitterten Friedhof von Clonmacnoise der **heilige Ciaran** begraben sein, der das Kloster im Jahr 548 gegründet hat.

In Athlone vor Anker gehen

Im Hafen von **Athlone** lässt es sich gut anlegen und noch besser leben. Zahlreiche kleine und große Restaurants für jede Brieftasche warten auf die Flussbären und Smutjes. Allerdings sollte man rechtzeitig da sein. Im Hochsommer sind die **Ankerplätze** heiß begehrt und die Fragen auf das Wesentliche beschränkt: Wie legen wir professionell an, ohne zum abendlichen Unterhaltungsprogramm grillender Holländer im Hafen zu werden? (Antwort: möglichst früh). Wann müssen die Guinness-Vorräte an Bord aufgefüllt werden? (Antwort: heute). Was könnte einen motivieren, je wieder zu arbeiten? (Antwort: nichts).

Sheraton Athlone Hotel & Spa €€€. Direkt an der Marina liegt das moderne Vier-Sterne Hotel, und wer dem Hausbootleben mal entfliehen will, ist hier richtig. Gleeson Street, Athlone, www.sheraton-athlonehotels.com

Im **Athlone Castle** ist das Museum untergebracht, mit gut aufbereiteten, spannenden Infos über die Scharmützel in der Geschichte. Castle Street, Athlone, www.athlonecastle.ie

Die nächste Etappe zeigt, wie weitläufig die Shannon-Region ist. Es gilt den **Lough Ree** zu überqueren, einen See, der teilweise so weit auseinandergezogen ist, dass keine Ufer mehr zu sehen sind und die Hausboote bei Starkwind und entsprechendem Wellengang ganz schön durchgeschüttelt werden. Drei Stunden muss man für die Durchquerung ansetzen, allerdings sollte man sich vor dem Start über die Wetterbedingungen auf dem See kundig machen. Der Hafenmeister von Athlone ist gut informiert.

Farbenfrohe Häuser prägen die Altstadt von Athlone.

↑ Museum in Athlone Castle
↗ Unterwegs bei Carrick-on-Shannon

Von Lanesborough über Dromod nach Carrick-on-Shannon

Wer beim nächsten Stopp in **Lanesborough** Wasser oder Proviant aufnehmen möchte oder den Hafen in der Dämmerung anläuft, sollte anlegen. Wer nicht, fährt am besten weiter bis zur Marina, die nur 20 Minuten zu Fuß entfernt liegt. Dann besser den Fluss zügig weiter hoch in den Norden Richtung **Roosky** tuckern und dort die kleine Schleuse überwinden. Nur wenige Kilometer weiter findet sich gegenüber dem Lough Bofin das Dörflein **Dromod** mit einem schnuckeligen kleinen Hafen, der bestens ausgestattet ist und zum Anlegen einlädt. Von hier lassen sich dann auch die letzten fünf Stunden Fahrtzeit in den Norden, über den historischen Jamestown-Kanal in Richtung **Carrick-on-Shannon**, bequem bewältigen.

Spätestens hier ist der **Wendepunkt der Reise** erreicht, wenn die Tour eine Woche dauern soll. Immerhin muss die ganze Strecke auch wieder zurückgefahren werden.

Das Besondere einer **Hausbootfahrt** auf dem Shannon sind nicht spektakuläre, wilde Panoramen oder historische Sehenswürdigkeiten (abgesehen von Clonmacnoise), wie sie entlang der Küstenrouten oder in den Hauptstädten zu finden sind. Das Spektakuläre einer Fahrt auf dem Shannon ist das Hausboot selbst. Dazu der Fluss, die Seen, die sie umgebenden Wiesen und die unaufgeregte Tierwelt. Das Universum, in dem man von Stadt zu Stadt jettet, sich auf Autobahnen fortbewegt oder in Zimmern schläft, gegen die nicht behutsam die Wellen schlagen oder glucksen, scheint unwirklich weit entfernt. Die Welt wird klein beim täglichen Flussleben im Takt des Dieselmotors.

INFO

Athlone Castle Visitor Centre. Castle Street, Athlone, www.athlonecastle.ie

Und wenn noch Zeit ist …

49 Achill Island

Heinrich Böll wird sich den Platz, an dem er sein *Irisches Tagebuch* schreiben wollte, schon ganz genau ausgesucht haben. Was er auf den Achill Islands fand, waren vor allem Einsamkeit und Ruhe. Und eine abwechslungsreiche Landschaft mit stattlichen Erhebungen, schroffen Klippen, aber auch schier unendlichen Sandstränden.

Die Insel ist mit knapp 150 Quadratkilometern die größte Irlands. Die meisten der zweieinhalbtausend Einwohner leben in **Doogort**, das sich entlang zweier traumhafter Sandstrände erstreckt.

Lohnenswert ist ein Stopp rund fünf Kilometer westlich von Doogort, wo das hügelige Sträßchen zum **Deserted Village** abzweigt. Im Schatten des 671 Meter hohen Slievemore hatte die Landbevölkerung in einer rund 100 Steinhäuser zählenden Siedlung gelebt, ehe die Menschen während der großen Hungersnot (1845–1849) die Gegend verließen. Heute trotzen viele Grundmauern von damals Wind und Wetter – ein Geisterdorf mit

↓ Die abgeschiedene Keem Bay
↓ Spazierwege entlang des River Fergus
↘ Bronzeskulptur in Ennis

einer vor allem bei Regen und Nebel gespenstischen Atmosphäre.

In sich komplett gegensätzlich präsentiert sich die **Südküste** der Insel. In **Keel**, wo sich neben einem Campingplatz eine Handvoll schnuckeliger Hotels und Restaurants mit Seeblick finden, lädt die Trawmore Bay mit ihrem knapp vier Kilometer langen und 200 Meter breiten Sandstrand zu verträumten Spaziergängen ein. Surfer und Freunde rauerer Landschaft zieht es indes Richtung Westspitze, wo sich die Straße hinter Dooagh entlang des 688 Meter hohen und steil ins Meer abfallenden **Croaghaun** schwindelerregend emporschraubt – ein echtes Abenteuer. Unten wartet mit der zwischen den Klippen eingebetteten **Keem Bay** einer der schönsten Strände Irlands.

Tourism Office. David Quarter, Achill Sound, www.achilltourism.com

(50) Ennis

Nachts lockt in Ennis mit seinen gut 20 000 Einwohnern eine ebenso spannende wie traditionsreiche Musikszene, abends ein verträumter Spaziergang am River Fergus und tagsüber eines der größten Klöster Irlands. Kuschelig schmiegen sich die schmalen, mittelalterlich geprägten Gassen der Altstadt zwischen dem ehemaligen Franziskanerkloster **Ennis Abbey** sowie der Kirche **St. Peter & Paul** an den sanft zum River Fergus abfallenden Hang. Ennis Abbey, ein 1242 gegründetes Kloster, zählte einst zu den größten Irlands. Die Ruine ist in ihren Grundmauern noch sehr gut erhalten. Vor allem der Chor und die Reste des Kreuzgangs bieten bei Sonnenschein abwechslungsreiche Schattenspiele. Mittendrin im Wirrwarr der verwinkelten Sträßchen thront in beeindruckender Höhe das Standbild von **Daniel O'Connell** auf einer Säule. Der Freiheitsheld des County wurde 1828 als erster Katholik zum Abgeordneten ins Londoner Unterhaus gewählt.

Nachts geht's dann rund in Ennis. Es wimmelt nur so von kleinen **Pubs mit Livemusik**. Wen wundert's: Clare gilt als das »Singing County« Irlands – und Ennis ist seine Hauptstadt. Während vielerorts verwässerter Folk-Pop oder Country & Western zum Guinness erklingen, steht Ennis noch für traditionellen Irish Folk. Ende Mai wird die Stadt mit ihren Pubs zum Mekka Tausender Profi- und Amateurmusiker – beim **An Fleadh Nua**, einem der bedeutendsten Folk-Festivals der Insel. Im November steht das **Guinness Traditional Music Festival** ebenfalls im Zeichen der »Fiddler«.

Tourist Information Centre. Ecke Arthur's Row/O'Connell Square, www.visitennis.com

51 Clonmacnoise

Malerisch in die Region des Shannon eingebettet, zählt die historische **Klostersiedlung** heute zu den bedeutendsten Kulturstätten Irlands. Ein Besuch der Anlage mit ihren unzähligen Hochkreuzen, Rundtürmen und Grabsteinen gehört zweifellos zu den Höhepunkten einer Irlandreise.

Im 6. Jahrhundert entwickelte sich Clonmacnoise zum wichtigsten Handelszentrum Irlands. Ein Ort voll pulsierenden Lebens und wirtschaftlicher Aktivitäten. Der König von Tar hatte dem hl. Ciarán 545 den Auftrag zur Gründung der Klostersiedlung gegeben. Im 9. Jahrhundert fielen die Wikinger ein, später kamen die Normannen, die das Kloster plünderten. Als Cromwell in Irland einmarschierte, geriet auch das Kloster um 1665 unter englische Herrschaft.

Heute ist die weitläufige Ruine mit ihren mehr als 250 Grabmälern kulturelles Staatserbe. Empfehlenswert ist der Besuch des kleinen Kinos im **Besucherzentrum**. Dort finden sich auch die Originale der drei bedeutendsten Hochkreuze der Klosterruine, darunter das Hauptkreuz **Cross of the Scriptures**. Im Freien trotzen dagegen originalgetreue Kopien dem rauen irischen Wetter.

Heritage Centre Clonmacnoise. www.heritageireland.ie/en/clonmacnoise

52 Westport und Croagh Patrick

Entstanden ist Westport um 1780 am Reißbrett. Die Lage des Hafens in der **Clew Bay** hatte seinerzeit enorme Bedeutung für den Handel mit Austern und Getreide, heute zeugen in der 5000-Einwohner-Stadt nur noch die verlassenen Lagerhäuser davon. Sternförmig zweigen die Straßen vom zentralen, achteckigen Platz **The Octagon** ab, dessen Mitte eine große St.-Patrick-Statue ziert. Die James Street führt direkt zur Flaniermeile **The Mall**, die sich beiderseits am Ufer des an dieser Stelle begradigten Flusses Carrowbeg erstreckt. Die gut erhaltenen georgianischen Häuserfassaden vereinen sich mit den Baumreihen zu einer malerischen Kulisse. Die Stadt sollte vor allem den Angestellten des Herrensitzes **Westport House** als Wohnraum und ihrer Herrschaft zum Flanieren dienen. Der deutschstämmige Architekt Richard Cassels hatte das Anwesen 1730 im Auftrag von John Browne, dem Earl of Altamont errichtet. Besucher finden im Inneren kostbare Antiquitäten, chinesisches Porzellan, wertvolle Schnitzereien, eine Wachsfigurenausstellung und eine üppige Gemäldesammlung. Unvergesslich ist ein Spaziergang durch den englischen Garten hinter dem Westport House, wo von

↑ Friedhofskreuze in Clonmacnoise (oben)
↑ Schon vor 1500 Jahren war Clonmacnoise besiedelt.
↗ Westport House mit Kunstschätzen aus aller Welt

einem von Arkaden umgebenen Teich üppig begrünte Terrassen nach oben steigen.

Zehn Kilometer westwärts geht es direkt auf den **Croagh Patrick**, den heiligen Berg der Iren. Der 765 Meter hohe, völlig kahle Kegel ist das bedeutendste Pilgerziel der Insel. **St. Patrick** zu Ehren steigen am letzten Julisonntag bis zu 30 000 Gläubige hinauf zur kleinen Gipfelkapelle, die der Legende nach der Heilige selbst erbaut haben soll, als er 441 den Berg bestiegen und oben 40 Tage gefastet hat. Mittels einer Glocke soll er Zigtausende Schlangen in den Abgrund gelockt und damit das Land von dieser Plage befreit haben. Außerhalb der Pilgerzeit bietet der heilige Berg einen grandiosen Blick bis nach Achill Island.

Tourist Office. Bridge Street, Westport, www.discoverireland.ie/westport

Bizarre Furchen haben die Gletscher einst ins Gestein des Burren geschliffen.

53 The Burren

Lust auf Stein? Na, dann: einmal rund um den Burren oder auch mitten hindurch. Der Burren hat seinen Namen vom gälischen Wort »bhoireann« – das heißt steinig und bezeichnet eine rund 40 x 25 Kilometer große karstige **Mondlandschaft**. Zwischen den endlosen Steinplatten mit den tiefen, zum Teil wie mit dem Lineal gezogenen Längsrillen offenbart sich allerdings ein Dorado für Botaniker.

Vor 15 000 Jahren haben sich zurückziehende Gletscher ihre Spuren in den weichen Sandstein gezogen. Markante Furchen zeugen von dieser Bewegung – ebenso wie ein für den Besucher unsichtbares unterirdisches Labyrinth aus Bachläufen und Seen. Dieses Wasser stammt aus den oberirdischen Seen, die sich nach starken Regenfällen in den Senken bilden und dann unter dem Felspanzer versickern. Das wenige Wasser sorgt im Mai und Juni für eine seltsame Blütenpracht inmitten der Einöde.

Der **Poulnabrone-Dolmen**, ein Megalithgrab auf etwa halber Strecke zwischen Kilfenora und Ballyvaughn, datiert auf etwa 3500 v. Chr. und ist der älteste dokumentierte Dolmen Irlands. Die Bauweise entspricht einem sogenannten Keilgrab. Ursprünglich war der komplette Dolmen von einer Erdkuppel bedeckt, die jedoch nach und nach den Witterungseinflüssen zum Opfer gefallen ist.

Der komplette Burren mit seinen 320 Quadratkilometern lässt sich zwar trefflich mit dem Auto erkunden, intensiver geht's mit dem Fahrrad oder zu Fuß. **The Burren Way** heißt der knapp 120 Kilometer lange Rundweg, der auch an den Cliffs of Moher vorbeiführt. Auch für geübte Wanderer empfehlen sich mindestens vier Zwischenübernachtungen.

54 Bunratty Castle – speisen wie im Mittelalter

Keine Sorge, die Schildkrötenpanzer in der prunkvollen Eingangshalle von Bunratty Castle benutzt man nicht mehr als Suppenschüssel. Die Finger sind gefragt, wenn man eines der mittelalterlichen Festgelage in der Burg bucht. Seit Anfang der 1960er-Jahre werden sie angeboten und ziehen heute rund 120 000 Besucher pro Jahr nicht nur nach Bunratty, sondern auch in die benachbarten Burgen **Dunguaire Castle** und **Knappogue Castle**. Die traditionelle irische Nacht im **Bunratty Folk Park** wirkt mit den vielen rothaarigen Sängerinnen und Tänzerinnen allerdings ein bisschen dick aufgetragen.

Bunratty Medieval Castle Banquet.
www.bunrattycastle.ie

55 Dún Dúchathair – die schwarze Festung

Das große Steinfort vor imposanter Kulisse könnte einen Tagesausflug auf Inishmore, der größten der Aran-Inseln, krönen. Eine knappe halbe Stunde zu Fuß ist es zum **Black Fort**. Auf rund 1500 v. Chr. haben Archäologen aufgrund von Kunstfunden dieses Fort datiert. Ganz ehrlich: Die Ruine alleine – es ist kaum mehr als ein gewaltiger Wall übrig – macht nicht so viel her. Es ist die Lage, die aus der hoch oben auf einer Felsbastion liegenden Festung einen magischen Ort macht. Auf drei Seiten ist sie von der senkrecht in den Atlantik stürzenden Steilküste geschützt.

56 Ashford Castle: Falkenjagd für Jedermann

Ist diese **anglo-normannische Burg** aus dem 13. Jahrhundert, die um 1850 von der Familie Guinness zum Stammsitz wiederaufgebaut wurde, wirklich Irlands feinste Hoteladresse? Der Tagestourist fühlt sich jedenfalls ziemlich adelig, wenn er sein Auto durch den prächtigen Park zwischen Cong und Loch Corrib und dann über die kleine Brücke zum Parkplatz lenkt. Dort wartet draußen ein stilecht in Zylinder und grünes

Cape gewandeter Hoteldiener, drinnen Antiquitäten, schwere Teppiche und meterhohe offene Kamine. Neben **Luxuszimmern** und **exquisiten Speisen** des deutschen Sterne-Kochs Stefan Matz hat das feudale Fünf-Sterne-Haus eine eigene **Falknerei** im Angebot: Gäste können dort auf dem Hawk Walk einen als simulierte Jagd aufgebauten Einführungskurs buchen.

Ashford Castle. Cong, www.ashfordcastle.com

57 Auf der Sky Road

Clifden ist voll, auch ein bisschen laut. Dafür sorgt in dem englischsprachigen 2000-Einwohner-Städtchen schon das überproportionale Angebot an Pubs und Seafood-Restaurants. Lohnender ist vielleicht eine kleine Runde mit dem Auto um die Halbinsel. 15 Kilometer den braunen »Sky-Road«-Schildern folgend führt die Straße vorbei an der **Clifden Bay**, **Kingstown Bay** und **Streamtown Bay** zum Teil abenteuerlich steil in die Höhe. Oben hat's immer den besten Ausblick auf den Atlantik und seine an dieser Stelle so zerfaserte Küste. Gut zwei Kilometer hinter Clifden steht die in den Außenmauern gut erhaltene Ruine des neogotischen **Schlösschens**, in dem Anfang des 19. Jahrhunderts Stadtgründer und Sheriff John d'Arcy residierte.

58 Lecarrow Harbour

Am oberen Ende des **Lough Ree**, kurz bevor sich der See wieder zum Fluss verengt und weiter

Die Sky Road eröffnet immer wieder wunderbare Blicke auf den Atlantik.

↑ Kanal zu Lecarrow Harbour

↗ Lecarrow – weltabgeschieden, aber die Fahrt unbedingt wert

Richtung Lanesborough fließt, liegt gut versteckt eine malerische, winzige **Marina**. Deren Besuch lohnt sich aus mehreren Gründen. Allerdings muss man schon ein bisschen genauer hinsehen, um mit dem Hausboot den Eingang in den Kanal zu finden. Ohne Fernglas geht gar nichts: Nach der sechsten roten Markierungsboje auf dem See links halten in Richtung Blackbrink Bay. Dahinter verbirgt sich ein enger Kanal, der zu Irlands vergessenen Welten führt. Die Atmosphäre ist unwirklich und weltabgeschieden, das Wasser glasklar. Am Ende des Kanälchens liegt **Lecarrow Harbour** mit ein paar wenigen Einwohnern und unzähligen Enten, die dem Ankömmling auf Futter hoffend entgegenstürzen. Einen kurzen Spaziergang vom Hafen entfernt liegt das Yew Tree Restaurant and Pub, urgemütlich, superleckeres Essen und allemal wert, hier entspannt über Nacht zu liegen.

Lecarrow Harbour. Roscommon, discovertheshannon.com

(59) Der Welttenor von Athlone

Viele Iren haben die Insel verlassen, um in der Welt ihr Glück zu suchen. Einer davon war der Tenor **John McCormack** aus Athlone, der zu einem der bedeutendsten Sänger Anfang des 20. Jahrhunderts avancierte. Er gastierte an allen bedeutenden Opernhäusern Europas und Amerikas und wurde zu einem der ersten Popstars der Oper, sein großer Rivale war Enrico Caruso. Der aus bitterarmen Verhältnissen stammende Sänger spendete regelmäßig große Summen seiner Konzerteinnahmen für wohltätige Zwecke. Wer das **Museum** von Athlone besucht, wird dort nicht nur Bilder und die Biografie des Welttenors finden, sondern auch Schellackplatten, auf denen seine Stimme verewigt ist. Auf Anfrage ist man gerne bereit, diese Platten auf einem Grammophon wieder zum Leben zu erwecken.

Visitor Centre Athlone. 6 Castle Street, Athlone, www.athlonecastle.ie

ESSEN, TRINKEN, ÜBERNACHTEN & CO.

Limerick

The Old Quarter Gastro Pub €€. Im Zentrum Limericks, perfekte Location von Frühstück über Mittagessen bis Abendessen, dazu ein schöner Biergarten. Übernachtung im angeschlossenen Boutique-Hotel möglich. 3 Little Ellen Street, Limerick, www.theoldquarter.ie

Clayton Hotel Limerick. Das höchste irische Hotel mit 16 Stockwerken, ein Vier-Sterne-Haus zu günstigen Preisen mit atemberaubendem Blick auf Limerick, den Shannon und die Umgebung. Steamboat Quay, Limerick, www.claytonhotellimerick.com

Thomond Park Experience. Limerick ist die Rugby-Metropole Irlands, der Thomond Park das Stadion, in dem die Erfolge gefeiert werden. Lohnenswerte Stadiontour und Museum. Cratloe Road, Limerick, www.thomondpark.ie

Aran Islands

Pier House €€. Von liebevoll belegten Broten über saftige Steaks bis zu fein zubereiteten Fischplatten hat das pittoreske Restaurant direkt am Hafen von Kilronan alles zu bieten. Das Haus verfügt auch über Gästezimmer. www.pierhousearan.com

Rhadarc an Chlair. Bei Brid Poil zu übernachten, ist ein bisschen wie zu Hause zu sein. Die Besitzerin des nahe der Burg gelegenen, netten B & B mit seinen liebevoll dekorierten Zimmern weiß so ziemlich alles über die Aran Islands. Wer Glück hat, ein Zimmer im Obergeschoss zu bekommen, kann morgens – klare Sicht vorausgesetzt – mit einem Blick auf die Cliffs of Moher aufwachen. Inisheer, Tel. 099/759 83

Aer Arann. Die wohl abenteuerlichste Anreise auf die Aran Islands ist ein Flug mit einer der kleinen Maschinen von Aer Arann. Vom Festland gehen die Flüge ab dem Connemara Airport in Inverin (westlich von Galway). www.aerarannislands.ie

Aran Bike Hire. Fahrradverleih unmittelbar am Hafen. www.aranbikehire.com

Cliffs of Moher

Moher Lodge €€. Komfortables Vier-Sterne-B&B mit hellen, freundlichen Zimmern. Direkt an der R 478. Ballard Road, Liscannor, Tel. 065/708 12 69

Cliff Cruises. Bootsfahrten am Fuße der Cliffs of Moher bieten mehrere Linien an. Ab Doolin ist die Fahrt am kürzesten. www.obrienline.com

Galway

Oscar's €€. Die berühmten Austern aus der Galway Bay gibt es hier absolut erschwinglich. 22 Upper Dominick Street, Galway, www.facebook.com/oscars.bistro

Kinlay House Hostel €. 2014 wurde das Kinlay zum besten Hostel Irlands gewählt. Ecke Marchants Road/Eyre Square, Galway, www.kinlaygalway.ie

Connemara

Mitchell's €€€. Fischrestaurant mit urgemütlichem Wohnzimmerambiente. Unbedingt probieren: den Seafood Chowder (irischer Muschel-Fisch-Eintopf) und den fangfrischen Lachs. Market Street, Clifden, www.mitchellsrestaurantclifden.com

Michaeleen's Manor B & B €€. Graue Natursteinfassade, rustikale Einrichtung innen – das etwas außerhalb von Cong gelegene Vier-Sterne-B & B steht ganz im Zeichen des John-Wayne-Klassikers *Quiet Man*, davor wurde gar eine Brücke aus der Filmkulisse rekonstruiert. Lisloughrey Quay, Cong, www.michaeleensmanor.com

Shannon-Kreuzfahrt

Kin Khao Thai €€. Warum in Irland einen Thai empfehlen? Weil das Essen sensatio-

Essen & Trinken · Übernachten · Aktivitäten u. Ä.

nell ist und an der Außenwand für die gesammelten Preise fast kein Platz mehr ist. 1 Abbey Lane, Athlone, www.kinkhaothai.ie

Hotel Sheraton Athlone €€. Das gut ausgestattete Vier-Sterne-Hotel besitzt zwölf Etagen mit teils beeindruckendem Panoramablick auf die Midlands. Gleeson Street, Athlone, www.sheratonathlonehotel.com

Silverline Cruises. Bietet in Banagher moderne, preiswerte Boote für jeden Bedarf an. The Marina, Banagher, www.silverlinecruisers.com

Achill Island

Achill Cliff House Hotel €€. Ein wenig an die Ostsee-Bäderarchitektur erinnerndes, gemütliches Drei-Sterne-Hotel, dessen kleines, aber feines Restaurant im Wintergarten mit Atlantikblick untergebracht ist. Unschlagbar: die hausgemachten Profiteroles (Windbeutel) mit Schokosoße. An der Main Road (R 319) in Keel, www.achillcliff.com

Windsurfen. Verleih von Kajaks und Surfbrettern direkt an der Trawmore Bay bei Keel. Die angegliederte Surfschule bietet auch Anfängerkurse. achillsurf.com

Ennis

Brogans €. Ältester Familienbetrieb der Stadt. Die Betreiber des gemütlichen Pubs legen Wert auf frische Zutaten aus der Region.

Livemusik ist in den Pubs allgegenwärtig.

Livemusik. 24 O'Connell Street, Ennis, www.brogansbarennis.com

Old Ground Hotel €€. Das Herrenhaus aus dem 18. Jahrhundert liegt nur wenige Schritte vom Ausgehviertel entfernt. Ecke O'Connell Street/Station Road, Ennis, www.oldgroundhotelennis.com

Custy's. Instrumente, CDs, Schallplatten – hier gibt es alles rund um den traditionellen Irish Folk. Legendär sind die Sessions, wenn hier Musiker aus der Region auftauchen. Cooke's Lane, Ennis, www.custysmusic.com

Glór. Neben den vielen Irish-Folk-Konzerten bietet das Kulturzentrum Kunstausstellungen und Lehrgänge beispielsweise für traditionelle Tänze – auch für Touristen. Causeway Link, Ennis, www.glor.ie

Clonmacnoise

The Left Bank Bistro €€. Kleines, modernes Bistro im Zentrum von Athlone mit vernünftigen Preisen. Die asiatische Ente mit fünf Gewürzen sollte probiert werden. High Street, Athlone, leftbankbistro.com

The Burren

Bofey Quinns €€. Traditioneller, uriger Pub. Ganzjährig jeden Mittwoch und Samstag Livemusik, Main Street, Corofin, www.bofeyquinns.weebly.com

L'Arco €€. Preisgekröntes, nettes italienisches Restaurant. Main Street, Ballyvaughan, www.larco.ie

Burren Breeze €. Strategisch sehr günstig gelegenes Bed & Breakfast in Lisdoonvarna, Irlands einzigem Kurort. Zimmer modern ausgestattet mit WLAN und Kaffeeküche. The Woodcross, Lisdoonvarna, Tel. 086/606 69 96

Gregans Castle Hotel €€€. Romantisches Vier-Sterne-Hotel mit einem wunderschönen Garten. Das Hotel wurde 2012 für seine luxuriöse Atmosphäre ausgezeichnet, das Restaurant ist bekannt für seine Ziegenkäse-Ravioli. Corkscrew Hill, Ballyvaughan, www.gregans.ie

Ein Fehltritt auf Slieve League, und es geht 600 Meter tief hinunter ins Meer.

DER NORDEN, NORDIIRLAND UND BELFAST

Ein modernes Museumsquartier, eine spektakuläre Küstenstraße und W. B. Yeats

ZUR ORIENTIERUNG

DER NORDEN, NORDIRLAND UND BELFAST

Atemberaubende Klippenrouten, weite Sandstrände, ein berühmter Dichter und Attraktionen rund um die *Titanic* in Nordirlands aufstrebender Metropole.

Unbedingt anschauen ...

60 BELFAST TITANIC QUARTER

Hier wurde einst die *Titanic* gebaut, jetzt entstehen auf dem ehemaligen Werftgelände neben dem einzigartigen Museum Titanic Belfast moderne Appartements, Büros und Hotels.

61 BELFAST INNENSTADT

Ein Vierteljahrhundert nach dem Ende des Konflikts hat sich viel verändert. Lassen Sie sich auf Belfast ein, das mit seiner Mischung aus typisch britischem Stolz und irischer Umtriebigkeit eine lange Geschichte hat.

62 CAUSEWAY COASTAL ROUTE

Auf 193 spektakulären Kilometern führt die Straße direkt am Meer entlang. Zwischen Portstewart und Carnlough reihen sich die Highlights einer Perlenkette gleich aneinander.

63 SLIGO

Sligo ist Kunst und Musik, ist Leben in den Straßen, und der Dichter William Butler Yeats begleitet einen auf Schritt und Tritt. Es ist aber auch ein Mekka prähistorischer Kulte mit den Steingräbern von Carrowmore.

DONEGAL

Die nördlichste Grafschaft Irlands ist das Tor zum Norden, ihre Hauptstadt gleichen Namens die Metropole der Tweedindustrie.

GLENVEAGH-NATIONALPARK

Unberührte Lebensräume, eine geschützte Tierwelt und schöne Wanderwege zum Schloss am Lough Veagh machen Glenveagh zum idealen Ausflugsziel.

Wenn noch Zeit ist ...

66 Londonderry
67 Belfast Cathedral Quarter
68 Strangford Lough
69 Slieve League
70 Inishowen
71 Bootstour auf dem Lagan
72 Botanic Garden und Ulster Museum in Belfast
73 Lough Gill

Der perfekte Tag

Der nordirische Tag: ein bisschen Cote d'Azur – und ab nach Belfast

9 Uhr – Wer Nordirland begreifen will, sollte das Land zwischen jenen beiden Städten queren, die mehr als alle anderen als Symbol für den jahrzehntelangen Bürgerkrieg stehen: von Londonderry nach Belfast also. In Londonderry geht's am Morgen durch das Bogside-Viertel mit seinen imposanten Hauswand-Malereien, den sogenannten Murals.

12 Uhr – Das hat schon was von Cote d'Azur: 193 Kilometer führt die Causeway Coastal Route (das Pendant zum irischen Wild Atlantik Way) entlang des

Nordatlantiks und der Irischen See. Erster spektakulärer Stopp: Dunluce Castle – auf der Klippe schwebend und halb ins Meer gestürzt.

13 Uhr – Nächster Halt: Bushmills. Bleibt die Frage: Führung durch die Whiskey-Destillerie vor oder nach dem Besuch des Giant's Causeway. Letzterer besteht aus 40 000 aus dem Meer ragenden Basaltsäulen und ist, so die Sage, Teil eines Weges für Riesen gen Schottland.

15 Uhr – Jetzt wird es Zeit für etwas Nervenkitzel: Wenige Kilometer vor dem Fischerörtchen Ballycastle führt eine Brücke von der Küste auf ein klitzekleines Inselchen. Aber nicht irgendeine: Die Carrick-a-Reed Rope Bridge ist keinen Meter breit, schwankt an den Seilen und drunter tost die See. Aber es gab ja vorhin erst einen Whiskey ...

17 Uhr – Angekommen in Belfast. Ein kleiner Stadtrundgang für einen ersten Überblick über Irlands zweitgrößte Stadt: am besten beginnend am Grand Opera House in der Great Victoria Street, einem über 120 Jahre alten Kleinod viktorianischer Architektur. Von dort aus bummeln Sie durch die Stadt an der City Hall vorbei zur Waterfront Hall und dem Lagan.

19 Uhr – Irische Musik, ein leckeres Abendessen und ein gutes Pint Bier. Der Crown Liquor Store in der Great Victoria Street ist Nordirlands ältester Pub und wunderbar, um den Tag Revue passieren zu lassen.

20 Uhr – Bevor es in eines der vielen guten Hotels in Belfast geht noch ein kurzer Abstecher an den Lagan. Hier kann man sich schon mal auf den nächsten Tag einstimmen: Gegenüber liegt das Titanic Quarter, in dem man leicht einen weiteren perfekten Tag verbringen kann.

↖ Spektakuläre Aussichten: die Causeway Coastal Route
↓ Dunluce Castle klebt an der nordirischen Küste.
↘ Nachts glänzt die Stadt: die Skyline von Belfast.

60

BELFAST TITANIC QUARTER

Wahrlich titanisch

Das Beste, …

WEIL man nirgends sonst auf der Welt der Geschichte des legendärsten Schiffs aller Zeiten näher kommt

FÜR alle, die nicht nur Filme lieben, sondern wissen wollen, wie die *Titanic* wirklich war

IM Juni und Juli, wenn die Sonne vom Himmel strahlt

DIE 3 MUST DOS:

- Titanic Belfast Museum
- Titanic Walking Tour
- Titanic Dock & Pump House

Schneller, größer, schöner, moderner – alle Attribute, die das bekannteste Schiff der Welt, die **Titanic**, charakterisieren, treffen auch auf das neue Titanic Quarter in Belfasts altem Werftviertel im Hafen zu. Das **Museum Titanic Belfast** ist weltweit einzigartig, dazu kommt ein ambitioniertes Projekt für Appartements, Büros und Hotels, das das Gesicht der Stadt verändern und ins 21. Jahrhundert führen wird.

Der Stapellauf und Untergang der Titanic

Als die *Titanic* bei ihrer **Jungfernfahrt** am 14. April 1912 einen Eisberg rammte und in den eiskalten Fluten des Atlantischen Ozeans versank, war die Trauer über die 1517 Toten auf der ganzen Welt groß. In Belfast aber dürfte sie riesig gewesen sein. Hier wurde das damals größte, modernste und beste Schiff in der Werft von **Harland & Wolff** von rund 3000 Arbeitern gebaut, wie die Schwesterschiffe *Britannic* und *Oceanic*. Zum Stapellauf am 31. Mai 1911 kamen 100 000 Besucher, man war stolz auf die Ingenieurskunst der Schiffsbauer, die den guten Ruf Belfasts über die Weltmeere hinaus trugen. Dieser Stolz versank mit der *Titanic* auf dem Meeresgrund.

Titanic Walking Tour. Der Geburtsort der Legende lässt sich mit den Enkeln ihrer Erbauer hautnah erleben. www.titanicwalk.com

Jahrzehnte wurde in Nordirland aus Scham nach der Katastrophe das Thema *Titanic* totgeschwiegen. Bis zum 1. September 1985. Da entdeckte Dr. Robert Ballard das **Wrack** und bald gab es eine Gewissheit: Die Arbeiter aus Belfast hatten keine Schuld am Untergang, es war kein Konstruktionsfehler, es war keine schlampige Arbeit. Schuld an dem Unglück hatten andere wie Kapitän Edward John Smith und Bruce Ismay, der Direktor der Reederei White Star Line. Das alte Sprichwort hatte sich bewahrheitet: »She was alright when she left here«, »Sie war in Ordnung, als sie abfuhr«, das hörte man immer von den Alteingesessenen über die Titanic.

Es dauerte weitere Jahrzehnte und brauchte noch den Anstoß des wohl berühmtesten **Titanic-Films** von James Cameron aus dem Jahr 1997 mit Kate Winslet und Leonardo DiCaprio, um in Belfast einen Entschluss reifen zu lassen: ein eigenes **Titanic-Museum**, in dem die Geschichte dieses Schiffes und dieser Stadt so erzählt wird, wie sie war. Doch mit **Titanic Belfast** ist es bei Weitem nicht getan. Die nordirische Regierung beschloss, diesen brach liegenden Teil der Stadt in einem Maß zu entwickeln, das weit über den Bau eines zugegeben genialen Museums hinausgeht.

The Dock Cafe €. Alternatives Café am Jachthafen, man bezahlt, was man möchte. 2K Queen's Road, Titanic Quarter, Belfast, www.the-dock.org/cafe

TIPP

WO GESCHICHTE GESCHRIEBEN WURDE

Etwa eineinhalb Kilometer nördlich von Titanic Belfast befindet sich das Trockendock, in dem die Titanic nach ihrem Stapellauf innerhalb eines Jahres zusammengebaut wurde. Man übersieht dieses Kleinod schnell, das wäre aber ein Fehler. Das Pumpenhaus in einem roten Backsteinbau ist so erhalten, wie es vor 100 Jahren war. Auch wenn die Farbe an den Wänden abblättert, der marode Charme nimmt einen sofort ein. Die Pumpen schafften es, 150 000 Liter Wasser pro Minute aus dem Dock zurück in den Hafen zu bringen. In 100 Minuten war das Dock, in welches die Titanic genau hineinpasste, leer. Fast 14 Meter ist es tief. Wenn man die steinernen und vermoosten Treppen hinunterläuft und im Dock nach oben schaut, läuft einem ein Schauer über den Rücken – hier wurde Geschichte geschrieben.
Titanic's Dock & Pump House. *NI Science Park, Queen's Road, Belfast*

Neues Leben für Queen's Island

In den 1990er-Jahren war das Ende der fast zwei Jahrhunderte dauernden **Schiffsbautradition** in Belfast absehbar. Bei **Harland & Wolff** arbeiteten einst bis zu 35 000 Menschen, es wurden mehrere Tausend Schiffe hier gebaut. Doch der Wettbewerb im industriellen Schiffbau wurde immer härter, asiatische Werften waren billiger. Nachdem 2003 das letzte Schiff bei Harland & Wolff übergeben worden war, wurde die Werft geschlossen.

Der Konzern **Harland & Wolff** änderte inzwischen seine Ausrichtung und ist heute einer der größten Hersteller von Offshore-Windanlagen auf der Welt – allerdings mit nicht einmal mehr 1000 Mitarbeitern. www.harland-wolff.com

Nordirland begriff den tiefgreifenden Strukturwandel als Chance. Vor 150 Jahren wurde die **Mündung des Lagan** in den Atlantik begradigt. Eine Entscheidung der Hafenbehörde mit historischer Dimension, so entstand das Hafengebiet rund um **Queen's Island**, die Triebfeder des Wachstums. 2005 gab es den nächsten historischen Einschnitt. Für Queen's Island wurde erneut ein Masterplan entwickelt, der einen staunen lässt: In sieben dorfähnlichen Nachbarschaften auf dem gesamten Inselgebiet gibt es rund um das Titanic-Museum und die alten Trockendock-Anlagen ein Mischgebiet mit Hotels, Büroräumen und Appartements. In den letzten zehn Jahren hat sich Queen's Island zu einem florierenden Stadtteil entwickelt, am Ende des 150-Millionen-Projekts werden 50 000 Menschen hier leben. Eingebettet sind die neuen Häuser in strahlenförmig angelegte Boulevards und Alleen, neue Grünflächen und Parks. Inzwischen haben sich unzählige neue Firmen auf Queen's Island niedergelassen, die nicht nur in neue Gebäude einzogen, sondern auch bestehende **Werftanlagen** nutzen.

In den großen Hallen hinter dem Museum auf den Werftanlagen wurde beispielsweise die Fernsehserie **Game of Thrones** gedreht.

Ein spektakuläres Museum zur Geschichte der Titanic

»Titanic by nature«, »titanisch von Natur aus«, das ist das Motto, das Anfang des 20. Jahrhunderts durch Belfast schallte und irgendwie auch das Motto, das dem Herzstück des Titanic Quarter, dem Museum **Titanic Belfast**, zu Grunde liegt. Das 117-Millionen-Euro-Projekt überzeugt mit einer Detailtreue, die ihresgleichen sucht. Sehen die Außenseiten nun aus wie Eisberge? Wie Schiffsrümpfe? Wie zerklüftete Ufos? Wahrscheinlich wie eine Mischung aus allen dreien. Die Verweise auf das historische Erbe sind überbordend – das Museum steht genau da, wo einst das Schiff gebaut wurde. Die 2,4 Zentimeter dicke Stahlplatte für das drei Meter

Titanic Belfast. Das Museum wurde am 31. März 2012, fast auf den Tag genau 100 Jahre nach dem Untergang, eingeweiht. 1 Olympic Way, Queen's Road, Belfast, www.titanicbelfast.com

↓ Der Vorplatz des Museums Titanic Belfast
→ Mit Blick auf die Slipways wird im Film die Titanic zu Wasser gelassen
↘ Besucher im Eingangsbereich des Museums

hohe und zwölf Meter lange Eingangsschild ist eine der Platten, die beim Schiffsbau selbst verwendet wurden. Die langen Rolltreppen im Inneren erinnern an das Labyrinth der Gänge im Schiff, die Galerien sind mit Stahlplatten verkleidet. In der sechsten Etage blickt man aus dem **Panoramafenster** in gleicher Höhe und gleichem Winkel wie 1911 auf die Slipways, die Rampen, auf denen die Rümpfe der Titanic und ihres Schwesterschiffes *Oceanic* mithilfe von über 30 Metern hohen Gerüsten gleichzeitig gebaut wurden. Von der Rampe, auf die man schaut, wurde die Titanic zu Wasser gelassen und durch den gut eine Minute dauernden Film mit Originalaufnahmen von damals fühlt man sich in das Jahr 1911 versetzt. Einer von vielen Gänsehaut-Momenten im Museum, das mit moderner Technik glänzt. Es ist ein Glanz, dem zum Glück jegliches Disneyhafte abgeht. **Titanic Belfast** ist kein laut tosendes Jahrmarktspektakel, es setzt sich seriös und wohltuend ruhig mit der Geschichte der Stadt, der überaus großen gesellschaftlichen Bedeutung des Schiffsbaus und der Leinenindustrie und den Bedingungen für die Menschen beim Bau der Titanic auseinander, die einem heute vollkommen unvorstellbar erscheinen.

Es gibt sogar eine Art **Achterbahn**, die sich nicht effekthaschend dem Untergang widmet, sondern einen lautstark erleben lässt, wie am Schiffsrumpf geschweißt wurde, wie es stank und wie die Arbeiter schuften mussten – selbst als Kinder.

Ein ganzer Tag für das Titanic-Belfast-Gelände

Und wie stolz sie auf das Geschaffene waren, das aufgrund seiner schieren Größe und Maßlosigkeit auch symbolisch für das Denken Anfang des 20. Jahrhunderts stand, das nur wenige Jahre später in der Katastrophe des Ersten Weltkrieges mündete. Natürlich gibt es jede Menge Arte-

↓ Einblicke in das frühe 20. Jahrhundert gibt es auf der SS Nomadic.
↘ Auch die Entwicklung der Stadt wird in Titanic Belfast beleuchtet.

Führung im Titanic-Tenderboot SS Nomadic – heute ein beliebtes Museumsschiff

fakte, wurden Kabinen nachgebaut, wird man mit Zahlen bombardiert – doch immer dann, wenn es angebracht ist, sich lieber pietätvoll zurückzuhalten, gelingt das den Museumsmachern. Insbesondere in den Räumen, in denen der Untergang geschildert wird. Der Blick durch den Glasboden auf die hochauflösende Aufnahme des Wracks ist beeindruckend.

Mehr als 800 000 Besucher pro Jahr besuchen inzwischen Titanic Belfast. Ihnen werden neben dem Museum viele andere Attraktionen im Umfeld geboten. Ein Tag ist schnell vergangen, wenn man auch noch das Tenderboot **SS Nomadic** anschaut, die **Trockendocks** und die **Slipanlagen** besucht und bei einer der geführten Touren auch einen Blick in das ehemalige Konstruktionsbüro von Harland & Wolff wirft. Wer sich in Belfast Zeit für das Beste nehmen will, kommt an einem Besuch des Titanic Quarters nicht vorbei.

SS Nomadic. Das Tenderboot der *Titanic* befindet sich seit der Restaurierung 2012 wieder in Belfast. Hamilton Dock, Queens Road, Belfast, www.nomadicbelfast.com

INFO

Visit Belfast. 9 Donegall Square, Belfast, visitbelfast.com

61

BELFAST INNENSTADT

Eine Stadt im Wandel

Das Beste, ...

WEIL in Belfast irische Lebensfreude und britische Lebensart aufeinandertreffen

FÜR alle, die gutes Essen, Shoppen und einen netten Stadtspaziergang miteinander verbinden wollen

IM Mai und Juni vor den Oranier-Märschen

DIE 3 MUST DOS:
- Spaziergang im Queen's Quarter
- Museum in der City Hall
- Essen im St. George's Market

Die vier gefährlichen Bs – Belfast, Bagdad, Beirut, Bosnien – das waren bis in die 1990er-Jahre die Orte, an denen kein Tourist sein wollte. In Belfast nicht, weil sich die IRA und die englische Armee im **Nordirlandkonflikt** bekriegten. Die Wunden sind in der Falls Road und der Shankill Road noch allgegenwärtig. Doch seit dem **Karfreitagsabkommen** von 1998 herrscht nicht nur Frieden, dank eines gigantischen Investitionsprogramms der britischen Regierung von über rund 400 Millionen Pfund entwickelt sich Belfast von der grauen Hafenstadt zur Perle am Meer, die sicher einen längeren Aufenthalt wert ist.

Von den Normannen zur industriellen Revolution

Ist es möglich, Belfast ohne Vorurteile zu begegnen? Womöglich nicht, zu sehr steht die 340 000-Einwohner-Stadt an der Mündung des Lagan in den North Channel für den Nordirlandkonflikt und die Fehler der englischen Krone im Umgang mit den Iren. Doch ein Vierteljahrhundert nach dem Ende des Konflikts sind signifikante Fortschritte in der Weiterentwicklung der Stadt zu sehen, baulich wie touristisch. Deswegen sollte man sich frei machen von Vorurteilen und auf Belfast einlassen, das mit seiner Mischung aus typisch britischem Stolz und irischer Umtriebigkeit eine lange zurückreichende Geschichte hat. Die erste **Normannenburg** gab es 1177, den ersten richtigen Aufschwung aber erst mit der sogenannten **»Plantation«**, der Besiedelung der Provinz Ulster durch englische und schottische Siedler zu Beginn des 17. Jahrhunderts. Es folgten im späten 17. Jahrhundert französische Hugenotten, ein beispielloser Aufschwung durch die Leinen- und die Schiffbauindustrie begann. Ende des 19. Jahrhunderts hatte Belfast sogar Dublin den Rang abgelaufen, war die einzige Stadt auf der ansonsten ärmlichen Insel, die durch die **industrielle Revolution** rasant wuchs. Zwischen 1800 und 1914 von 20 000 auf 400 000 Bürger.

↖ Das Rathaus am Donegall Square
↓ In der Innenstadt von Belfast
↘ Titanic Memorial vor dem Rathaus in Belfast

RUNDGANG

Belfast

Die Innenstadt Belfasts kann man leicht zu Fuß erkunden, alles liegt nahe beieinander. Hilfreich sind die informativen Tafeln vor wichtigen Gebäuden.

A **Grand Opera House** – Der beste Startpunkt ist das Grand Opera House in der Great Victoria Street. Das 1895 eröffnete Gebäude ist ein Kleinod für Fans viktorianischer Architektur. Anfang der 1990er-Jahre wurde es zweimal bei Bombenanschlägen der IRA beschädigt, wie das benachbarte Europa-Hotel, das Hotel in der EU, das die meisten Anschläge überstand – 23 insgesamt.

B **Donegall Square** – Vom Opernhaus geradeaus nach Osten die Howard Street entlang. Nach 250 Metern liegt links der Donegall Square mit der Belfast City Hall. Dort lohnt sich die 45-minütige kostenlose Führung durch das Rathaus. Im Park um das Rathaus finden sich eine Statue von Queen Victoria sowie ein Titanic-Mahnmal mit den Namen aller Toten des Untergangs im April 1912.

Kulinarische Genüsse auf dem St. George's Market

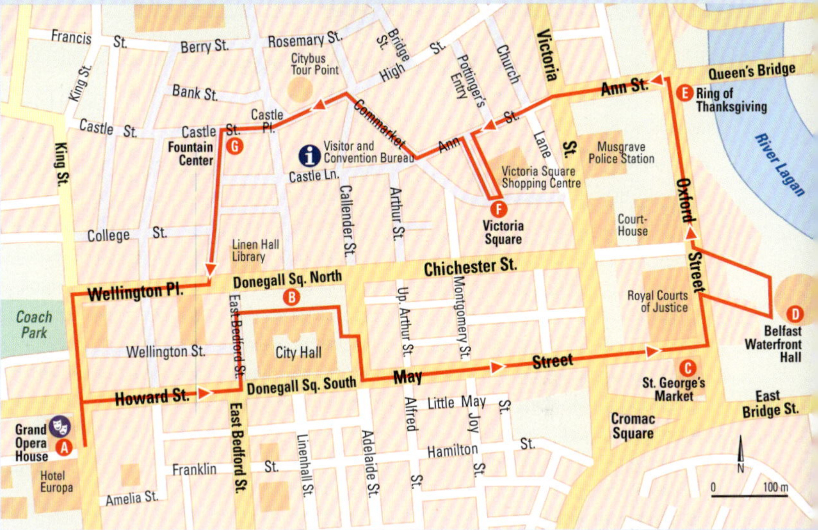

C **St. George's Market** – Zurück auf den Donegall Square South, der in die May Street übergeht. Nach rund 500 Metern liegt rechts der St. George's Market, der am Wochenende buntes Marktgewusel bietet.

D **Belfast Waterfront Hall** – Das markante Gebäude der Belfast Waterfront Hall ist nicht zu übersehen. Dort kann man am Lagan kurz verweilen oder sich auf der Belfast Barge das Museum zur Industriegeschichte der Stadt anschauen.

E **Ring of Thanksgiving** – Nach einem kurzen Fußweg Richtung Norden sieht man Queen's Bridge, davor steht das Kunstwerk Ring of Thanksgiving. Hier links in die Ann Street bis zum Victoria Square.

F **Victoria Square** – Belfasts größtes Einkaufszentrum ist für Shopaholics ein Muss, aber mit seinem geschwungenen Glasdach auch architektonisch interessant.

G **Fountain Center** – Wieder zurück auf die Ann Street, von dort westwärts zum Cornmarket. Dort rechts Richtung Castle Street. Links abbiegen. Nach etwa 300 Metern liegt links eine kleine Straße namens Fountain Street. Nach 50 Metern links ist im ersten Stock das sogenannte Fountain Center mit der liebevoll gestalteten Uhr mit Figuren aus *Alice im Wunderland* zu sehen, die sich begleitet von Glockenspiel stündlich zeigen. Die Fountain Street mündet im Wellington Place, dort rechts bis zur Great Victoria Street, dem Ausgangspunkt.

TIPP

ST. GEORGE'S MARKET

Südlich des imposanten Gerichtsgebäudes und in Sichtweite der Waterfront Hall steht ein rotes Backsteingebäude, der St. George's Market. 1896 wurde er eröffnet, damals einer von zwölf Märkten, auf denen die Bauern aus der Umgebung Eier, Butter, Geflügel, Früchte und Gemüse verkauften. J. C. Bretland baute den Markt zwischen 1890 und 1896, seine wunderbaren grünen Eisensäulen im viktorianischen Stil und das Glasdach wurden bei der 3,5 Millionen Pfund teuren Renovierung Ende der 1990er-Jahre zum Glück erhalten. Die bunte Mischung macht den Markt, der nur freitags bis sonntags offen ist, zum Geheimtipp: Flohmarktschätze zwischen Fischspezialitäten, Konzerte vor dem dampfenden Wok, Kunsthandwerk neben frischen Eiern.
St. George's Market. *East Bridge Street, Belfast, www.belfastcity.gov.uk/stgeorgesmarket*

Boomtown Belfast

Ein Beispiel aus dieser Zeit des Aufschwungs ist die **City Hall**, das Rathaus, das heute das Zentrum der Stadt mit ihrer großzügigen Fußgängerzone darstellt. Das 1906 eingeweihte, extravagante Gebäude spiegelt die wirtschaftliche Macht zur Zeit seiner Erbauung wider: weißer Portlandstein außen, im klassischen Renaissancestil mit jeder Menge Marmor innen

Altgedienter Barkeeper im Crown Liquor Saloon

↑ Queen Victoria Memorial in Belfast
↗ Das Europa Hotel erlebte über 20 IRA-Bombenattentate (oben).
↗ Shoppen in der High Street in Belfast

City Hall. Belfasts prunkvolles Rathaus mit schönem Park und Titanic-Memorial. Donegall Square, Belfast, www.belfastcity.gov.uk

Crown Liquor Saloon €€. Nordirlands ältester Pub, liebevoll restauriert mit farbenprächtigen Kacheln an der Fassade und edlem Mahagoni im Inneren. Große Bierauswahl und gute Burger. 46 Great Victoria Street, Belfast, www.nicholsonspubs.co.uk

und eine beeindruckende Rotunde obendrauf. Warum die Bronzestatue von **Queen Victoria** vor dem Haupteingang so mürrisch dreinblickt, ist unklar, denn Belfast machte der englischen Krone zumindest damals immer Freude.

Die Innenstadt ist weitgehend saniert und bietet viele spannende Einblicke in die britische Art des irischen Lebens. Mit offenen Augen sich Zeit zu nehmen lohnt sich. Ob das nun das **Grand Opera House** oder der Bereich rund um die **City Hall** ist, gerade hier erlebt man das alte Belfast, das zur Zeit von Queen Victoria von der britischen Krone besonders gehegt und gepflegt wurde. Dass auch das moderne Great Britain ein millionenschweres Herz für Belfast hat, ist an großen Shoppingpalästen und Entertainment-Centern wie dem **Victoria Square** ersichtlich.

↑ Das Lagan Weir, die Wehranlage im Fluss zum Meer
↓ Blick auf die neu gebaute Belfast Waterfront Hall

Nur einen kurzen Fußmarsch von der Innenstadt entfernt trennt die sogenannte Peace Wall, auf der sich auch Barack Obama oder der Dalai Lama verewigt haben, die Shankill von der Falls Road – ein katholisches und ein protestantisches Viertel. Die Wunden des jahrzehntelangen Kampfes der IRA gegen die britischen Truppen sind noch nicht verheilt.

Der Lagan – die Lebensader der Stadt

Eines der ersten großen Projekte zur Revitalisierung der Stadt war das **Waterfront-Projekt** am Lagan. Die **Waterfront Hall** steht auf historischem Grund, der **Lanyon Place** vor ihren Toren war einst der wichtigste Viehmarkt der Stadt. Dahinter fließt der Lagan, ohne den sich Belfast nie zu einem der bedeutendsten Häfen der irischen Insel hätte entwickeln können.

Entstanden ist nach fünf Jahren Bau und Planung das 1997 eingeweihte **Konferenz- und Konzertzentrum**, in dessen Auditorium 2235 Menschen Platz finden – für internationale Konferenzen ebenso wie für Konzerte. www.waterfront.co.uk

Zum Glück wurde 1994 das **Lagan Weir**, die Wehranlage hinter der Queen's Bridge und der Queen Elizabeth Bridge, gebaut. Vor allem bei Ebbe herrschte fürchterlicher Gestank am Fluss, bedingt durch den Schlamm und die Abfälle im Wasser. Heute hat sich der Lagan so weit regeneriert, dass sogar wieder Lachse dort vorkommen. Und auch das Waterfront-Projekt wächst und gedeiht, in den letzten Jahren wurde eine 150 Millionen Pfund teure Erweiterung fertig, die vor allem bezahlbaren Wohnraum bietet. An der Queen's Bridge steht der **Ring of Thanksgiving**, eine 20 Meter hohe Statue, der die Bürger den Spitznamen »Loola with the Hoola« gegeben haben, da sie aussieht, als hielte sie einen Hula-Hoop-Reifen.

Buntes Studentenleben im Univiertel

Einer der jüngsten Stadtteile ist **Queen's Quarter**, denn bis 1801 bildete die Straße am Rathaus das südliche Ende der Stadt, dahinter war Farmland. Die zentrale Lisburn Road wurde 1821 fertig, das Viertel wuchs nach der Gründung der **Queen's University** (1849), des **Presbyterian Assembly's College** (1853) und des **Methodist College** (1868) rasant. Die viktorianischen Häuser und das quirlige Studentenleben mit hippen Bars machen heute seinen Reiz aus.

INFO

Visit Belfast. 9 Donegall Square, Belfast, visitbelfast.com

62

CAUSEWAY COASTAL ROUTE

Enge Kurven und steile Klippen

Das Beste, …

WEIL man hier einen Riesen treffen und Ritter spielen kann

FÜR Entdecker, Abenteuerlustige, Whiskey-Liebhaber und all jene, die gerne Küstenstraßen entlangcruisen

IM Sommer, bei Cabrio- oder Motorradwetter

DIE 3 MUST DOS:
- Giant's Causeway
- Dunluce Castle
- Carrickfergus Castle

Was der Republik Irland der »Wild Atlantic Way«, ist den Nordiren die »Causeway Coastal Route«: Und mal ehrlich, die ist auf ihren nur 193 Kilometern um Längen spektakulärer. Warum? Ganz einfach: Diese Straße führt – von Derry nach Belfast – auch wirklich jeden Meter am Meer entlang. Besonders zwischen **Portstewart** und **Carnlough** reihen sich die Sehenswürdigkeiten einer Perlenkette gleich aneinander, verbunden durch atemberaubende Ausblicke bis hinüber nach Schottland.

Mondäner Glanz in Portstewart und Portrush

Nordirlands Küste ist eben nicht nur der Giant's Causeway, auch wenn es unverzichtbar ist, in die Fußstapfen des Riesen Finn zu treten. Mit kleineren Schritten, dafür zu Tausenden rennen die Badeurlauber, vorwiegend Schotten und Engländer, ein paar Kilometer weiter westlich in den Atlantik. **Portstewart** und **Portrush** sind zwar nach englischem Vorbild mit viel Kirmes und Kitsch zugebaut – aber die unendlich weiten Sandstrände und die tagsüber weitgehend neonreklamefreie, schneeweiße Bäderarchitektur vermitteln noch immer den mondänen Glanz früherer Tage. Und ein Abstecher westwärts zum ehemaligen, abgebrannten Landsitz **Downhill** ist ohnehin Pflicht: Völlig aberwitzig steht hoch droben am Rand der Steilküste der Mussenden-Tempel, ein kreisrundes Gebäude mit Kuppel, das 1785 im Auftrag des Bischofs von Derry nach dem Vorbild des römischen Vesta-Tempels erbaut wurde. Inzwischen wurde die näher rückende Abbruchkante mit etlichen Tonnen Stahl stabilisiert, damit das Kleinod nicht ins Meer stürzt.

Die wechselvolle Geschichte von Dunluce Castle

Dieses Schicksal hat ein nicht unwichtiger Teil des **Dunluce Castle** hinter sich: Die Küche der schwindelerregend auf die Klippe bei **Portballintrae** gezimmerten Burg brach in einer stürmischen Nacht einfach ab. Lady MacDonnell hatte, ohnehin vom Tosen der Brandung genervt, endgültig genug vom Leben an der See und brachte ihren Gatten um 1680 dazu, das Domizil zu wechseln. Die MacDonnells waren Mitte des 16. Jahrhunderts von der schottischen Insel Islay gekommen, um an der Seite der walisischen MacQuillans gegen die aufsässigen Iren zu kämpfen. Zu Beginn des 17. Jahrhunderts baute die nächste MacDonnell-Generation, längst gut Freund mit den irischen Rebellen, die vorhandene Burg aus und eine richtige kleine Stadt drumherum auf, die freilich während des irischen

Dunluce Castle. Burgruine aus dem 16. Jahrhundert direkt am Rand der Klippen. 87 Dunluce Road, Bushmills, discovernorthernireland.com

↑ Ein Whiskey nach der Bushmills-Führung (oben)
↑ 40 000 Basaltsäulen säumen das Meer.
↗ Für Wagemutige: die Carrick-a-Rede Rope Bridge

Aufstandes 1641 von schottischen Eindringlingen niedergebrannt wurde. So ging es auch mit dem leer stehenden Dunluce Castle dahin – das heute mit seinen zerklüfteten Türmen und wuchtigen Mauerresten eine abenteuerliche Kulisse bietet.

Giant's Causeway – von der Fantasie geformt

Der Riese **Finn Mac Cumhaill** war verliebt. Dumm nur: Seine Angebetete lebte draußen auf einer Insel vor Schottlands Küste. Also baute er sich einen steinernen Weg hinüber. Das ist natürlich Unsinn. Die Wahrheit ist: Der Riese Finn wurde vom schottischen Artgenossen Benandonner derart provoziert, dass er diesen Damm aus Steinsäulen ins Meer getrieben hat, um ihn zur Rechenschaft zu ziehen. Doch schien ihm der etwas zu groß, weshalb er zurück nach Hause flüchtete. Dort wollte ihn nun der Schotte aufsuchen. Und so griff Finn zur List, baute eine Wiege und legte sich hinein. Das erschreckte Benandonner: Wenn das Baby schon so riesig ist, wie groß ist erst der Papa? Der Schotte nahm Reißaus, zerstörte den Weg und fortan war Ruhe.

So, damit wäre die Entstehung dieser knapp 40000 akkurat in Reih und Glied an der nordirischen Küste stehenden **Basaltsäulen** geklärt. Zumindest, wenn man den alten Sagen glaubt. Weitaus realistischer klingt freilich die wissenschaftliche Theorie, dass die bei einem vulkanischen Ausbruch durch die Erdkruste drängende Lava im Meerwasser zu geometrischen, überwiegend sechseckigen und bis zu 24 Meter hohen Säulen erstarrte – vor 60 Millionen Jahren. Das Ganze ist so spektakulär, dass der Landstrich seit 1987 UNESCO-Welterbe ist.

Vom hypermodernen **Besucherzentrum** fährt ein Busshuttle die Bequemen zu dem **Naturschauspiel**. Die neben dem 20-minütigen Küstenspaziergang einiges verpassen. Zum Beispiel den grasbewachsenen Felsen zwischen den Buchten **Portnaboe** und **Port Ganny**; ein klein bisschen Mut gehört dazu, hinaufzusteigen, aber von oben ist der Blick entlang der Klippen toll. Auch die kleineren Felsen im Meer haben einen Seitenblick verdient: »Kamelrücken«, »Harfe« und »Amphitheater« – die Namen tragen sie ob ihrer Ähnlichkeit mit eben diesen. Und die ganz Fleißigen kehren am Giant's Causeway auch noch nicht um. Denn zehn Minuten weiter führen die 148 »Sheperd's Steps« auf den **Aird Snout** – bei klarer Sicht reicht der Blick bis auf Inishowen.

The Nook €€. Ums Eck gleich der Giant's Causeway und bei gutem Wetter die Option, auf den Holzbänken im Freien zu essen: Das sind die Trümpfe des kleinen Restaurants – und natürlich der hervorragende Sea Chowder. 48 Causeway Road, Bushmills, Tel. 028/20 73 29 93

Bushmills – die älteste Destillerie der Welt?

Die Iren, Schotten und Waliser balgen sich ja schon immer darum, wer ihn denn nun erfunden hat, den Whiskey. Sicher ist nur: Die Schweizer waren's nicht. In **Bushmills** grenzen die Macher das ein bisschen ein, behaupten weitgehend unwidersprochen, ihre **Destillerie** sei die älteste lizenzierte der Welt. Nun, gebrannt wurde hier schon im 15. Jahrhundert, eine erste Konzession gab es 1606 und amtlich ist der Erhalt der Lizenz: Seit 1784 wird in Bushmills legal produziert. Auch der feine Single Malt, der nicht mit dem Gebräu anderer Brennereien verschnitten sein und ausschließlich aus gemälzter Gerste produziert werden darf. Eine romantische Angelegenheit ist das inzwischen nicht mehr, in den alten Backsteinhallen mit den zwei Pagodentürmen versteckt sich längst modernste Technik.

Bushmills Distillery. Eine Führung ist interessant, und am Ende gibt's auch ein Gläschen zum Probieren. Möglicherweise älteste lizenzierte Whiskey-Destillerie der Welt. 2 Distillery Road, Bushmills, www.bushmills.com

TIPP

CUSHENDUN – IDYLLISCHER GEHT'S KAUM

Gäbe es in dem putzigen Pub Mary McBrides am klitzekleinen Hafen Espresso und spräche der nette Wirt – die gute alte Mary ist längst verschieden – Italienisch, man möchte glauben, in Portofino zu sein. Na ja, ganz so bunt sind die Häuschen nicht in Cushendun und Designerboutiquen hat's auch nicht. Aber das Nest nördlich von Cushendull ist so pittoresk wie kaum ein zweites in Irland. Und irgendwie hat man das Gefühl, die 150 Menschen hier freuen sich, wenn ein Besucher vorbeischaut. Dabei hatte der Lord of Cushendun, Ronald McNeill, 1912 die Siedlung als Ferienanlage entwerfen lassen. Übrig sind drei Übernachtungsmöglichkeiten: Die skurrilste ist das Mullarts, dort wird in einer ehemaligen Kirche geschlafen.

Mullarts Apartments. *114 Tromra Road, Cushendun. Luxuriös ausgestattete Doppelzimmer für das ganze Wochenende, Tel. 0771/140 59 48*

Eine spektakuläre Brücke für Schwindelfreie

Weniger wuchtig, denn vielmehr filigran schwingt sich bei **Ballintoy** eine schmale Brücke über das Meer. **Carrick-a-Rede Rope Bridge** nennt sich der beängstigend schwingende Holzsteg rüber auf ein der Küste vorgelagertes Inselchen. Das ist was für Schwindelfreie. Diese Eigenschaft war vor 350 Jahren essenziell für die Fischer der Region. Denn rund um diesen Felsklotz tummelten sich die Lachse auf ihrem Weg in die Laichgründe. Da der Weg per Boot dorthin von der allzu rauen See zu oft behindert wurde, hatten die Fischer die Idee, an Ort und Stelle zu fangen – und die Brücke, seinerzeit nur aus einem noch schmaleren Tritt und einem einzigen Handseil bestehend, zum Transport ans Festland zu bauen. Seit der Jahrtausendwende spätestens hat der Fischfang hier drastisch abgenommen, heute fängt die Brücke Touristen.

Carrick-a-Rede Rope Bridge. Die spektakuläre Hängebrücke nach Carrick Island ist ein nur von zwei Handseilen und einem dünnen Auffangnetz flankierter Holzsteg. 119a White Park Road, Ballintoy, www.nationaltrust.org.uk/carrick-a-rede

Von Ballycastle nach Carrickfergus

Ab dem beschaulichen Badeort **Ballycastle** beginnt, so südwärts reisend, der Reiz der Landstraße. Hier empfiehlt es sich, die A 2 zu verlassen und den Schlenker über abenteuerliche Sträßchen vorbei am Fair Head zu nehmen. Dort ist die **Murlough Bay** ausgeschildert, ein verwunschenes Fleckchen Küste. Vom Parkplatz aus eröffnen sich kleine Wanderungen und ein sensationeller Blick rüber zum schottischen Mull of Kintyre. Die weiteren 90 Kilometer bis **Carrickfergus** sind dann der Traum jedes Cabriofahrers – doch auch mit Dach macht das Cruisen entlang des Wassers einfach nur Spaß. Den haben im **Carrickfergus Castle** vor allem die Kinder, denn an allen Ecken stehen Pappritter herum. Und Kanonen. Um 1180 von John de Courcy erbaut, begann 1315 hier mit der Belagerung der Bastion der Feldzug des Schotten und späteren irischen Hochkönigs Edward Bruce gegen die englischen Besatzer Irlands. Nun, in den beiden Weltkriegen verkam die Festung zum Bunker und Waffenlager, inzwischen ist ein interessant aufbereitetes Freilichtmuseum draus geworden. Und die Kinder können im großen Saal mit Ritterfiguren »Mensch ärgere dich nicht« spielen.

Carrickfergus Castle. Die Normannenburg aus dem 12. Jahrhundert ist eine der am besten erhaltenen Irlands. Marine Highway, Carrickfergus, discovernorthernireland.com

INFO

Tourist Information Ballycastle. 14 Bayview Road, Ballycastle, www.moyle-council.org, www.visitcausewaycoastandglens.com

Tourist Information Carrickfergus. 11 Antrim Street, Carrickfergus, www.midandeastantrim.gov.uk

Giant's Causeway Visitor Experience. 44 Causeway Road, Bushmills, www.nationaltrust.org.uk

Die normannische Burg im Hafen von Carrickfergus

63

SLIGO

Die Sehnsucht des Herzens

Das Beste, …

WEIL Kunst in Sligos Straßen allgegenwärtig ist

FÜR Für Literaten, die gerne barfuß den Strand erkunden, für Musikfans aller Genres und für all jene, die prähistorische Totenkulte schätzen

IM August zum Yeats-Festival

DIE 3 MUST DOS:
- Rosses Point
- Sligo Abbey
- Knocknaera und Carrowmore

Ab Sligo wird die Grüne Insel schmaler, die Landschaft rauer, die Population noch weniger. Als wollte sich die 20 000 Einwohner zählende Hafenstadt im Schatten des monumentalen, aber für Wanderausflüge ungeeigneten Tafelbergs Ben Bulben noch einmal aufbäumen gegen den einsamen, kalten Norden, pulsiert hier das Leben mit schnellem Schlag. Sligo ist Kunst und Musik, ist Leben in den Straßen. Sligo ist aber auch ein Mekka prähistorischen Totenkults.

Sligo und William Butler Yeats

Ein Name prägt die Kapitale der gleichnamigen Grafschaft: **William Butler Yeats**. Der Dichter, einer der bedeutendsten englischsprachigen des 20. Jahrhunderts, und Literaturnobelpreisträger von 1923 begleitet Reisende in und um Sligo auf Schritt und Tritt. Nahe Dublin geboren, verbrachte der kirchenpolitisch neutrale Protestant seine Schulferien häufig in Sligo und kehrte später regelmäßig zurück in die Gegend, die er poetisch »The Land of Heart's Desire« nannte. Politisch den irischen Nationalisten zugetan, war Yeats nach der Unabhängigkeit in den Jahren von 1922 bis 1928 Mitglied des irischen Senats.

Im Alter von 73 Jahren verstarb der Dichter 1939 in der Nähe von Nizza, wo er zunächst begraben wurde, um später im Norden Sligos an der **Kirche von Drumcliff**, wo sein Großvater Pfarrer gewesen war, die letzte Ruhe zu finden. Die Inschrift des schlichten, unscheinbar zwischen Parkplatz und Gotteshaus platzierten Grabsteins *(»Cast a cold Eye/On Life, on Death/Horseman, pass by«)* ist ein Vers aus seinem kurz vor dem Tod verfassten Gedicht *Under Ben Bulben*.

Seine Lyrik, die sich im Laufe seines Lebens von einer verträumt-mythologischen hin zu einer politisch-philosophischen gewandelt hatte, wurde später adaptiert von Musikgrößen wie The Cranberries, Angelo Branduardi, Van Morrisson oder Donovan – und sogar einigen düsteren Metal-Bands. Auch Heinrich Böll zitierte Yeats in seinem *Irischen Tagebuch*. Heute kommen die Liebhaber seiner Kunst jedes Jahr zwei Wochen im August zusammen zur **Yeats International Summer School**. Rund 200 Yeatsianer treffen sich dann zu Vorlesungen und Seminaren im **Yeats Building** an der Hyde Bridge. Auf der anderen Seite des Flusses Garavogue liegt keine 200 Meter weiter das **County Museum** mit u. a. zahlreichen Yeats-Bänden und Fotos der Familie.

Yeats Society Sligo. Rotes Backsteinhaus aus dem 19. Jahrhundert, in dem auch die Yeats Art Gallery untergebracht ist. Dort sind etwa Bilder des vielseitigen Künstlers ausgestellt. Hyde Bridge, Sligo, www.yeatssociety.com

RUNDGANG

Auf den Spuren von W. B. Yeats

Zeigt er den Weg? Der Metal Man, der Leuchtturm in Menschengestalt am Rosses Point, befindet sich draußen im Atlantik auf halbem Weg zu Coney Island. Er scheint dem Wanderer die Richtung zu weisen, der am – an dieser Stelle seichten und so gar nicht wilden – Ufer an dieser Frauenstatue steht und sich fragt, warum die Dame sich so sehnsüchtig nach dem Meer streckt. Nun auf! Folgen wir ihm und nehmen die zehn Kilometer in Angriff, um dieses Landspitzchen gegenüber der Drumcliff Bay bei einem kleinen Spaziergang zu erkunden. Dabei geht es stets entlang des seicht sich dem Wasser zuneigenden Ufers. Es empfiehlt sich, zwischendurch mal die Schuhe in die Hand zu nehmen und barfuß durchs Meer zu waten.

Eine Pilgerstätte für Yeats-Jünger ist sein Grabstein in Drumcliff.

A **Waiting on Shore Sculpture** – Start und Ziel der rund zweieinhalbstündigen, leichten Wanderung ist eine Bronzeskulptur von Niall Bruton, einem ortsansässigen Bildhauer unserer Zeit, die eine dem Atlantik zugewandte Frau zeigt. Sie steht für die Hoffnung und Sehnsucht der Angehörigen der Seeleute. Sinngemäß steht auf dem Schild zu Füßen der namenlosen Schönheit: »Auf See, im Meer verloren, oder in der Abendflut, wir lieben und vermissen euch, möge Gott zu euch halten.«

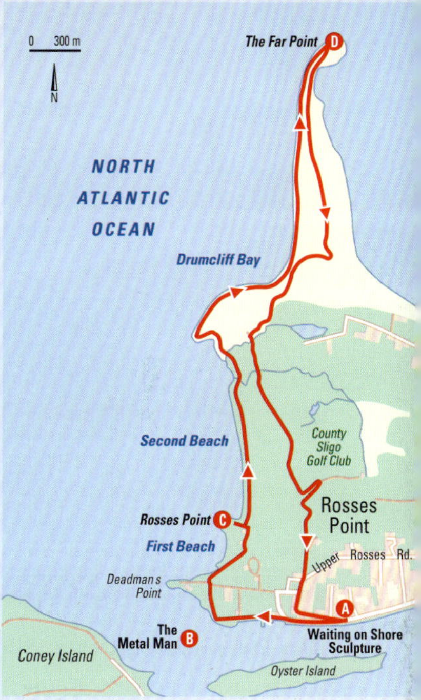

B **The Metal Man** – Gegenüber der sehnenden Seemannsgattin steht draußen im Meer auf steinernem Fundament eine gusseiserne Statue des Londoner Bildhauers Thomas Kirke. Als Leuchtturm erfüllt der eiserne Mann dank eines herkömmlichen Navigationslichtes seinen Zweck, ansonsten ist's ein Gag – wenngleich ein etwas kitschiger.

C **Rosses Point** – Auf dem schmalen Sandstrand zu dieser kleinen Ausbuchtung der Halbinsel knackt es bei jedem Schritt, der Boden ist übersät von den Überresten Tausender Krabben. Ganz anders geht es nach der Biegung um den Golfplatz weiter: Auf die sattgrünen Wiesen ergießt sich ein Meer an wilden, in allen Farben blühenden Blumen.

D **The Far Point** – An der Spitze der seichten, wasserumspülten Sandstrandzunge ist nach einer guten halben Stunde Halbzeit. Vielleicht eine mitgebrachte Brotzeit? Als Beilage gibt es gegenüber auf der anderen Seite der Drumcliff Bay die Ansicht des Lissadell House, etwas nach rechts gewandt, als Nachtisch den wohl unverbautesten Blick auf den Ben Bulben, den Hausberg Sligos, dessen Massiv dem südafrikanischen Tafelberg sehr ähnelt. Zurück geht es dann auf der anderen Seite der Halbinsel, ehe der Rundweg hinter dem Golfplatz bei Rosses Point wieder in die anfängliche Strecke mündet – oder aber nach Lust, Laune und Zeit der direkte Weg über die Upper Rosses Road genommen wird.

↑ Der allgegenwärtige Yeats: Statue vor der Ulster Bank (oben)
↑ Außerhalb Sligos wird's schnell ländlich.
↗ Die beeindruckende Ruine von Sligo Abbey

Das Dominikanerkloster Sligo Abbey

Doch das von der Lebensmittel- und Textilindustrie geprägte Sligo hat längst nicht nur jüngere Kunstgeschichte auf Lager. Gleich die nächste Brücke führt, weiter über die Bridge Street, ein paar Jahrhunderte tiefer in die Stadtgeschichte: 1245 hatte Sligo erstmals größere Bedeutung erreicht, als im Zug der normannischen Invasion Maurice Fitzgerald eine Burg errichten ließ und später das Dominikanerkloster **Sligo Abbey**. Im 15. Jahrhundert erhielt die Kirche ihren reich verzierten steinernen Hochaltar, der einzige dieser Art in Irland. 1642 brannten jedoch Cromwells Truppen die Stadt nieder, der Feuerwalze fiel auch das Kloster zum Opfer – die Ruinen dienten später beim Wiederaufbau als Steinbruch. Doch es blieb genug stehen, dass Sligo Abbey heute noch mit dem langen Chor, den acht schmalen und sehr hohen Fenstern sowie dem prächtig erhaltenen **Kreuzgang** eine gewaltige Erscheinung und beeindruckende Attraktion ist. Hier eine enge Wendeltreppe nach oben, dort ein dunkler Gang nach unten, dann wieder auf ein Türmchen mit Aussicht – war ich da nicht eben schon? Langweilig wird der Rundgang jedenfalls nie.

Sligo Abbey. Ruine eines Dominikanerklosters aus dem 13. Jahrhundert. Abbey Street, Sligo, www.heritageireland.ie

TIPP

TEEGESELLSCHAFT MIT DICHTER

William Butler Yeats war verliebt in Sligos Umland – und ganz besonders in das herrschaftliche, spätgeorgianische Lissadell House 15 Kilometer nordwestlich der Stadt. Oder muss man sagen: in die Töchter der Eigentümerfamilie Gore-Booth? Eva schrieb selbst Gedichte, Constance, die 1919 die erste weibliche Ministerin in Europa war, initiierte mit Yeats das Abbey Theater in Dublin. Auch wenn sie reichlich Tee getrunken haben dürften – eine Liebesbeziehung war's aber mit keiner der beiden. Liebreizend jedoch ist das Interieur des im viktorianischen Stil eingerichteten Hauses. Und noch mehr der traumhafte Garten. Jetzt sind der Alpine Garden und der Kitchen Garden wieder das Paradies, das vor 100 Jahren den Lyriker so verzaubert haben muss.
Lisadell House. *Ballinful, www.lissadellhouse.com*

Knocknaera und die sagenhafte Königin Maeve

Gewaltig und beeindruckend präsentiert sich ebenfalls der Südwesten Sligos. Nicht, dass die stadtnahen Hügelketten besonders hoch oder spektakulär geformt wären, nein. Doch die Bauwerke auf und zwischen den Erhebungen strahlen Wucht aus und sind älter als die ägyptischen Pyramiden. Schon von Weitem ins Auge sticht der neben dem Ben

Älter als die ägyptischen Pyramiden: die wuchtige Grabanlage von Knocknaera

↑ Das älteste Dolmengrab von Carrowmore datiert wohl auf 4800 v. Chr.
↓ Die größte Zahl von Dolmengräbern findet sich in Carrowmore.
→ Eine Wanderung rund um den Lough Gill liefert Panoramabilder.
↘ Von Parke's Castle starten Bootstouren über den Lough Gill.

Bulben zweite Hausberg der Stadt, der 333 Meter hohe **Knocknaera**, mehr noch dieser merkwürdige Knubbel auf seinem Gipfel. Das Gebilde, das aussieht wie ein alter Klingelknopf, ist – so die Legende – das Grabmal der sagenumwobenen kriegerischen **Königin Maeve**, die unter dem gigantischen Steinhaufen von 60 Metern Durchmesser und zehn Metern Höhe in voller Rüstung stehend im 1. Jahrhundert nach Christus begraben worden sein soll. Nachgeschaut hat bislang keiner, es sind einfach zu viele Steine. Auf 40 000 Tonnen wird ihr Gewicht geschätzt. Ohnehin geht die Vermutung der Experten eher in Richtung eines prähistorischen Grabes. Ob die meisten Besucher dieser Kultstätte deswegen so ehrfürchtig mit ihr umgehen? Denn während anderswo so ein Stein ein beliebtes Souvenir wäre, bringen die Wanderer eher einen Stein mit auf den Berg. Glaubt man dem netten Herrn im Besucherzentrum der nahe gelegenen Megalithanlage von Carrowmore, dann soll eine Amerikanerin unlängst einen mitgenommenen Stein über den Großen Teich wieder zurückgesendet haben, samt Trinkgeld für den Postbeamten, der ihn zurück an seinen Platz legen würde. Nun, vielleicht ist das aber auch nur eine weitere Sage um dieses geheimnisumwitterte Grab.

Der megalithische Friedhof Carrowmore

Wesentlich sicherer als bei der Maeve-Geschichte ist sich die Forschung bei den Steingräbern von **Carrowmore** am Fuße des Knocknaera rund sieben Kilometer südwestlich von Sligo an der R 292. Der größte megalithische Friedhof Irlands umfasst von den einstmals 100 Dolmen (Steintischen) und Ganggräbern nur noch 25, weil in den letzten beiden Jahrhunderten von hier ungeniert Kies und Sand für den Straßenbau hinweggekarrt worden ist. Sicher datiert sind einige **Dolmen** auf etwa 3800 v. Chr. Ausgestattet mit einer in den wichtigsten Sprachen (auch Deutsch) liebevoll zusammengestellten Informationskarte ist die knapp einstündige Runde durch die aus den Wiesen mächtig herausragenden steinernen Denkmäler vor allem auch ein netter Spaziergang.

Die ältesten **Dolmen** datieren möglicherweise auf 4800 v. Chr. – sagen zumindest schwedische Wissenschaftler. Sollten sie Recht haben, wären die Gräber die ältesten in Europa.

INFO

Tourist Information. O'Connell Street, Sligo, sligotourism.ie

64

DONEGAL

Das Tor zum Norden

Das Beste, ...

WEIL in dem Städtchen auch ohne bedeutende Kathedrale Kirchengeschichte greifbar ist

FÜR Modebewusste, die feine Tweedstoffe schätzen, für Eisenbahnfreunde und Rory-Gallagher-Fans

IM Hochsommer, wenn in den umliegenden Strandbädern das Leben pulsiert

DIE 3 MUST DOS:

- Donegal Bay
- Lough Derg
- Ballyshannon

Beginnt hier wirklich irisch Alaska? Gern genommen, dieser plakative Begriff: Aber trifft das auch Donegal, die nördlichste Provinz? Kalt, kahl und dunkel? Sicher nicht. Berge, Wälder, Seen und im Winter als einzige Region Irlands halbwegs schneesicher – das hat zwar was von Alaska. Vom Frühjahr bis in den Herbst präsentiert sich das weite, nur dünn besiedelte Land jedoch voller Anmut und landschaftlicher Schönheit. Das Städtchen Donegal macht da keine Ausnahme.

Unterwegs in der Tweedstadt Donegal

Alles dreht sich um ein Dreieck: **The Diamond** heißt der zentrale Platz dieser »Festung der Fremden«. So ließe sich das gälische »Dún na nGall« am ehesten übersetzen. Knapp 2500 Menschen leben in der Hauptstadt der nördlichsten Grafschaft Irlands, die auch die Metropole der **Tweedindustrie** ist. Der Stoff ist ebenso kratzig wie edel und wird in der Region von den großen Modeschöpfern der Welt eingekauft. Schafe hat es in den Mooren und Hügeln im Umland der Stadt wahrlich ausreichend – wie Brombeeren, Fuchsien, Moos und Ginster, die Grundstoffe für die späteren Farben des hierzulande teils noch in Handarbeit oder mit einfachen Webstühlen hergestellten Tuchs. Der acht Meter hohe Obelisk inmitten des »Diamond« erinnert an vier Pater der 1474 gegründeten **Franziskanerabtei**, deren Ruinen an der Mündung des Flusses Eske in die **Donegal Bay** stehen – und außen herum ein alter Friedhof, dessen keltische Hochkreuze im letzten (Gegen-)Licht des Tages ein schaurig-schönes Fotomotiv abgeben. Besagte Geistliche hatten im 17. Jahrhundert eine Chronik *(Annals of the Four Masters)* verfasst, welche die Geschichte Irlands von der Sintflut bis in die damalige Gegenwart umfasste. Kurz darauf wurde die Abtei von den Engländern zerstört, doch sind vor allem die Reste des ehemaligen **Kreuzgangs** noch gut zu erkennen. Die marodierenden Feinde sollten aber nicht auch noch das zweite große Bauwerk der Stadt in die Hände bekommen: das etwa gleich alte **Donegal Castle**. Und so entschloss sich Burgherr Hugh Roe O'Donnell, seinen Besitz zu Beginn des 17. Jahrhunderts selbst anzuzünden. Die Ruine fand wenig später einen Käufer, der auf den Fundamenten ein kleines Renaissanceschloss erbaute. Der spätere dreistöckige Anbau im jakobinischen Stil ist der Blickfang des renovierten Castle.

Mit dem **Waterbus** kann man gesellige Bootstouren in die Donegal Bay unternehmen. Mehrfach tgl. Abfahrt, aktuelle Uhrzeiten an der Anlegestelle, Quay Street, Donegal, www.donegalbaywaterbus.com

Donegal Castle. Fast vollständig restaurierte Burganlage aus dem 15. Jahrhundert. 11 Castle Street, Donegal, www.heritageireland.ie

Railway Heritage Center. In den alten Schuppen des Eisenbahnmuseums stehen einige seltsame Gefährte, aber auch herkömmliche Lokomotiven und Waggons. Kinderaugen dürften bei der riesigen Modellbahnanlage glänzen. Tyrconnell Street, Donegal, www.donegalrailway.com

Von der Burg über die Brücke, die Tyrconnell Street hoch, führt der Weg dann zum **Railway Heritage Center** im alten Bahnhof. Dass das Örtchen nicht viel mehr Sehenswürdigkeiten in petto hat, versteht sich angesichts der Größe beinahe von selbst. Doch ist es umgeben von unglaublich abwechslungsreicher Landschaft. Zum Beispiel eine Tagestour in die **Bluestack Mountains**: Die Fahrt über die ebenso breite wie leere N 15 führt in den 40 Kilometer langen und bis zu 700 Meter hohen Gebirgszug. Bei Wanderern am beliebtesten ist der **Cannaween** (520 m), der am ersten Junisonntag wahre Menschenmassen auf den Spuren keltischer Mythen zum Gipfel lockt; im Frühjahr und Herbst ist man hier aber allein mit sich und dem Moor.

Station Island und das Purgatorium des heiligen Patrick

20 Kilometer südöstlich erstreckt sich der **Lough Derg**. Die mitten im See liegende **Station Island** ist eine Attraktion von unwirklicher Skurrilität. Auf der sich kaum aus dem Wasser erhebenden Insel stehen zwei Kirchen

TIPP

DAS MUSIKALISCHE SEEBAD

Wem die Strände Bundorans zu laut sind, der muss nicht auf das Flair am Meer verzichten: Acht Kilometer weiter nördlich tosen vor den Toren des 2600-Einwohner-Städtchens Ballyshannon zwar die Assroe-Wasserfälle, in den Straßen geht es jedoch beschaulich zu. Wo der Erne in den Atlantik fließt, kommt das süße Seeleben noch ohne gigantische Lichteffekte und Verstärker aus. In Bronze gegossener Sittenwächter ist die Statue der 1995 verstorbenen Gitarrenlegende Rory Gallagher an der Kreuzung Main Street/Castle Street. Dem weltberühmten Sohn zu Ehren steigt seit 1977 in dem sonst so beschaulichen Ort Ende Mai ein jährliches Rock-Festival. Dann darf's auch in Ballyshannon mal ein paar Tage etwas lauter werden. Weltberühmte Blues-Rocker wie Ex-Whitesnake-Gitarrist Bernie Marsden waren ebenso schon da wie der ehemalige Thin-Lizzy-Gitarrist Eric Bell.

Rory-Gallagher-Tribute-Festival. *www.rorygallagherfestival.com*
Tourist Information. *The Bridge, Bundoran, discoverbundoran.com*

↑ Bunte Häuser im Seebad Ballyshannon
↗ In Mitten des Lough Derg liegt eine Klosterinsel.

aus dem 7. Jahrhundert und ein Hospiz. Ursprung der Bauten ist das **Purgatorium** des heiligen Patrick, die Hölle, die ihm im 5. Jahrhundert während einer 40-tägigen Fastenzeit in einer Höhle erschienen war. Selbstverständlich war es ihm gelungen, das Böse zu vertreiben. Und das wiederum ist der Grund, warum zwischen dem 1. Juni und Mitte August der Lough Derg plötzlich gar nicht mehr so einsam zwischen den Hügeln glänzt. Dann pilgern rund 35 000 tief gläubige Katholiken hierher, dann leistet das Motörchen des kleinen Kutters, der sie zur Insel bringt, Schwerstarbeit. Die Höhle suchen Touristen jedoch vergebens: Cromwell wollte dem »Unfug« im Kampf gegen Irland und seine Katholiken ein Ende setzen und hat die Vertiefung kurzerhand zuschütten lassen.

Strandtrubel in Bundoran

Genug von Stadtbummel und Klöstern? Vom Wandern? Einfach mal in der Sonne liegen, entlang einer Seebadpromenade flanieren? 25 Kilometer südlich von Donegal gibt's ein hübsches Fleckchen – wenngleich ein nicht ganz ruhiges: Denn in **Bundoran** tanzen nicht erst in der Nacht die Puppen. Ein bisschen Blackpool, ein bisschen Las Vegas: Rutschenparadiese für Kinder, Stimmungskneipen für die Eltern – im Sommer ist das Örtchen immer rammelvoll. Aber: Im Frühjahr oder Herbst hat der weitläufige **Tullan Beach** nicht nur wegen der bei Surfern beliebten, sensationellen Brandung seinen Charme. Dann hat es die nötige Ruhe für einen gediegenen Promenadenbummel.

INFO

Tourist Information. Quay Street, Donegal, www.thisisdonegal.ie

65

GLENVEAGH-NATIONALPARK

Eine bunte Oase in den grauen Bergen

Das Beste, ...

WEIL der raue Norden der Insel hier am lieblichsten ist

FÜR Gipfelstürmer, Kunstliebhaber sowie alle, die sich in Märchenschlössern und auf romantischen Seeterrassen wohlfühlen

IM Mai und Juni, wenn Ginster und Rhododendron blühen

DIE 3 MUST DOS:
- Glenveagh Castle
- Mount Errigal
- Glebe House & Gallery

Steht die Sonne tief, wirft ein Zwerg auch lange Schatten. Und im flachen Land wird aus einer durchschnittlichen Erhebung ein Bergriese. 750 Meter versprechen nicht zwingend schwindelerregende Gipfelstürme, doch in seiner exponierten Lage hat der **Errigal Mountain** durchaus etwas Majestätisches an sich. Doch so klein die Gegend von oben betrachtet auch scheint: Der Glenveagh-Nationalpark sticht heraus und in ihm diese blühende Oase rund um den Lough Beagh, an dessen Ufer mitten im Niemandsland ein wundervolles Schloss steht.

Errigal Mountain, Lough Beagh und Glenveagh Castle

Ist das ein Vulkan? Nein, natürlich nicht. Auch wenn die markante Kegelform des Quarzitmassivs den Schluss nahelegt. Die eiszeitlichen Gletscher haben ganze Arbeit geleistet und den Errigal Mountain blitzblank kahl geschliffen. Zwei Wege führen dabei zum Ziel: Der eindeutig spektakulärere ist der knapp zweistündige Grataufstieg, der in **Dunlewey** gleich hinter der schnuckeligen **McGeady's Bar** beginnt; der etwas komfortablere, eine halbe Stunde länger dauernde startet direkt an der R 251 etwa drei Kilometer südöstlich der Ortschaft an der einzigen Brücke der Gegend.

McGeady's Bar €. In diesem Pub, der mit seinem drollig-bunten Eckanbau an der Hauptstraße kaum zu übersehen ist, regiert die rustikal-einfache irische Küche – aber alles ist frisch gemacht. Money Beg, Donegal

Im Westen des dominanten Errigal Mountain, gut zehn Kilometer die R 251 entlang, liegt die vielleicht seltsamste Oase Irlands: Mitten in der kargen Moor- und Heidelandschaft des Glenveagh-Nationalparks, der 1986 eröffnet wurde und mit 10 000 Hektar der größte des Landes ist, öffnet sich entlang des **Lough Beagh** ein wahres Paradies voll landschaftlicher Schönheit. Dass Mitte des 19. Jahrhunderts Lord John George Adair seiner Bauern überdrüssig war und sie letztlich vertrieb, mag damals ein Fluch gewesen sein und ist heute Segen zugleich. Die Einsamkeit dieses Tals fußt darauf; das unwirklich am Seeufer stehende Märchenschloss des Feudalherren ist stummer Zeitzeuge und eine in der Einöde unerwartete Sehenswürdigkeit zugleich.

Das Schloss und der subtropische Park drumherum scheinen einer Märchenwelt entsprungen. Vom **Visitor Center** fährt ein Bus, reizvoller ist jedoch eine gut halbstündige Wanderung zum viktorianisch-protzigen **Glenveagh Castle**. Die Einrichtung ist größtenteils dem irischstämmigen US-Amerikaner

Glenveagh Castle. Nett möbliertes Schloss mit kunterbunt zusammengewürfelten Ausstellungsstücken und einer großen Gartenanlage. www.glenveaghnationalpark.ie

TIPP

PAPA LEO UND SEINE MUSIKALISCHEN KINDER

Warum nach Crolly? Und warum da in diesen von außen so unscheinbaren Pub? Musikliebhaber haben die Antwort: Inhaber Leo Brennan ist der Papa dreier Bandmitglieder von Clannad, den weit über Irland hinaus bekannten Folkrockern. Und er hat noch eine Tochter: New-Age-Ikone Enya, die mit »Orinoco Flow« und der 9/11-Hymne »Only Time« Welthits hatte. Für alle anderen: Neben viel Livemusik – die Freitags-Sessions sind legendär – gibt's bei Leo wirklich leckeres Bar-Food. Sonntags kommen auch die Spätaufsteher auf ihre Kosten: Zwischen 13 und 16 Uhr gibt's für wenig Geld vier Gänge. Fürs Kulinarische ist Bartley Brennan verantwortlich, noch ein Leo-Sohn, der inzwischen den Pub schmeißt. Wer Glück hat, erlebt die musikalische Familie live, denn ab und an schauen die Kinder vorbei und musizieren auch in der Ecke mit dem offenen Kamin und dem schwarzen betagten Piano. **Leo's Tavern €€.** *Meenaleck, Crolly, www.leostavern.com*

Henry McIlhenny zu verdanken, der das Gebäude erwarb und in der ersten Hälfte des 20. Jahrhunderts auch einige Jahre bewohnte, ehe er sein Eigentum dem Staat vermachte.

Weitaus mehr Beachtung verdient aber die **Gartenanlage**, die englisches Parkidyll mit strukturierten, französischen und mediterran-italienischen Gärten elegant verbindet – nicht nur der romantisch platzierte Swimmingpool auf der Seeterrasse des Schlosses war das Werk von Lady Cornelia Adair. Zur Erschaffung dieses Paradieses mussten Tausende Tonnen bester Humus aufs schroffe Gestein gekarrt werden. Abseits der direkten Route zweigen immer wieder kleine Wege ab, der interessanteste führt ans Ende des Lough Beagh zu einem kleinen Wasserfall.

Lough Gartan und Glebe Gallery

Ein anderer, zwischen Visitor Center und Schloss steil den Berg nach oben weisender, endet am **Lough Gartan**. Der kann es an Liebreiz mit dem tiefschwarzen Gewässer aufnehmen. Dafür wartet auch hier Überraschendes: Am Nordwestufer des Sees steht die **Glebe Gallery**, ein weinrot getünchter Würfel, der früher mal ein klitzekleines Kloster war – nicht weiter spektakulär.

Glebe House & Gallery. Kunstgalerie in einem Herrenhaus von 1828 direkt am Lough Gartan. Der Maler Derek Hill (1916–2000) hat an diesem entlegenen Ort eine skurrile Sammlung zusammengetragen. Churchhill, glebegallery.ie

↑ Eine Ritterburg wie aus dem Bilderbuch: Glenveagh Castle (oben)
↑ Schlossterrasse des Glenveagh Castle
↗ Glebe House beherbergt eine Kunstgalerie.

Wenn da nicht drinnen ein echter Picasso schlummern würde. Außerdem hängen zwischen weltweitem Kitsch an quietschbunten Wänden auch Werke von Renoir, Kokoschka und Yeats – aber auch umstrittene Bilder der Autodidakten von Tory Island, jener Insel ganz im Norden, wo sich inzwischen die Mehrheit der Einwohner an naiver Kunst versucht.

INFO

Visitor Center. Church Hill, Letterkenny, www.glenveaghnationalpark.ie

Und wenn noch Zeit ist ...

66 Londonderry

In der Abendsonne spiegelt sich an der Peace Bridge die Silhouette des **Rathauses** im River Foyle. Derry liegt so friedlich da. Endlich. Freundschaft zwischen Katholiken und Protestanten ist möglich, wo 1999 noch die Gewalt aufgeflammt war. Drei Jahrzehnte voller Hass hatten Derry zerrissen. Zaghaft schlich sich die Normalität zu Beginn des neuen Jahrtausends in die 85 000-Einwohner-Metropole. Insbesondere der gut eineinhalb Kilometer lange Rundgang auf der **historischen Stadtmauer** von 1614 offenbart die dunkelsten Kapitel der jüngeren Geschichte Derrys. Von den Protestanten, die hier im Gegensatz zum restlichen Nordirland klar in der Minderheit sind, wird die Stadt Londonderry genannt. Auf den neun Meter dicken Mauern schweift der Blick auf Seiten des Butcher Gate hinunter ins **Bogside-Viertel**. Hier liegen die Wurzeln der blutigen Auseinandersetzungen zwischen republikanischen Katholiken und protestantischen Unionisten.

Gezielt waren die Katholiken wirtschaftlich und politisch benachteiligt worden. Bis sich 1968 friedlicher Protest regte, der ein Jahr später in Gewalt umschlug. Am von Irlands Rocklegende U2 besungenen **Sunday Bloody Sunday**, dem 30. Januar 1972, traf eine Einheit der königlichen Armee im Bogside-Viertel auf 15 000 katholische Demonstranten, bis aus dieser Gruppe heraus einige Jugendliche Steine schmissen: Daraufhin eröffneten die Soldaten das Feuer, töte-

↓ St. Columb's Cathedral hinter Derrys Stadtmauer

↘ Eines von sechs Toren der Stadtmauer

↑ Die Peace Bridge in Londonderry

↗ Hinter der Statue liegt das Finanzamt.

ten 14 Menschen und verletzten zahlreiche weitere durch Schüsse. Das war der Auslöser des Bürgerkriegs zwischen protestantischen Radikalen und der sie »schützenden« Ulster-Polizei RUC, sowie der katholischen Irisch-Republikanischen Armee (IRA), der über 3000 Menschen das Leben kostete.

Tourist Information. Foyle Street 44, Londonderry, www.visitderry.com

67 Belfast Cathedral Quarter

Das jüngste und das älteste Viertel, das hippste und das traditionsreichste zugleich, das ist das Cathedral Quarter in Belfast, direkt nördlich der Innenstadt. Rund um die **St. Anne's Cathedral** hat sich in den vergangenen Jahren ein Kunst- und Kulturzentrum etabliert. »Béal Feirste« wird Belfast auf Irisch genannt, »Mündung des Farset«, ein heute unter der Bridge und der Warning Street verborgener Fluss, der am Donegall Quay in den Lagan mündet. Rund um diese sandige Furt etablierte sich die Stadt, deren lange und auch leidvolle Geschichte man bei einem Spaziergang durch das Cathedral Quarter wunderbar erkunden kann. Am besten beginnt man am östlichen Ende am Lagan. Dort steht Irlands höchstes Gebäude, das **Obel**, ein 85-Meter-Hochhaus. Am Kai sollte man sich Zeit nehmen für einen Fisch, der seinesgleichen sucht. **»The Big Fish«**, so heißt der wirklich große steinerne Lachs, geschmückt mit Kacheln in allen möglichen Blautönen, auf denen die Künstler John Kindness und Paul Mangan 1998 die Stadtgeschichte aufzeigen – von den Webern über die Werften bis zu den blutigen Kämpfen zwischen Unionisten und IRA.

Vom großen Fisch aus geht es westwärts auf den **Albert Square**. Als Erstes sticht der leicht geneigte

Prince-Albert-Uhrenturm ins Auge, ein 1870 eingeweihtes Denkmal für den verstorbenen Gemahl von Königin Victoria. Gegenüber liegt die Speaker's Corner am **Custom House Square**, einer der vielen Plätze im Cathedral Quarter, wo im Sommer Konzerte und andere Freiluftveranstaltungen Tausende anziehen. Anschließend kann man in diesem quirligen Viertel mit seinen vielen Pubs, Bars, Clubs und Restaurants sehr gut feiern. Viele befinden sich rund um den St. Anne's Square, an den das **Metropolitan Arts Center** (MAC) anschließt. Dieses aus Backsteinen und viel Sichtbeton errichtete Gebäude zieht die kulturelle Szene Belfasts an. Gleich daneben steht die 1904 geweihte **St. Anne's Cathedral** mit ihrem »Spire of Hope«, einer 40 Meter hohen, stählernen Nadel, die aus der Kirche gen Himmel ragt.

Visit Belfast. 9 Donegall Square, Belfast, visitbelfast.com

68 Strangford Lough

Das genaue Gegenteil der pulsierenden Großstadt Belfast ist die Gegend um den Strangford Lough, einem See, der sich südöstlich der nordirischen Hauptstadt erstreckt. Hier gibt die Natur den Rhythmus vor, die Tier- und Pflanzenwelt in Nordirlands erstem **maritimem Naturreservat** ist einzigartig.

Einen Tagesausflug von Belfast aus beginnt man am besten mit einer Fahrt Richtung **Bangor**, gut 20 Kilometer östlich der nordirischen Hauptstadt am Meer. Bevor man in der 60 000-Einwohner-Stadt den Jachthafen und den tollen Blick auf den Atlantik genießt, lohnt ein Abstecher nach Holywood. Das dortige **Ulster Folk & Transport Museum** ist ein gut gemachtes Freilandmuseum mit reetgedeckten Häusern, einem Bauernhof, einer Schule und Originalfundstücken aus der 1912 untergegangenen *Titanic*.

In Richtung des Seebads Bangor, wenige Autominuten von Holywood entfernt, bauten die reichen Belfaster vor 100 Jahren eigens eine Eisenbahnlinie, um am Wochenende entlang der im Belle-Époque-Stil gebauten **Terrassenhäuser** am Hafen zu flanieren. Heute ist die Promenade nicht mehr ganz so mondän, doch der Jachthafen zieht die Segelfreunde immer noch an. Der **Strangford Lough** ist der mit 18 647 Hektar größte See Großbritanniens und Irlands und bei Portaferry durch eine Meerenge mit dem Atlantik verbunden. Von Bangor aus ist bis Portaferry die Küstenstraße am schönsten, von dort aus geht es 26 Kilometer am See entlang in Richtung Norden.

Bangor Visitor Information Center. 34 Quay Street, Bangor, www.visitardsandnorthdown.com

↑ Pure Lebensfreude kann man in Belfasts Pubs erleben.

↓ Bei Ebbe am Strand zu reiten ist für alle ein Erlebnis.

→ Seebad Bangor an der Atlantikküste

↘ Kompass-Rosette im Hafen von Ballywalter

69 Slieve League

Die oft windumtosten Klippen von Slieve League an Irlands rauer Atlantikküste zählen mit 600 Metern zu Europas höchsten. Mit dem Auto geht's ein gutes Stück sicher hinauf. Und wenn dann doch die Sonne scheint, steht auch der spektakulären Gratwanderung nichts mehr im Weg. Auch wenn sich jeder Meter lohnt, ein bisschen knifflig ist's doch, so hoch hinaus zu wollen. Das fängt bei der Anfahrt an: So gilt es, in **Teelin** die richtige Abzweigung zu nehmen – kurioserweise nicht die zu Slieve League, sondern zu Bunglass/Cliffs. Dann die höllisch steilen, recht ordentlich ausgebauten Serpentinen nach oben bis zum Parkplatz. Hat das Quarzitmassiv, das sich rechter Hand aus dem Atlantik stemmt, keinen Wolkenhut auf, ist der Blick frei auf den höchsten Gipfel, von dem die Wand atemberaubend steil hinab ins Meer fällt. Bei guter Witterung ist der Weg nach oben und hinüber zum **Slieve-League-Gipfel** ein Muss. Die ersten paar Hundert Meter führen bedenklich nahe am Abgrund entlang, doch die großen Trittsteine sollten Sicherheit vermitteln. Nach einer halben Stunde ist mit dem **Eagle's Nest** eine schöne Aussichtsplattform erreicht. Über Wiesen und Heide geht es wieder etwas bergab bis

Five Fingers Beach gilt als der schönste Strand von Inishowen.

↑ Die Klippen von Slieve League ragen bis zu 600 Metern auf.
↗ Nur für das geschulte Auge: gälisch-englischer Schilderwald

zu einer Gabelung. Wagemutige dürfen jetzt den **»One Man's Path«** nehmen, denn jetzt geht es auf eine Gratwanderung. Der Weg ist hier auf einem knapp 50 Meter langen Stück nur noch 40 Zentimeter breit. Trittsicherheit vorausgesetzt, ist das ein Nervenkitzel, der wohl ein Leben lang in Erinnerung bleibt. Nach zwei Stunden ist der Gipfel des Slieve League erreicht.

Sliabh Liag Cliff Experience & Visitor Centre. Bunglas Road, Teelin, www.sliabhliag.com

(70) Inishowen

Nirgends in Irland ist es im Sommer länger hell als in **Malin Head**. Hier oben pfeift der Wind das ganze Jahr, hier regnet's ein paar Liter mehr – und doch: Die Halbinsel **Inishowen** ist ein Filetstück und hat mehr von einer echten Insel denn einer halben. Und vielleicht auch deshalb einen Inselrundkurs, den **»Inishowen 100 Scenic Drive«** – 100 Meilen lang, doch einerseits ist die Route mit dem Auto ob der abwechslungsreichen Landschaft enorm kurzweilig, andererseits lässt sie sich hie und da auch ein Stück abkürzen. Im Uhrzeigersinn fahrend gilt der erste Pflichtstopp dem Seebad **Buncrana**. Dort planschen im Sommer bevorzugt Nordiren und Schotten vor dem traumhaft schönen, fünf Kilometer langen Sandstrand. Die Strandpromenade vom Fährhafen, vorbei am Leuchtturm und hoch zur Castle Bridge lädt zu einem hübschen Spaziergang ein. Auf der anderen Seite der Brücke, die die Mündung des Crana River überspannt, stehen zwei Burgruinen: das **Buncrana Castle** aus dem 18. Jahrhundert und das drei Jahrhunderte ältere **O'Doherty's Castle**.

Anschließend empfiehlt sich die teils abenteuerlich schmale Küstenroute über **Dunree** mit seinem

↑ Bei Malin Head beginnt die Weite des nördlichen Atlantiks.
↗ Farren's – die nördlichste Brauerei Irlands

nicht uninteressanten Militärmuseum. Nach bis zu 30 Prozent Steigung genießt man auf der Passhöhe **Gap of Mamore** ein fantastisches Panorama auf die Westküste bei Dunaff und die von unzähligen Bachläufen durchzogenen Berge. Von Dunaff Head geht es anschließend über Ballyliffin nach **Carndonagh**. Dort steht unmittelbar an der R238 das St.-Patrick-Hochkreuz aus dem späten 7. Jahrhundert, eines der ältesten des Landes.

Malin Head ist der nördlichste Punkt des irischen Festlands. Das Wasser peitscht hier meist heftig gegen die wild zerklüfteten Felsen. Hier erhebt sich auch der Admirality Tower von 1805, der lange als Signalturm für die Transatlantikschifffahrt genutzt wurde.

Im Küstendorf **Moville** wehte einst der Duft der großen weiten Welt. Wo im 19. Jahrhundert noch die Transatlantikkreuzer festmachten, lockt der angestaubte Carrickarory Pier heute zu einem Spaziergang in die Vergangenheit.

Tourist Information. Railway Road, Buncrana, www.govisitinishowen.com

(71) Bootstour auf dem Lagan

Der **Hafen von Belfast** ist der wichtigste in Nordirland, von hier aus werden 60 Prozent aller nordirischen Übersee-Exporte abgewickelt. Einer der besten Wege, das gut 800 Hektar große Areal zu erforschen, ist eine Rundfahrt mit den sogenannten **Hydrobikes**, Fahrrädern auf Schwimmkörpern, die Lagan Adventures anbietet. Auf der gut einstündigen Fahrt ab Donegal Quay neben der Wehranlage bekommt man einen Einblick, wie der Hafen betrieben wird. Im Jahr 1847 wurde der mehr als einen Kilometer lange Kanal Richtung Meer von mehreren Tausend Arbeitern ausgehoben, danach wuchs die Stadt rasant. Und während man im Hintergrund die weltgrößten **Portalkräne** mit den Namen »Samson« und »Goliath« der Werft Harland & Wolff sieht, rekeln sich auf den Felsen des Industriehafens 1000 **Seehunde** in der Sonne.

Lagan Adventures. 1 Lagan Place, Belfast, http://laganadventures.com

72 Botanic Garden und Ulster Museum in Belfast

Ein halbstündiger Fußmarsch führt von der Innenstadt von Belfast zum **Botanic Garden** neben der Queen's University. Der kleine Park bietet im Sommer Familien und Studenten einen Rückzugsort, geprägt vom Palmenhaus aus Gusseisen und gekrümmtem Glas, das Charles Lanyon zwischen 1839 und 1852 baute. Für Botaniker ist das Gewächshaus mit tropischen Pflanzen ein Paradies. Ebenso schön und kostenlos ist das **Ulster Museum** am Parkende, das eine beeindruckende Bandbreite von irischer Malerei über keltische bis ägyptische Kunst bietet. Dort wird auch Prinzessin Takabutis Mumie ausgestellt, die erste Mumie, die außerhalb Ägyptens gezeigt wurde.

Ulster Museum. www.nmni.com

73 Lough Gill: Mit dem Boot auf Inishfree

Im Sommer zieht es die Einwohner von Sligo raus zum fünf Kilometer östlich gelegenen **Lough Gill**. Zugegeben, da wird es dann ein bisschen voll auf See. Im Frühjahr und Herbst jedoch ist's an dem Gewässer so ruhig, so idyllisch, so erholsam. Wie Sommersprossen wirken die über 20 Inselchen im See. Vom malerisch am Ufer gelegenen **Parke's Castle** aus dem frühen 17. Jh. schweift der Blick hinüber nach **Innisfree**, der Lieblingsinsel des Dichters William Butler Yeats. Hartgesottene nehmen eines der Boote, auf denen während einer Fahrt in die Sommerfrische Yeats-Werke rezitiert werden.

Bootstour ab Parke's Castle.
Ab dem Schloss an der Bootsanlegestelle, www.roseofinnisfree.com

Das Mitte des 19. Jahrhunderts errichtete Greenhouse im Botanischen Garten von Belfast

ESSEN, TRINKEN, ÜBERNACHTEN & CO.

Belfast Titanic Quarter

Thyme Restaurant at Premier Inn €€. Hotel-Restaurant für die Öffentlichkeit, nettes Personal, gute Karte. Premier Inn, 2A Queen's Road, Belfast, www.premierinn.com

Premier Inn €. Haus einer günstigen Drei-Sterne-Kette im Titanic Quarter. 2A Queen's Road, Belfast, www.premierinn.com

Belfast Innenstadt

Maggie May's €. Roter Backsteinbau gegenüber dem Eingang zum Botanic Garden, typische Studentenkneipe mit nettem Service. 50 Botanic Avenue, Belfast, www.facebook.com/maggiemaysbelfast

Molly's Yard €€. Schickes Restaurant im Univiertel mit zwölf verschiedenen Biersorten und gutem Essen. 1 College Green Mews, Botanic Avenue, Belfast, www.mollysyard.co.uk

The Fitzwilliam Hotel €€. Vier-Sterne-plus-Haus direkt neben dem Grand Opera House in bester Lage. Stylish eingerichtet, noble Bar, und im Restaurant wird ausgezeichnetes Essen serviert. 1–3 Great Victoria Street, Belfast, www.fitzwilliamhotelbelfast.com

Victoria Square Shopping Center. Größtes Einkaufszentrum im Herzen der Fußgängerzone mit über 70 Läden, Restaurants und Kino. 1 Victoria Square, Belfast, www.victoriasquare.com

Causeway Coastal Route

Johnny Joe McCollam's €. Ein Paradies für Musikfans ist dieser kuschelige Pub – mit offenem Feuer und Glasdach. Mehr Wohnzimmer als Kneipe, und einen Biergarten gibt es auch. Mill Street, Cushendall, johnnyjoes.co.uk

Bayview Hotel €€. Die hellen, modernen Zimmer haben vor allem eines: einen traumhaften Atlantikblick. Und nach dem Essen gibt's hausgemachte Kaffeespezialitäten am offenen Kamin. 2 Bayhead Road, Bushmills, www.bayviewhotelni.com

The Marine Hotel €. Sehr familiäres, gemütliches Hotel, fast alle Zimmer mit Meerblick. Liebevoll dekorierte Bar: Hier gibt es endlich auch mal nordirisches Bier (»Copperhead«). North Street 1–3, Ballycastle, www.marinehotelballycastle.com

Sligo

Lang's Bar & Restaurant €€. Leckere Königskrabben und ein phänomenales Pfeffersteak-Sandwich – und das Ganze entweder in der Stube am Kamin oder im Freien auf rustikalen Holzbänken. Und wo einst die Ladentheke einer alten Tuchhandlung stand, gibt's bei John Lang nach dem Essen noch einen Whiskey im Stehen. Direkt an der N15 in Grange, nördlich von Sligo, www.langs.ie

Hargadons €€. Sehr uriger, abenteuerlich verschachtelter Pub aus dem 19. Jahrhundert, in dem noch ein echtes Torffeuer brennt. Für die Raucher gibt es eine gemütliche Loggia zur Straße hin. Exzellentes und preiswertes Bar-Food. Erstaunlich große Weinauswahl. O'Connell Street, Sligo, www.hargadons.com

Strandhill Golf Club. Der Golfplatz von Strandhill liegt am Atlantik in die Dünenlandschaft eingebettet. Unvergesslich: ein Abschlag mit Blick auf den Ben Bulben. www.strandhillgolfclub.com

Donegal

Old Castle Bar & Restaurant €€. Ist das noch ein Haus oder selbst schon eine kleine Burg? In mittelalterlichem Gemäuer verbirgt sich neben der Eckbar ein recht schummriges Restaurant, das neben dem üblichen Bar- und Seafood vor allem mit seinen Steaks punktet. Castle Street, Donegal, www.oldcastlebar.com

Essen & Trinken · Übernachten · Aktivitäten u. Ä.

Central Hotel €. Liebenswertes Drei-Sterne-Hotel direkt am zentralen Platz der Stadt. Ein Piano in der im Tiffany-Stil verglasten Empfangshalle, die geschwungene Treppe rauf zur Galerie – willkommen. Und in der einer Kombüse nachempfundenen, maritimen Restaurant-Bar gibt es schlichte irische Küche, fein gemacht. Unbedingt probieren: den Guinness-Pie. The Diamond, Donegal, www.centralhoteldonegal.com

Glenveagh-Nationalpark

The Quiet Moment Tearooms €€. Das putzige Cafe ist sehr liebevoll dekoriert und bietet den besten Kuchen von Letterkenny. Von da aus geht es frisch gestärkt in den Nationalpark. Upper Main Street, Letterkenny, www.quietmoment.ie

Fintown Railway. Einzige noch existente Bahnstrecke der Grafschaft Donegal. Über zehn Kilometer hin und zurück, etwa eine Stunde lang führt entlang des landschaftlich grandiosen Lough Fin heute die Museumsbahn. Fintown, www.facebook.com/fintownrailway

Londonderry

Shipquay €€. Stylishes Restaurant innerhalb der Stadtmauer, unweit des River Foyle. Kleine, aber feine Karte. Die Speisen werden modern und kreativ angerichtet. 15–17 Shopquay Street, www.shipquayhotel.com

Tower Hotel €€. Das stylishe, sehr jugendliche Vier-Sterne-Hotel liegt in der von den historischen Mauern umgebenen Altstadt. Butcher Street, Londonderry, Tel. 028/71371000

Belfast Cathedral Quarter

Duke of York €€. Im Herzen des Cathedral Quarter, einer der ältesten Pubs der Stadt, der heute die jungen, hippen Kunstinteressierten anzieht. 7–11 Commercial Court, Belfast, www.dukeofyorkbelfast.com

The Spaniard €€. Leckere Tapas, gute Musik, stylishes Ambiente mit jeder Menge 80er-Jahre-Plattencovers an der Wand. 3 Skipper Street, Belfast, Tel. 028/90232448

The Merchant Hotel €€€. Außen eine viktorianische Fassade, innen Art déco, ein atemberaubendes Fünf-Sterne-Haus, 16 Skipper Street, Belfast, www.themerchanthotel.com

The MAC. Das Metropolitan Arts Center bietet kostenlose Ausstellungen sowie Theater. 10 Exchange Street West, Belfast, www.themaclive.com

Strangford Lough

The Boat House €€€. Sterne-Restaurant in altem Steinhaus am Hafen von Bangor, berühmt für seine Fischgerichte. 1a Seacliff Road, Bangor, www.boathousebangor.com

The Salty Dog €€. Nettes Boutique-Hotel am Hafen, toller Blick auf das Meer. 10–12 Seacliff Road, Bangor, www.saltydogbangor.com

Slieve League

The Rusty €€. In der letzten Siedlung direkt vor dem Klippenparkplatz päppelt Tony Donegan die erschöpften Wanderer mit einer zünftigen Mahlzeit und einem Pint Guinness wieder auf. Teelin Road, Teelin, therustymackerel.com

Slieve League Lodge €. Einfache Unterkunft, aber sauber und für eine Klippenwanderung in bester Lage. Main Street, Carrick, www.slieveleaguelodge.com

Inishowen

Farren's Bar €. Seit 1825 bewirtet die Familie Farren diesen grau getünchten, unscheinbaren Pub, der doch ein unschlagbares Alleinstellungsmerkmal hat: Er ist, zwischen dem Ort Malin und Malin Head in der Flur gelegen, der nördlichste Irlands. Slievebawn, Malin Head, Tel. 074/9370128

McGrory's €€. Drei Räume mit Bewirtung bietet das Hotel: das Restaurant, in dem der Muschelteller die Spezialität ist; die gemütliche Front Bar, in der die Fotos irische Musikprominenz auf Wandbildern verewigen; den Backroom mit der Bühne, auf der die Herrschaften regelmäßig aufspielen. Culdaff, www.mcgrorys.ie

Irland von A bis Z

Anreise

Die meisten Irland- und Nordirlandbesucher kommen mit dem Flugzeug – es ist der bequemste Weg auf die Grüne Insel. Zuallererst ist da natürlich die irische Billigfluglinie Ryanair zu nennen, die von Berlin, Köln, Frankfurt/Hahn, Hamburg, Leipzig, Memmingen und Nürnberg aus Dublin und den Flughafen Kerry in der Nähe von Killarney bedient, der von Touristen, die den Südwesten bereisen wollen, genutzt wird. Ebenfalls angeflogen wird Shannon Airport nahe Galway an der Westküste. Die irische Fluggesellschaft Aer Lingus fliegt mehrmals wöchentlich von verschiedenen deutschen, österreichischen und Schweizer Großstädten nach Dublin. Verbindungen nach Cork gibt es auch von München und Genf aus. Auch Lufthansa und ihre Tochterfirma Eurowings bringen Passagiere regelmäßig von Düsseldorf, Frankfurt, München sowie Köln/Bonn nach Dublin und Knock/Westirland.

Nicht ganz so einfach zu erreichen ist Nordirland, die drei größeren Flughäfen in Belfast (International und George Best) sowie Derry erreicht man meist nur per Zwischenstopp in London, Amsterdam oder Genf. Flüge nach Belfast bieten British Airways, die Lufthansa, Aer Lingus oder easyJet an. Um nach Belfast zu gelangen, ist es im allgemeinen günstiger und schneller, einen Ryanair-Flug von Frankfurt/Hahn aus nach Dublin zu buchen und dann entweder per Mietwagen, Bus- oder Zugshuttle die nur rund zwei Stunden auf der gut ausgebauten Autobahn nach Belfast zu fahren. Es gibt mittlerweile aber auch Direktflüge von Frankfurt/Main aus nach Belfast.

Per Auto oder Zug nach Irland zu reisen, ist ein eher mühsames Unterfangen. Autofahrer können entweder mit einer Direktfähre von Frankreich aus nach Rosslare im Südosten Irlands fahren, oder per Fähre bzw. Autozug durch den Eurotunnel via England auf die Insel kommen. Die Fährüberfahrten bieten einen wahren Dschungel an Tarifen und sind relativ teuer, genauso wie Zugtickets, zumal das Eisenbahnnetz in Irland nur die großen Zentren ausreichend verbindet. Besser ist es, per Flugzeug anzureisen und sich einen Mietwagen zu nehmen.

Ausrüstung und Kleidung

Ein Phänomen in Irland ist das Wetter: Böse Zungen behaupten, man könne an einem Tag alle vier Jahreszeiten erleben. Man sollte ausreichend warme und regenschützende Kleidung im Gepäck haben. Auch festes Schuhwerk ist wichtig, wenn man sich auf längere Wanderungen im Südwesten und Westen begibt. In einem typisch irischen Pub wird auf die Kleiderordnung kein Wert gelegt. Für den Besuch in schicken Restaurants, Schlosshotels oder in den Großstädten Dublin, Belfast und Cork sollte man aber immer auch etwas bessere Kleidung im Gepäck haben. Ob man im Meer baden möchte, hängt davon ab, ob man gut abgehärtet ist. Die Iren springen selbst in den nur 15 Grad warmen Atlantik, als wäre es ein sprudelnder Whirlpool.

Autofahren

In Irland und Nordirland herrscht Linksverkehr, allerdings gilt auch die deutsche Verkehrsregel rechts vor links. Innerhalb geschlossener Ortschaften gilt ein Tempolimit von 50, außerhalb auf den Landstraßen von 100, auf den Autobahnen von 120 km/h. In Irland erfolgt die Entfernungsangabe in Kilometern, in Nordirland in Meilen. Hier ist auch das Tempolimit in Meilen pro Stunde angegeben. Innerorts sind das 30 Meilen (etwa 48 km/h), auf Landstraßen 60 mph (ca. 97 km/h), auf den Autobahnen 70 mph

(113 km/h). In der Republik Irland gilt eine Promillegrenze von 0,5, in Nordirland von 0,8. Innerhalb des Landes kann man sich relativ schnell von A nach B über das Autobahnnetz bzw. die überregionalen N-Straßen bewegen, die deutschen Bundesstraßen entsprechen.

Allergiker

Aufgrund des Meeresklimas sind Irland und Nordirland ideale Reiseorte für Pollenallergiker und Asthmatiker. Außerdem dürfen sich all diejenigen, die an Lebensmittelunverträglichkeiten leiden, im Paradies wähnen. Auf der gesamten Insel bekommt man in Supermärkten entsprechend gekennzeichnete gluten- oder laktosefreie Lebensmittel in großer Anzahl, darüber hinaus sind Koch- und Servicepersonal vom Spitzenrestaurant bis zur Frittenbude sehr gut geschult. Sehr oft findet man auf Speisekarten auch speziell gekennzeichnete gluten- und laktosefreie Gerichte.

Busse und Züge

Zugverbindungen sind nur zwischen großen Städten gut, die Verbindung von Dublin nach Belfast ist interessant, da schnell und günstig. Infos gibt es bei Irish Rail (www.irishrail.ie). Das Busnetz ist dichter ausgebaut und preisgünstiger. In Dublin gibt es eine schnelle Busverbindung vom Flughafen in die Innenstadt, in der man sich mit dem gut ausgebauten Straßenbahnsystem LUAS schnell bewegen kann. Für Busfahrten durch Irland und Nordirland bieten sich das Rambler-, das Irish Rover- oder das Emerald-Ticket an.

Diplomatische Vertretung

Bei Problemen, vor allem Verlust oder Diebstahl von Reiseunterlagen und Pässen, hilft die Deutsche Botschaft in Dublin (31 Trimleston Avenue, Booterstown Blackrock, Co. Dublin, Tel. 012/69 30 11, www.dublin.diplo.de). Wer in Nordirland Hilfe benötigt, muss sich an die Deutsche Botschaft in London wenden (Tel. 020/78 24 13 00, www.london.diplo.de). Österreichische Staatsbürger bekommen hier Hilfe: Österreichische Botschaft, 15, Ailesbury Court Apartments, 93 Ailesbury Road, Dublin 4, Tel. 012/69 45 77, www.bmeia.gv.at/botschaft/dublin.html. Schweizer Botschaft: 6 Ailesbury Road, Ballsbridge, Dublin 4, Tel. 012/18 63 83, www.eda.admin.ch/dublin.

Ein- und Ausreisebedingungen

Durch das Ausscheiden von Großbritannien aus der EU ist das Reisen ein wenig komplizierter geworden. Irland ist Teil der EU, man kann mit einem Personalausweis einreisen. Nordirland gehört zu Großbritannien und ist nicht Teil der EU. Entlang der grünen Grenze gibt es keine Kontrollen, wenn man per Schiff oder Flugzeug nach Belfast kommt, schon. Zur Einreise nach Großbritannien ist nun ein Reisepass verpflichtend, es empfiehlt sich diesen grundsätzlich mitzuführen. Der Pass muss mindestens sechs Monate gültig sein, auch Kinder brauchen gültige Reisedokumente. Weitere Informationen auch über den meist zollfreien Warenverkehr innerhalb der EU gibt es unter www.zoll.de

Elektrizität

Adapter nicht vergessen: In Irland und Nordirland wird das dreipolige Steckersystem verwendet. In guten Hotels gibt es Adapter.

Feiertage

Geschlossen ist in der Republik Irland am 1. Januar, am St. Patrick's Day (17. März), am 1. Mai, am 1. Montag im Juni (Bank Holiday), am 1. Montag im August (Bank Holiday), am letzten Montag im Oktober (Bank Holiday) sowie am 25. und 26. Dezember. In Nordirland ist am 1. Januar, am 17. März, am Karfreitag und Ostermontag, am 1. Mai und am letzten Montag im Mai (Bank Holiday) geschlossen. Darüber hinaus am 12. Juli (Union Day), am letzten Montag im August (Bank Holiday) sowie am 25. und 26. Dezember. An Karfreitag, Ostern und Weihnachten gibt es im Pub nur ein alkoholisches Getränk zum Essen – danach ist Schluss.

Fremdenverkehrsämter

Die Büros von Failte Ireland, dem Fremdenverkehrsamt für die Republik Irland, sind im Land dezentral organisiert und in jeder größeren Stadt vertreten. Man erkennt sie an einem weißen i auf grünem Grund. In Nordirland ist das Northern Ireland Tourist Board ähnlich aufgebaut wie in Irland. Man erkennt es an einem weißen i auf blauem Grund. Wenig dienlich ist das deutsche Büro in Frankfurt. Wichtige Informationsquellen im Internet: www.discoverireland.ie, www.discovernorthernireland.com, www.tourismireland.com.

Geld

In der Republik Irland gilt der Euro, in Nordirland das britische Pfund. Das Pfund ist in 100 Pence unterteilt, ein Pence wird Penny genannt. Ein Pfund entspricht rund 1,23 Euro. Es gibt Banknoten zu 5, 10, 20 und 50 Pfund sowie Münzen von 1, 2, 5, 10, 20 und 50 Pence sowie eine 1-Pfund-Münze. Sowohl in Irland als auch in Nordirland kann man problemlos mit deutschen EC-Karten und vor allem mit allen Kreditkarten bezahlen. Außerdem bekommt man mit EC-Karten Geld aus den zahlreichen Geldautomaten, man sollte aber vorher mit seiner Bank das Auslandslimit anpassen.

Gesundheit

Irische und nordirische Apotheken haben meist von 9 bis 18 Uhr montags bis freitags geöffnet, Samstag bis 13 Uhr. Einen 24-Stunden-Notdienst gibt es nur in manchen Städten Nordirlands, in Irland gar nicht. Wer im Notfall kostenlos behandelt werden möchte, benötigt von seiner Krankenkasse vor der Abreise die Europäische Krankenversicherungskarte. Interessant ist die Liste der deutschsprachigen Ärzte in Irland, die man auf der Webseite der deutschen Botschaft abrufen kann (www.dublin.diplo.de).

Günstig reisen

Irlands Preisniveau ist grundsätzlich höher als das in Deutschland. Dennoch gibt es Wege, verhältnismäßig günstig Urlaub zu machen. Beim Übernachten empfiehlt es sich etwa, Ferienwohnungen mit Kochmöglichkeit oder Bed & Breakfast-Pensionen zu buchen, sie sind meist günstiger als Hotels.

Gerade in Großstädten wie Dublin oder Belfast ist auch die Internet-Plattform Airbnb eine gute Möglichkeit für ein Übernachtungsschnäppchen. In den Großstädten Dublin, Cork oder Belfast ist die Fortbewegung ohne Auto problemlos möglich. Über Land verkehren günstige Busse, die alle großen Städte miteinander verbinden.

Internet

In den Großstädten dank WLAN kein Problem, in Hotels mittlerweile Standard. Auch Internet-Cafés gibt es zu günstigen Preisen in ausreichender Menge. Auf dem Land, gerade im Südwesten, ist es allerdings manchmal ein wenig schwierig mit einer stabilen Internetverbindung. Das Handynetz ist in der Regel gut ausgebaut, deutsche Handys funktionieren mit entsprechenden Roamingtarifen problemlos.

Kinder

Ein Familienurlaub mit Kindern wird erst dann unvergesslich, wenn auch die lieben Kleinen zufrieden nach Hause kommen. Irland ist die perfekte Insel für einen Familienurlaub, nicht nur direkt am Meer mit seinen vielseitigen Sportmöglichkeiten. Gerade die großen Städte wie Dublin und Belfast bieten Parks und Museen in Hülle und Fülle. Und falls der Himmel mal weint, was ja durchaus vorkommt: Es gibt genug Angebote, damit keine Langeweile aufkommt.

Bed & Breakfast ist eine beliebte Möglichkeit, das Land zu bereisen und günstig zu übernachten. Aufgrund der Vielzahl an Angeboten bekommt man auch in der Hauptreisezeit ein Quartier, das im Juli und August jedoch deutlich teurer ist. Wenn möglich sollte man als Familie im Mai, Juni oder September die Insel bereisen.

Auf der Insel gibt es viele sehr gut ausgestattete Hotels, nicht nur in den Städten, sondern auch auf dem Land. Die meisten sind auf Familien mit Kindern aller Altersgruppen eingestellt. Einige Wellnesshotels machen jedoch Einschränkungen, wenn es um Kinder geht. Der Spa-Bereich ist für sie häufig tabu.

Klima und Reisezeit

Wenn vom Irish Summer die Rede ist, sollte man sich nicht auf 35 Grad und monatelangen blauen Himmel einrichten. Irlands Wetter ist als wechselhaft bekannt, wobei die beste Reisezeit mit entsprechend hohen Preisen zwischen März und Oktober liegt. Dank des Golfstroms wird es im Winter nicht so kalt wie in Deutschland, Juli und August gelten in Irland als »High Season«.

Mietwagen

An allen Flughäfen gibt es eine große Auswahl von Mietwagenfirmen, die bekannten europäischen Marken sind alle vertreten. Ein interessantes Angebot bietet das deutsche Portal www.autoeurope.de, das einen täglichen Preisvergleich unter allen Anbietern vornimmt und die günstigsten Angebote auflistet.

Fahrer bzw. Fahrerinnen müssen mindestens 21 Jahre alt sein, bei manchen Firmen werden 25 Jahre verlangt. Das Höchstalter beträgt 75 Jahre. Den Führerschein muss man mindestens ein Jahr besitzen, der deutsche Führerschein wird akzeptiert. Aufgrund der meist engen Straßen und des starken Verkehrs in den Städten ist eine Vollkasko-Versicherung sinnvoll.

Notruf

Die Notrufnummern lauten in Irland 112 sowie 999, in Nordirland nur 999. Damit erreicht man Polizei, Feuerwehr, Rettungsdienst.

Sprache

Irlands Nationalsprache ist Irisch, im Deutschen Gälisch genannt, das sprechen aber nur gut zehn Prozent der Bevölkerung, vor allem im Westen und Südwesten. Amtssprache ist Englisch. Im ganzen Land findet man zweisprachige Ortsschilder.

Trinkgeld

Für gewöhnlich ist das Trinkgeld in Restaurants als Service Charge auf der Rechnung inklusive. Der Bedienung hinterlässt man beim Gehen aber rund zehn Prozent der Rechnung auf dem Tisch. Ausgerechnet da, wo man viel trinkt, ist Trinkgeld geben unüblich, sowohl in der Republik Irland als auch in Nordirland: in den Pubs. Bei Taxifahrten wird aufgerundet, Zimmermädchen freuen sich über eine kleine Anerkennung am Ende.

Unterkünfte

In Irland und Nordirland gibt es alles: Fünf-Sterne-Häuser, schicke Stadthotels, Hostels sowie Bed & Breakfasts, dazu Ferienhäuser und rund 90 Campingplätze. Die Preise variieren stark, im Sommer können sie in den überlaufenen Gebieten relativ hoch sein. Zu beachten ist, dass viele Hotels in den touristischen Hochburgen im Winter schließen.

Zeit

In Irland und Nordirland gilt die Greenwich Mean Time, es ist eine Stunde früher als in Deutschland.

REGISTER

BILDNACHWEIS

Innenteil:

Michi Bauer: S. 8 o.,13 (2),14 (2),15 (3),16 (4), 29 re.o., 33, 50 li.u., 50 re., 60, 61 li., 64 re., 66, 67 (2), 68,70 (2), 72, 74, 76 (2), 77, 78 (2), 79 (2), 81 (2), 83 (2), 106, 108 (3), 111 (2), 119, 120 o., 120 u.li., 120 u.re., 162, 163 (2), 167 li., 167 re.u., 171 o., 171 M.re., 172, 174, 177 M.re., 177 o., 178 (2),179 (2), 180, 81 re., 83 (2), 181 li., 183, 184, 186, 187 (2), 189, 191 (4), 192 re., 195 M.re., 195 u.re., 195 u.li., 195 o., 202, 203 (2), 212, 214 re., 217 li., 219 u.li., 219 M.re., 219 u.re., 221 li., 222 u.li., 222 u.re., 228 re., 238 li.o., 238 li.u., 238 re., 241 u.re., 242, 244, 253 li., 270 li.o., 270 re., 276, 278, 279 re., 280 o., 280 u.re., 280 M.re., 282, 285 li., 289 u.li., 289 o., 294, 295 re., 296 re., 300;

Oliver Schikora: S. 3 u.li., 4 (2), 24, 36, 40, 47 (2), 91 (2), 92, 95 (3), 99 u.li., 99 M.re., 99 u.re., 100 u.li., 101 (2),102, 103 (2), 104, 105, 118 re., 128, 129 (2),133 (3),137 (3), 139, 140, 142 li., 144, 146, 149, 150, 153 (3), 155,157, 207 re.o., 207 re.u., 208, 230, 245 (2), 254, 257 li., 257 re.o., 257 re.u., 258 (2), 259, 261 (2), 262, 264, 265 li., 265 re.o., 291 re., 293 (4), 297;

Thomas Starost: S. 38, 49 M.re., 49 u.re., 50 li.o., 53 li., 54, 58 o., 58 u.re., 58 M.re., 63 o., 63 u.li., 214 li., 231 (2),117 u.li. (Stefan Syrowatka);

Adobe Stock: S. 8 u. (Aleksandr), 8 M. (Zore_M), 9 u. (Nick Fox), 9 M.li. (Orkidia), 10 (Irina Fischer), 20 icon (davooda), 21 li. (Lukassek), 21 re.o. (Serg Zastavkin), 23 M.re. (Marino Bocelli), 23 u.re. (Petair), 23 u.li. (synto), 37 (franziskahoppe), 45 re. (Cristi);

Jutta Glöckner: S. 35 o., 270 li.u.;

Lookphotos: S. 26 (Pompe, Ingolf), 241 o. (Zielske, H.& D);

mauritius images/Alamy: S. 289 u.re.;

Shutterstock: S. 2 u. (Anton_Ivanov), 2 M.li (Fabian Junge), 2 o. (Fanny Leblanc), 2 M.re. (JeniFoto), 3 M.u. (Dawid K Photography), 3 o. (hecke61), 3 M.o.re. (Lukasz Janyst), 3 u.re. (Lyd Photography), 3 M.o.li. (Patryk Kosmider), 4/5 (SCStock), 5 o. (Elan Fleisher/LOOK-foto), 5 u. (Sarah Deegan), 6 re. (kashifzai), 7 li. (4H4 PH), 7 re. (James Kennedy NI), 9 M.re. (MNStudio), 18/19 (kashifzai), 20 (Jan Miko), 23 o. (Keith Levit), 25 (Leonid Andronov), 29 li (Jane McIlroy), 29 re.u. (Pierre-Olivie), 30 (D. Ribeiro), 30 (D. Ribeiro), 31 (Mitch Gunn), 35 u.re. (petereleven), 35 u.li. (travelevents), 45 li. (MNStudio), 46 (Light and Vision), 49 u.li. (Andrzej Bartyze), 52 (walshphotos), 53 re.o. Borisb17), 53 re.u. (Nature's Charm), 57 (Remizov), 58 u.li. (Michael Thaler), 61 re. (Carmen lanza), 63 u.re. (Mshev), 64 li. (Sasapee), 80 (Dawid K Photography), 84 (Richard Semik), 88 (Susanne Pommer), 89 re. (D. Ribeiro), 89 li. (gabriel12), 90 (Raymond Llewellyn), 96 (Andreas Vogel), 99 o. (De Kam), 112 (Timaldo), 117 o. (crazy82), 118 li. (Captblack76), 120 M.re. (islavicek), 124 124/125 (iPics), 130 (Thoom), 158 (Tiramisu Studio), 167 re.o. (yykkaa), 168 (trabantos), 198 (seanfitz09), 204 (Piotr Machowczyk), 209 (Patryk Kosmider), 210 (Gabriela Insuratelu), 216 (Patryk Kosmider), 217 re. (Patryk Kosmider), 219 o. (markmandersonfilms), 220 (Rihardzz), 221 re. (The-Walker), 222 o. (Elzbieta Sekowska), 224 (Lukasz Pajor), 234 o. (Elena Schweitzer), 236 (clayton harrison), 237 li. (Gabriela Insuratelu, 237 re. (John And Penny), 247 (michelangeloop), 252 (Nahlik), 253 re. (Patryk Kosmider), 260 (Leonid Andronov), 265 re.u. (William Barton), 266 o. (Leonid Andronov), 266 u. (Paul Kavanag), 268 (Aitormmfoto), 273 (Nahlik), 274 (Francesco Scatena), 278 li.o. (Alex_Mastro), 278 li.u. (F. Rubino), 280 li. (Jane McIlroy), 285 re. (Marie Cloke), 286 (Noradoa), 291 li. (Spumador);

Tourism Ireland: S. 6 li., 49 o. (Barry Murphy Photography), 74 re. (Arthur Ward), 115, 117 u. re., 134, 138 (Rob Durston), 142 re. (Dublinia), 164, 171 u.li., 171 u.re., 177 u.re., 177 u.li., 192 li., 207 li., 227 li., 227 re.o., 227 re.u., 228 li., 234 u.li., 234 u.re., 248/249 (Gareth McCormack), 290 li./re. (Barry Murphy Photography), 295 li. (Gareth McCormack), 296 li.

Umschlag:
Vorderseite: Adobe Stock/Delphotostock (o.), Shutterstock: Mica Stock (M.), Fabiano's_ Photo (u.)
Rückseite: Shutterstock/MNStudio

Meine Reise-Checkliste

- ◯ RING OF KERRY
- ◯ DINGLE PENINSULA
- ◯ RING OF BEARA
- ◯ NEWGRANGE
- ◯ TAL VON GLENDALOUGH
- ◯ GUINNESS STOREHOUSE
- ◯ BUNRATTY CASTLE UND FOLK PARK
- ◯ CLIFFS OF MOHER
- ◯ KYLEMORE ABBEY
- ◯ SHANNON-KREUZFAHRT
- ◯ BELFAST TITANIC EXPERIENCE
- ◯ GIANT'S CAUSEWAY
- ◯ ....
- ◯ ....
- ◯ ....
- ◯ ....
- ◯ ....

IMPRESSUM

Verantwortlich: Claudia Hohdorf
Satz, Redaktion, Layout: Ewald Tange, tangemedia
Reihenlayout: Nina Andritzky
Korrektorat: Christiane Gsänger
Repro: LUDWIG:media
Umschlaggestaltung: Mathias Frisch
Kartografie: Kartographie Huber, Heike Block
Herstellung: Alexander Knoll
Printed in Turkey by Elma Basim

★★★★★

Sind Sie mit diesem Titel zufrieden? Dann würden wir uns über Ihre Weiterempfehlung freuen. Erzählen Sie es im Freundeskreis, berichten Sie Ihrem Buchhändler, oder bewerten Sie bei Onlinekauf. Und wenn Sie Kritik, Korrekturen Aktualisierungen haben, freuen wir uns über Ihre Nachricht an Bruckmann Verlag, Postfach 40 02 09, D-80702 München oder per E-Mail an lektorat@verlagshaus.de.

Unser komplettes Programm finden Sie unter www.bruckmann.de

Alle Angaben dieses Werkes wurden von den Autoren sorgfältig recherchiert und auf den aktuellen Stand gebracht sowie vom Verlag geprüft. Für die Richtigkeit der Angaben kann jedoch keine Haftung übernommen werden. In diesem Buch wird aus Gründen der besseren Lesbarkeit das generische Maskulinum verwendet. Weibliche und anderweitige Geschlechteridentitäten werden dabei ausdrücklich mitgemeint, soweit es für die Aussage erforderlich ist.

Die Deutsche Nationalbibliothek verzeichnet diese Publikation in der Deutschen Nationalbibliografie; detaillierte bibliografische Daten sind im Internet über http://dnb.d-nb.de abrufbar.

ISBN: 978-3-7343-2840-4